대승불교의 가르침

이철헌 엮음

대승불교의 가르침

· 불 · 교 · 대 · 학 · 강 · 의 · 노 · 트 · Ⅱ ·

개정판을 내면서
더불어 삶을 위해

『불교대학 강의노트 I - 붓다의 근본 가르침』을 펴낸 후 대승불교 교리에 대한 책을 엮는 데는 많은 어려움이 있었습니다. 붓다의 근본 가르침은 남방불교를 전공한 학자들의 해설서가 많고 불교용어를 우리말로 잘 정리해 놓아 강의하기에 별 어려움이 없었습니다. 그런데 '대승불교 사상을 어떻게 알기 쉽게 강의할 수 있을까?'하고 아무리 생각해도 앞이 막막했습니다. 대승불교는 학파도 많고 교리 자체도 이해하기 어려울 뿐만 아니라 용어가 거의 한자기 때문입니다.

대승불교는 다양하고 심오한 교리와 사상을 가지고 있어 학문으로는 보석이 묻힌 광산과 같지만, 일반인들이 이해하기는 너무나 어렵고 혼란스럽기까지 합니다. 아비다르마교학이 너무 어렵다고 비판하면서 일어난 대승불교임에도 불구하고, 세월이 흐르면서 대승불교교학 또한 어려워지고 다양해졌습니다. 그리고 불교가 중국에 전래되면서 경전은 한문으로 번역되었고 철학적 토대를 가진 중국인들은 불교교리를 더욱 심오하게 발전시켰습니다. 한문을 이해하는 사람들이 한문경전을 읽으면 한자가 지닌 깊은 의미와 시적 표현에 묘한 매력을 느끼게 되지만, 일반인들은 한자용어 때문에 대승불교사상을 배우기에 많은 어려움이 있습니다.

  이 같은 어려움에도 불구하고 대승불교교학은 매우 깊은 불교사상을 담고 있으며, 한국불교는 대승불교이므로 대승불교사상을 바르게 이해해야만 합니다. 특히 대승불교 근본정신은 자신이 깨달음을 향해 나아갈 뿐만 아니라 중생들을 고통으로부터 구제하겠다는 보살의 서원으로 나타나고 있습니다. 나와 더불어 모든 이들이 함께 행복한 삶을 살아가야한다는 대승불교정신은 붓다의 근본정신을 실현하는 일이며 불교신자의 사명이기도 합니다.

  본인의 얕은 지식으로 대승불교사상을 책으로 펴낸다는 것은 가당치않은 일이라는 걸 잘 알지만, 불교대학 강의를 위해 어쩔 수 없이 교재를 만들게 되었습니다. 한 학기 강의로 대승불교사상을 이해하기란 턱없이 부족하지만 불자라면 알아야할 기초적이고 필요한 내용만을 다루기로 했습니다. 그리하여 이 책은 대승불교의 성립, 공사상, 중관사상, 여래장사상, 유식사상, 밀교사상, 천태사상, 화엄사상, 정토사상, 선사상에 이르는 대승불교의 다양하고 어려운 사상들과 대승불교의 윤리관과 수행론에 대한 중요한 내용만 간략하게 소개하고자 합니다.

　불교용어는 되도록 풀어 쓰고 괄호 안에 한자나 산스끄리뜨를 나란히 표기했으며, 여러 번 나와 익숙해진 한자용어는 그대로 사용했습니다. 대승불교는 용어가 거의 어려운 한자고 내용도 이해하기 어려워서 읽어나가기가 매우 힘들 겁니다. 괄호안의 한자나 산스끄리뜨는 무시하고 인내심을 가지고 조금씩 읽어나가기를 바랍니다. 서너 번 읽어 먼저 내용을 이해한 뒤에 괄호안의 불교용어를 익히는 게 좋습니다.

　이 책을 읽고자 하는 독자들은 반드시 『불교대학 강의노트 I - 붓다의 근본 가르침』을 먼저 읽어야 합니다. 붓다의 근본 가르침에 대한 이해가 없으면 이 책의 내용을 제대로 이해할 수 없기 때문입니다.

　각 분야 전공자들이 들여다보면 부족한 점이 많을 터니 더 앞으로 나아가기 위해 따끔한 질책과 충고를 바랍니다. 책이 만들어지기까지 많은 도움을 주신 분들께 진심으로 감사드립니다.

불기 2559년(2015) 3월
농우정(聾牛亭)에서 엮은이

| 일러두기

1. 인명과 지명은 가능한 원음대로 표기했습니다.
   예) 아쉬와고샤Aśvaghoṣa, 마명馬鳴, 꾸샤나kuṣāna, 월지국月支國

2. 처음 나오는 용어는 한자나 산스끄리뜨를 나란히 표기했으며, 불교용어를 알고자 하는 자를 위해 괄호 안에 한자음도 써 놓았습니다.
   예) 나가르주나Nāgārjuna, 용수龍樹

3. 한자는 되도록 한글로 풀어쓰기를 했습니다. 어차피 불교용어를 설명하려면 한글로 풀어서 해석해야 하므로 이미 번역된 용어를 중심으로 풀어쓰기를 했습니다.
   예) 열여섯 가지 관찰법[십육관법十六觀法]

4. 책의 주요 내용은 이미 출판된 여러 불교서적들에서 그대로 옮겨오거나 정리한 부분이 많지만 출처를 일일이 밝히지 않고 책 끝에 주요 참고서적으로 모았습니다. 오래전 모은 자료는 출전을 알지 못한 자료도 있음을 양해바랍니다.

5. 책의 내용 가운데 중관사상은 김성철교수님, 유식사상은 이만교수님, 화엄사상은 도업스님, 선사상은 정성본스님의 저술에서 많은 부분을 인용했음을 밝힙니다.

6. 불자들이 신앙하는데 도움이 될 만한 기도발원문을 덧붙임으로 실었습니다. 실천이 없는 이론은 그림속의 떡과 같아 배부를 수 없고 기도가 없는 삶은 향기가 없는 꽃과 같기 때문입니다. 『불교대학 강의노트 I – 붓다의 근본 가르침』에 향을 피우며 기도하는 법과 백팔참회발원문을 실었으니 함께 신행생활에 참조하기 바랍니다.

차 례

개정판을 내면서

제1장
대승불교의 성립과 보살

제1절 대승불교의 성립과 전개 ··· 15
　1. 대승불교의 성립연대와 배경 | 2. 대승불교의 특징 | 3. 대승불교의 전개

제2절 대승경전의 성립과 불상의 등장 ··· 38
　1. 대승경전의 성립 | 2. 대승경전의 발전 | 3. 불상의 등장

제3절 대승보살도 ··· 59
　1. 보살의 출현과 전개 | 2. 보살의 마음 | 3. 보살의 수행 | 4. 보살의 단계

제2장 • • •
인도의 대승불교사상

제1절 공사상 ··· 87
1. 공(空)이란 말뜻과 공사상의 성립배경 | 2. 『반야경(般若經)』
3. 공사상의 의미 | 4. 『반야심경(般若心經)』의 내용

제2절 중관사상 ······································ 107
1. 중관학파의 성립과 전개 | 2. 중관사상의 논서
3. 중관사상의 내용 | 4. 중관사상의 의미

제3절 여래장사상 ···································· 131
1. 여래장이란 말뜻 | 2. 여래장사상의 기원과 전개 | 3. 여래장 경전
4. 여래장사상의 내용 | 5. 여래장사상의 의미

제4절 유식사상 ······································ 149
1. 유가학파의 성립과 전개 | 2. 유식경전 | 3. 유식사상의 내용 | 4. 유가 수행

제5절 밀교사상 ······································ 186
1. 밀교의 성립과 전개 | 2. 교상판석-현교(顯敎)와 밀교(密敎)
3. 밀교경전 | 4. 밀교의 특징 | 5. 밀교사상의 내용 | 6. 밀교 수행

차 례

제3장
중국의 대승불교 사상

제1절 천태사상 ·· 217
1. 천태교학의 성립과 전개 | 2. 교상판석-오시팔교(五時八敎)
3. 『묘법연화경(妙法蓮華經)』 | 4. 천태사상의 내용 | 5. 천태 수행

제2절 화엄사상 ·· 248
1. 화엄교학의 성립과 전개 | 2. 교상판석(敎相判釋)-오교십종(五敎十宗)
3. 『화엄경』 | 4. 화엄사상의 내용 | 5. 화엄 수행

제3절 정토사상 ·· 277
1. 정토신앙의 성립과 전개 | 2. 교상판석-난행도(難行道)와 이행도(易行道)
3. 정토삼부경(淨土三部經) | 4. 정토사상의 내용 | 5. 정토 수행

제4절 선사상 ··· 304
1. 선이란 말뜻 | 2. 선의 기원과 전개 | 3. 선의 분류
4. 선사상의 내용 | 5. 선의 정신 | 6. 선 수행

제4장 • • •
대승불교의
수행론과 윤리관

제1절 대승불교의 수행론 ··· 361
1. 수행단계 | 2. 수행의 다섯 요소 | 3. 수행의 종류 | 4. 기도

제2절 대승불교의 윤리관 ··· 376
1. 대승계의 내용 | 2. 대승계의 특징 | 3. 대승윤리관의 사상적 기초

덧붙임 ·· 391

참고문헌 ··· 399

찾아보기 ··· 403

제1장

대승불교의 성립과 보살

제1절 대승불교의 성립과 전개
제2절 대승경전의 성립과 불상의 등장
제3절 대승보살도

> 형색으로 나를 보거나
> 음성으로 나를 찾으면
> 삿된 길 걸을 뿐
> 여래를 볼 수 없습니다.
>
> 약이색견아若以色見我
> 이음성구아以音聲求我
> 시인행사도是人行邪道
> 불능견여래不能見如來
>
> 「금강경」

대승불교의
성립과 전개

1. 대승불교의 성립연대와 배경
2. 대승불교의 특징
3. 대승불교의 전개

샤카무니붓다는 입멸에 앞서 "붓다의 입멸 후 교단은 누구에게 의지해야 합니까?"하고 묻는 아난다에게 "오로지 자신을 등불로 삼고 자신을 귀의처로 삼아야 하며[자등명 자귀의自燈明 自歸依], 진리를 등불로 삼고 진리를 귀의처로 삼아야 한다[법등명 법귀의法燈明 法歸依]. … 내가 가고 난 뒤에는 내가 그대들에게 가르치고 밝힌 법과 율이 그대들의 스승이 되리라."고 유언하면서 진리와 자신을 믿고 따라야 한다고 했다. 그리하여 붓다가 열반에 들자 제자들은 붓다의 가르침[법法, dharma]과 율律, vinaya을 결집結集하고 법과 율에 의지하여 깨달음에 이르고자 노력했다.

그러나 시간이 흐름에 따라 불교는 점차 넓은 지역으로 전파되고, 그 지역의 기후와 풍습과 문화에 따라 비구들의 전통 생활양식도 변화하기 시작했다. 법과 율을 각자 다르게 이해했고, 붓다가 입멸한 지 100년경에는 계율의 전통을 고수하려는 보수경향의 상좌부上座部 Theravāda와 계율을 시대적 상황변화에 따라 해석하려는 진보성향의 대중부大衆部, Mahāsāṃghika로 분열했다. 이후 교리에 대한 해석이 다양해지고 지리적으로 분열을 거듭해 B.C. 1세기경에 이르면 18 또는 20부파로 분열했는데, 근본분열로부터 이 시기까지를 부파불교라고 한다.

부파불교시기의 출가자들은 붓다의 모든 가르침을 깊이 연구하고 논의해 수많은 논서를 작성했는데 이러한 논서들을 아비다르마 Abhidharma, 아비달마阿毘達磨라고 하며, 이 시기의 불교를 아비다르마불교라고도 한다. 아비다르마란 'abhi(~에 대해)+dharma(교법敎法)'을 의미하므로 '대법對法'이라 번역하기도 한다. 결국 아비다르마란 '붓다의 가르침에 대한 연구, 해석'이라는 뜻이며, 아비다르마불교란 각 교단이 각자 연구하고 해석한 교법을 말한다. 부파불교는 출가자를 중심으로 붓다의 가르침을 분석하고 체계화해 교학의 발달을 가져오고 경經·율律·론論 삼장三藏이 성립했다.

아비다르마교학은 붓다의 가르침을 체계화하고 연구하는 데 크게 기여했다. 그러나 교리가 너무 복잡하고 어려워 일반인들은 불교를 이해하고 실천하기가 힘들었다. 일반 신도들은 어려운 교리를 이해하거나 엄격한 계율을 지키기보다 붓다를 믿음으로써 구원을 바랐다.

부파불교가 이렇게 대중으로부터 멀어지고 있을 때 불교계 한편에서는 B.C. 1C경부터 붓다의 진정한 정신을 되찾으려는 운동이 생겨나기 시작했다. 재가신자와 혁신적인 출가승가의 지도층이 주동이 되어 일어난 새로운 불교운동은 자신의 깨달음과 함께 중생들을 교화하는 불교라 하여 스스로 대승불교大乘佛敎, Mahāyāna Buddhism라 불렀다. 초기 『반야경』에서는 아직 소승이라는 용어를 사용하지 않은 점으로 보아, 세월이 지나면서 개인의 깨달음을 위해 수행하는 지금까지 교단을 소승小乘, Hīnayāna이라고 낮추어 불렀다고 볼 수 있다. 대승大乘, Mahāyāna이란 산스끄리뜨 마하야나mahāyāna를 소리대로 번역해 마하연摩訶衍이라고도 하며 'mahā(큰)+yāna(탈 것)'을 뜻한다. 곧 대승이란 '깨달음을 향해 나아가는 큰 탈 것'이라는 의미다.

1. 대승불교의 성립연대와 배경

1) 성립연대

대승불교가 언제 성립되었다는 확실한 기록이 없고 산스끄리뜨 원전의 대승경전이 많이 남아있지 않으므로 중국에서 번역된 대승경전을 통해 그 연대를 추정할 수밖에 없다. 물론 원본 대승경전의 성립부터 한역까지는 상당한 기간이 있고, 대승경전이 이루어지기 이전부터 대승불교운동은 시작되었으니, 대승불교의 시작은 대승경전이 한역된 시기보다 훨씬 더 거슬러 올라간다. 아쇼까왕재위 B.C. 268~232의 돌기둥에 새겨진 법칙에 대승불교사상을 찾아 볼 수 없으므로 대승불교운동의 본격적인 활동은 아쇼까왕 이후라고 할 수 있다.

처음 중국에 전래되어 번역된 대승경전은 후한 영제靈帝, 재위 168~189시대에 꾸샤나kuṣāna, 월지국月支國의 지루가참支婁迦讖이 번역한 대승경전 13부 27권이다. 이 가운데 『도행반야경道行般若經』이 있으므로 늦어도 150년경에는 대승경전이 존재했다는 사실을 알 수 있다. 이 경에는 마하야나mahāyāna, 대승大乘를 소리대로 번역한 마하연摩訶衍이 나타나고 있어 『도행반야경』의 성립 이전에 이미 대승불교운동이 일어났다는 걸 알 수 있다. 이러한 내용을 통해 우리는 대승불교운동의 추진자들이 새로운 신앙운동을 시작한 뒤 자신들의 사상과 수행을 담은 대승경전을 저술했다는 사실을 알 수 있다.

지루가참이 번역한 경전 가운데 『반주삼매경般舟三昧經』이 있는데 여기에 아미타불과 정토를 기술하고 있으며, 『도사경兜沙經』은 화엄계통 경전이다. 지루가참이 번역한 대승경전들을 검토해 보면 서기 1세기경에 대승불교에 대한 여러 계통의 사상이 널리 유행했으며, 교리도 상당히 발달해 있었다는 사실을 알 수 있다.

2) 성립배경

인도를 침략한 아리아인들은 원주민들의 인더스문화에서 비롯한 신앙과 지방의 부족신앙을 흡수해 그들을 지배했다. 통일국가 성립 이후 원주민 문화를 흡수하는 경향은 더욱 심해져 자신들의 브라만교 자체가 변질하기 시작했다.

B.C. 2세기경 인도의 정통브라만교는 사성계급에 대한 종교적 의무와 생활 규범 등을 규정한 마누법전을 편찬하고 대서사시인 『마하바라따Mahābhārata』와 『라마야나Rāmayāna』를 저술했다. 두 서사시에 등장하는 시와Śiva와 위쉬뉴Viṣṇu신은 수많은 민간신앙을 흡수해 일반 민중들에게 대단한 호응을 받았다.

특히 『마하바라따』의 일부인 『바가와드 기따Bhāgavad gītā』는 오늘날에도 인도인들이 힌두교 최고성전으로 널리 애창하고 있는데, 위쉬뉴에 대한 절대적인 믿음인 박띠bhakti, 신애信愛신앙을 강조한다. 또한 위쉬뉴는 인간이 어려운 상황을 만날 때마다 물고기·멧돼지·사자인간 등으로 변화하여 인간을 구원했으며 앞으로도 인간이 어려울 때면 나타난다고 믿었다. 이러한 박띠사상과 화신化身사상에 젖어 있던 민중들의 요구가 대승불교 형성에 중요한 영향을 주었다고 생각된다.

학자들은 대승불교가 일어나게 된 불교계 내부 배경을 대략 세 가지로 주장한다. 첫째 부파불교의 발전과정에서 등장하게 된 운동이라는 주장이고, 둘째 불전佛傳문학의 등장과 함께 이루어졌다는 주장이며, 셋째 불탑佛塔신앙의 전개와 더불어 성립했다는 주장이다.

(1) 부파불교의 발전과정

대중부와 경량부 등 진보성향을 가진 여러 부파의 교리 및 활동이 대승불교 성립에 큰 영향을 주었다고 본다. 특히 대중부는 붓다가 출세간적出世間的이라고 선언하면서, 붓다가 인간적인 특성과 행동들을 외면적으로 나타낸 건 단지 세상에 순응하기 위해서일 뿐이라고 했다. 그리하여 붓다는 세상 어디에서나 나타나고, 신통력으로 모든 자연 법칙을 중단할 수 있으며, 수명은 무한하다고 했다.

그들은 수행목표를 윤회에서 벗어난 아라한에 두지 않고, 깨달음을 얻어 붓다의 위치에 도달하는 것에 두었으며, 그 깨달음을 얻고자 노력하는 사람을 보살이라고 불렀다. 그리고 마음의 본성은 원래 청정하나 밖으로부터 들어온 번뇌에 싸여 있다는[심성본정 객진번뇌心性本淨 客塵煩惱] 사상으로부터 많은 붓다와 보살들이 출현했다. 그리고 모든 보살은 중생들을 유익하길 바라기 때문에 스스로 원해서 나쁜 세계에 태어난다는 사상도 가지고 있었다. 대중부는 이러한 진리의 붓다[법신불法身佛]관과 원력에 의해 태어난다는[원생願生] 보살관을 가지고 있었다.

출가중심의 소극적인 전통교단에 만족하지 못한 재가신자와 진보적인 성향의 비구들이 재가신자도 출가자와 똑같이 깨달음을 얻을 수 있다는 적극적인 불교를 일으켰다. 그리고 그들이 붓다의 가르침을 확대해 대승경전을 만들고 이를 널리 전했다는 주장이다.

대중부의 사상이 대승불교 운동에 영향을 준 것은 사실이나, 대중부는 출가교단이므로 대승불교의 모태라고 볼 수는 없다. 특히 대승불교가 성립된 이후에도 대중부는 그대로 존재하고 있었기 때문에 대중부가 발전해 대승이 되었다고 할 수는 없다.

(2) 불전문학佛傳文學

붓다에 대한 그리움과 동경은 붓다에 대한 찬탄으로 이어져 각종 비유와 은유 또는 우화의 성격을 띤 문학작품을 낳게 했다. 이러한 불전문학을 주도한 이는 붓다를 찬탄하는 승려시인들[찬불승讚佛僧]이다. 유명한 불교시인 아슈와고샤Aśvaghoṣa, 마명馬鳴는 붓다의 일생을 문학적으로 훌륭하게 표현한 『붓다짜리따Buddhacarita, 불소행찬佛所行讚』를 남겼다. 그리고 부파를 초월해 많은 불전문학들이 성립했다.

이들 불전문학에서 공통적으로 표현되고 있는 내용은 첫째 샤카무니붓다가 전생에 연등불燃燈佛, Dīpaṃkara, 정광불定光佛이라고도 함으로부터 "미래세에 붓다가 되리라."하는 예언을 받았다는[수기受記] 내용이다. 둘째 붓다가 되기 위해 육바라밀六波羅蜜의 수행을 했다는 내용이다. 셋째 붓다가 되기까지 어떠한 수행 단계를 거쳤다는 내용이다.

붓다의 전생을 기록한 것을 자따까Jātaka, 본생경本生經 또는 전생담前生譚이라고 한다. 이들 설화는 당시 인도사회에 널리 알려져 있던 이야기에서 빌려와 붓다가 전생에 왕이나 수행자로서 태어났을 뿐만 아니라 사슴과 원숭이와 같은 동물로도 태어나 좋은 업을 지었다는 내용이다. 전생에 좋은 업을 짓고 보살수행을 한 결과로 샤카족의 태자로 태어나 마침내 붓다가 되었다고 했다. 불탑을 수호하는 자들은 샤카무니붓다의 전생 이야기와 현생의 내용을 불탑의 울타리와 기둥 등에 새기고 불탑을 참배하는 이들에게 내용을 설명하며 붓다를 찬탄했다.

『마하와스뚜Mahāvastu, 대사大事』등에서는 많은 붓다가 동시에 세상에 나타나며 보살도 다수다. 이처럼 진리를 깨달은 많은 붓다와 많은 보살이 등장하자, 사람들은 자신도 붓다의 가르침을 이해하고 실천하면 붓다가 될 수 있다고 생각했다. 원래 불전문학에 나타난 보살은 '이미 붓다가 되리라 결정된 보살'이었으나, 차츰 '우리도 붓다가 될 수 있는 소질을 갖고 있는 보살'이라고 자각했다.

이러한 불전문학은 대승불교 형성에 많은 영향을 끼쳤다고 보이는데 보살로서 실천적인 면이 중요시되었으며 보살의 수행에도 단계가 생겨났다. 그리고 불전문학에서는 깨달음을 얻기 위해 수행하는 보살이었으나 시간이 지나면서 차츰 중생을 구제하는 보살로 바뀌었다.

(3) 불탑佛塔신앙

대승불교운동의 기원이 불탑佛塔, stūpa신앙에서 비롯했다고 본다. 이는 『법화경』이나 『아미타경』을 비롯한 많은 초기대승경전에서 불탑신앙이 중요시되고 있기 때문이다. 스뚜빠stūpa란 '포개어 쌓다'라는 뜻으로, 붓다의 유골인 사리舍利, sarīra를 봉안한 무덤이다. 붓다는 자신이 입멸한 뒤 장례의식과 유골처리를 재가신자들에게 맡겼으며, 붓다의 사리는 8개국으로 나뉘어 각각 사리탑이 세워졌다.

붓다 입멸후 약 2백년이 지나 아쇼까왕은 불교를 전파할 목적으로 사리탑을 열고 사리를 나누어 인도전역에 수많은 불탑을 세웠으며, 불탑을 유지하고 관리하기 위해 많은 토지를 희사했다. 그리고 불탑을 만들면 하늘나라에 태어나는 공덕을 짓는다는 믿음이 생겨나 수많은 사리탑이 세워지고 사리탑에 공양하고 예배하는 사람들은 늘어만 갔다.

출가수행자는 원칙적으로 무소유의 생활이었으므로 사리탑을 지키고 탑에 바친 공양물을 관리하는 일은 재가신자들의 역할이었다. 출가자는 붓다의 가르침과 계율을 기본으로 교단을 유지했으며, 불탑을 지켜온 이들에게는 가르침의 내용보다 붓다에 대한 그리움이 바로 신앙의 원천이었다. 붓다에 대한 그리움이나 찬양은 붓다를 점차 초인超人화하고 신격화하기에 이르렀으며, 이러한 신앙은 출가자보다 재가신자들을 구원하는데 그 목적이 있었다.

불탑신앙은 붓다를 예배하며 구제를 바라는 재가신자들과 붓다를 대신해 재가신자들에게 가르침을 펴고 깨달음으로 인도하기 위해 열심히 수행하는 자들로 이루어졌다. 붓다를 대신해 재가신자들을 이끈 사람들은 자신을 보살이라 생각했으며, 이들은 출가교단의 비구계를 받지도 않았으므로 재가보살이라 할 수 있다.

대승불교의 확장은 기존 부파불교에 큰 변화를 가져왔다. 부파불교교단이 대중적 지지기반을 잃게 되자 사원경제는 위험에 처했으며, 부파불교교단은 이러한 현실적 문제를 해결하기 위해 불탑을 사원 안으로 끌어들였다. 불탑건립과 불탑공양의 공덕이 권장되어 유행하고, 출가수행자들은 불탑을 참배하는 신자들에게 알기 쉬운 비유로써 붓다의 가르침을 전했다고 생각된다.

B.C. 2세기경 세워진 바르후뜨Bharhut탑의 기부자들 중에는 바나까Bhāṇaka라는 칭호를 가진 출가자들이 발견되는데 이들은 불탑교단의 지도자적인 역할을 담당했던 사람들이었다고 여겨진다. 독송자讀誦者라는 뜻을 가진 바나까는 붓다를 찬탄하는 게송을 독송하는 자며, 불탑을 근거지로 삼아 생활하면서 불탑에 예경하는 재가신자들에게 붓다의 공덕을 찬탄하고 불탑신앙을 권장했던 자라고 생각된다.

불탑에 새겨진 내용을 검토해 보면 대승교단의 이름이 발견되지 않으므로 불탑활동이 곧 대승불교 성립이라고 할 수는 없으나, 불탑을 중심으로 하여 재가와 출가단체가 대승불교 성립에 상당한 영향을 주었다고 생각된다. 이는 불탑의 울타리와 문기둥에 샤카무니붓다의 전생과 현생 이야기가 조각되어 있는 사실과 초기 대승경전에 불탑신앙의 공덕에 대한 내용이 많이 나타나고 있는 사실로도 알 수 있다.

이상에서 살펴본 바와 같이 대승불교는 외부로는 당시 인도의 브라만교 신앙에 영향을 받고, 불교 내부로는 불탑신앙과 붓다를 찬탄하는 불전문학의 영향, 그리고 대중부를 비롯한 부파불교의 여러 사상들에 영향을 받아 이루어진 새로운 신앙운동이라고 할 수 있다.

세속의 삶을 살아야 하는 재가자들은 계율을 엄격히 지킬 수 없고, 어려운 교학을 익힐 수도 없고, 오랜 시간 선정禪定을 할 수도 없는 일이었다. 그러므로 재가신자들은 오로지 붓다의 자비와 원력에 의해 현실의 고통으로부터 벗어나기를 바랄 뿐이었다. 이러한 종교적인 욕구 때문에 붓다는 '중생을 고통으로부터 구원하는 분'이 되었으며, '진리의 붓다'에서 '구원의 붓다'로, '진리의 불교'에서 '붓다의 불교'로 변하게 되었다.

2. 대승불교의 특징

대승불교의 중심 사상으로는 인도에서 일어난 공空사상·중관中觀사상·유식唯識사상·여래장如來藏사상·밀교密敎사상과 중국에서 널리 유행한 천태天台사상·화엄華嚴사상·정토淨土사상·선禪사상 등이 있다. 이러한 대승불교사상들은 다음과 같은 특징이 있다.

첫째 자신의 깨달음을 위해 수행하면서 한편으로는 다른 사람들을 구원하고자 한다[자리이타自利利他].

부파불교에서도 제자나 재가신자들을 교화했으므로 자신의 깨달음만 추구한 건 아니지만 주된 방향은 자기 수행에 있었다. 이에 비해 대승불교는 타인을 위한 활동이 바로 수행의 한 과정일 뿐만 아니라 수행의 완성을 위한 필수 요건으로 여겼다. 그리하여 자신의 깨달음을 위해 수행하면서 다른 사람들을 구원하기 위한 실천을 함께 하므로 대승불교라 불렀다. 이는 샤카무니붓다가 깨달음을 얻은 후 고통 받는 중생들을 위해 진리를 가르친 근본정신으로 돌아가고자 하는 운동이라 할 수 있다.

둘째 출가수행자와 재가신자를 아우르는 가르침이다.

부파불교는 출가수행자를 중심으로 하는 승가[僧伽]위주의 불교다. 부파불교에서는 출가하여 엄격히 계율을 지키고 선정을 닦아나가지 않으면 해탈을 얻을 수 없다고 한다. 그러므로 세속의 삶을 살아가는 재가신자들은 계율을 지킬 수도 없고 해탈을 위한 수행도 할 수 없기에, 다만 출가자들을 위해 보시를 하면서 복덕을 바랄 뿐이다. 그리하여 부파불교에서는 재가신자들은 베푸는 삶[보시布施]과 계를 지키는 청정한 삶[지계持戒]을 통해 하늘나라에 태어날 수 있다[생천生天]고 했다.

이에 비해 대승불교 운동은 재가신자들을 중심으로 일어나 교리와 실천수행에 출가와 재가를 구별하지 않는 폭넓은 입장을 가졌다. 나중에 대승불교에서도 부파불교의 계율을 받아들여 재가와 출가를 구별했지만 초기 대승불교에서는 출가보살에게만 한정하는 계율이 없었다.

셋째 모든 중생이 깨달음을 얻을 수 있다는 사상이다.

모든 중생은 본래부터 붓다의 성품을 가지고 있으나[일체중생 실유불성一切衆生 悉有佛性] 번뇌가 쌓여있기 때문에 본래 성품을 드러내지 못한다. 그러므로 붓다의 성품을 가린 번뇌만 제거하면 모든 중생이 붓다가 될 수 있다고 한다. 그리고 출가하여 수행자로서 엄격한 수행을 하면서 깨달음으로 나아가지 못하더라도, 모든 중생을 구원하겠다는 원력을 가진 붓다와 보살에 의지함으로써 구제받을 수 있다는 사상이다. 붓다는 현명한 사람이든 어리석은 사람이든 착한 사람이든 악한 사람이든 분별하지 않고 모두 구제하려는 자비와 원력을 가지고 있기 때문이다.

넷째 다양한 붓다관이 발달했다.

부파불교에서는 붓다가 설한 진리를 중요시했기 때문에 붓다의 인격에 대한 연구는 특별히 발전하지 않았다. 그러나 대승불교에서는 중생을 구제하는 붓다가 요청되기 때문에 어디서 어떻게 구제하는지에 대한 문제가 중요하게 되었다.

붓다의 구제할 수 있는 능력을 강조하고, 초인으로서 붓다에 대한 이론적 근거를 연구했으며, 불전문학을 통해 그러한 붓다를 찬탄했다. 그리고 불교교리가 발달하면서 진리의 붓다[법신불法身佛], 과보의 붓다[보신불報身佛], 화신의 붓다[화신불化身佛]에 대한 사상이 나오게 되고, 아미타불·약사여래불·아촉불 등 불가사의한 신통력과 구원력을 가진 수많은 붓다가 등장하게 된다.

다섯째 새로운 보살사상이 등장한다.

초기불교에서 보살은 붓다가 되기 이전 단계로 샤카무니붓다가 전생에 수행하던 시절이나 이생에 보리수아래에서 깨달음을 얻기 직전의 고따마를 일컬으며, 미래 붓다가 될 미륵彌勒, Maitreya보살을 말한다. 대승불교에서는 수많은 붓다가 존재하며 따라서 수많은 보살이 존재한다고 믿었다. 그리하여 문수보살文殊菩薩·보현보살普賢菩薩·관세음보살觀世音菩薩·지장보살地藏菩薩 등 많은 보살이 등장했다. 나아가 보살의 의미가 확대되어 샤카무니붓다의 전신前身만 아니라 붓다가 되고자 발심해 수행하는 모든 범부들도 보살이라는 신념을 가졌다.

부파불교에서는 붓다의 가르침인 네 가지 성스러운 진리[사성제四聖諦]를 실천해 깨달음을 얻는 성문승聲聞乘과 홀로 연기법에 의해 깨달음을 얻는 연각승緣覺乘이 있었으나, 대승불교에서는 육바라밀六波羅蜜을 수행하는 보살승菩薩乘을 두어 이를 가장 중요시했다. 아울러 붓다가 되기 위해 보살이 수행하는 단계를 상세히 설명했다.

3. 대승불교의 전개

인도에서 대승불교가 발달해온 시대를 나가르주나Nāgārjuna, 용수龍樹, 150~250년경의 활동을 중심으로 그 이전을 초기대승불교라 하고 나가르주나 이후를 중기대승불교라 구분한다. 그리고 중기대승불교의 말기인 7세기경에 이르면 어려운 교리와 실천 수행과 출가 중심의 불교를 비판하면서 다시 밀교가 일어나게 되며 이후 인도에서 불교가 사라지게 되는 13세기까지를 후기대승불교라고 한다.

1) 초기대승불교(B.C. 1세기~A.D. 2세기)

부파불교가 승원僧院 안의 출가수행자를 중심으로 붓다의 가르침을 배우고 수행하는 불교라고 한다면, 초기대승불교는 승원 밖의 일반 서민을 중심으로 붓다의 가르침을 전하고 포교하는 불교라 할 수 있다.

초기 대승불교사상은 먼저 반야般若의 공空, śūnya사상으로 대표할 수 있다. 초기경전에서는 모든 것을 다섯 무더기[오온五蘊], 열두 장소[십이처十二處], 열여덟 요소[십팔계十八界], 네 원소[사대四大]로 말했으며, 그들은 모두 무상無常하고, 괴롭고, 무아無我라고 했다. 그러나 『반야경』에서는 그러한 조작된 것들[유위법有爲法]뿐만 아니라 열반과 같이 조작되지 않은 것[무위법無爲法] 또한 본래 성품[자성自性]이 비었다[공空]고 한다.

이때 공空은 허공虛空, ākāśa이나 무無가 아니다. 허공은 물체가 없는 공간을 말하고, 무無는 있던 게 없어진 상태를 말한다. 그러나 공은 우리 눈앞에 있는 존재를 부정하는 게 아니라, 본질로 바라보아 본래 성품이 없으므로 공이라 보는 것이다.

그리하여 『반야심경』에서는 '물질은 빈 것과 다르지 않고, 빈 것은 물질과 다르지 않습니다. 물질이 곧 빈 것이요, 빈 것이 곧 물질입니다[색불이공 공불이색 색즉시공 공즉시색色不異空 空不異色 色卽是空 空卽是色].'고 했다.

『금강경』에서도 '모든 조작된 것들은 꿈과 같고 환상과 같고 거품과 같고 그림자와 같습니다. 또한 이슬과 같고 번개와 같다고 관찰해야 합니다[일체유위법 여몽환포영 여로역여전 응작여시관一切有爲法 如夢幻泡影 如露亦如電 應作如是觀].'고 했다. 초기 대승사상인 『반야경』은 인도 남부지방에서 일어나 서북지방에서 유행했다.

반야의 공사상은 교리적 영향이 매우 커서 모든 대승경전들이 이를 받아들인다. 그리고 여러 붓다를 인정하는 신앙이 보편화되었고 아미타불신앙이 널리 유행했다. 다른 한편으로는 시간으로나 공간으로 무한하여 중생을 구제하는 붓다, 곧 아미타불에 대한 절대적인 신앙과 함께 아미타불의 원력으로 구원되길 바라는 신앙도 일어났다. 그리고 보살의 수행단계를 밝히면서 보살로서 실천을 중요시하는 사상도 일어났다.

초기 대승경전으로는 『반야경般若經』·『금강경金剛經』·『법화경法華經』·『화엄경華嚴經』·『무량수경無量壽經』등이 있다.

2) 중기대승불교(2세기~7세기)

(1) 나가르주나와 중관학파中觀學派

나가르주나의 출현이후를 중기대승불교라고 한다. 나가르주나는 대승사상을 철학적으로 이론화해 훗날 중국에서 8종八宗의 조사祖師라 불렸다. 남인도 출신인 나가르주나의 출현으로 대승불교는 교리가 비약적으로 발전했다. 나가르주나는 『중론中論』을 저술해 반야경의 공사상을 논리적으로 전개했을 뿐만 아니라 공의 입장에서 논증법을 확립해 중관학파中觀學派를 이루었다. 여러 종류의 대승경전을 주석註釋하여 『대지도론大智度論』(저작에 대한 의문이 제기되고 있다)·『십주비바사론十住毘婆沙論』·『회쟁론廻諍論』등을 저술하여 포괄적인 대승불교 체계를 확립했다.

(2) 여래장사상如來藏思想

모든 중생이 여래의 성품을 가졌다는 사상이 여래장사상如來藏思想이다. 중생은 본래 청정하고 맑은 본성을 가지고 있으나 번뇌가 쌓여 있을 뿐이기에 번뇌를 제거하면 여래의 성품이 나타난다고 한다. 여래장사상은 불성佛性이란 용어와 함께 대승불교의 중요한 사상이 되었으나 인도 내에서 학파를 형성하진 못했다.

『여래장경如來藏經』·『승만경勝鬘經』·『능가경楞伽經』·『대승기신론大乘起信論』·『보성론寶性論』등의 경전과 논서가 성립되었다.

(3) 유가학파瑜伽學派

유가학파瑜伽學派는 『해심밀경解深密經』의 사상을 이어받아 조직된 학파로 마이뜨레야Maitreya, 미륵彌勒, 270~350, 아상가Asaṅga, 무착無着, 310~390, 와수반두Vasubandhu, 세친世親, 320~400 등에 의해 성립되었다. 이들은 요가의 실천을 통해 유식唯識을 체험하고 아뢰야식阿賴耶識의 교리를 종합해 체계화했다. 이 세상 모든 존재는 그 자체에 가치기준이 있는 게 아니고, 그것을 인식하는 사람의 마음에 달려있다고 했다. 그리하여 번뇌와 망상으로 오염된 우리 인식을 수행을 통해 정화하고, 그릇된 인식을 바꾸어 지혜를 얻도록 하는 것이 유식학파의 가르침이다.

나가르주나의 중관학파와 마이뜨레야의 유가학파와 여래장사상이 등장하여 대승불교 교학이 점차 발달했으나, 한편으로는 어려운 교리와 실천으로 인해 민중으로부터 멀어져 결국 밀교가 일어나게 된다.

3) 후기대승불교[밀교密敎](7세기후반~13세기)

밀교密敎란 비밀불교라는 뜻이며, 민중에게 큰 지지를 받는 힌두이즘에 대응해 주술 요소나 신비성, 그리고 의례를 강조해 발생했다. 인도 원주민들의 전통적인 종교의식과 인도 아리안족들의 웨다veda 찬송이 오랫동안 인도사회에 보편화되고 대중화되었다. 대승불교는 출가자들뿐만 아니라 서민과 지배계층에 이르기까지 모든 사람들의 현실적 소망과 염원을 들어주는 구원신앙이 강하므로 이 둘의 만남으로 자연스레 밀교가 탄생할 수 있었다.

아직 밀교의 교리와 경전이 성립되지 않아 대승경전에 나타나는 밀교사상을 중심으로 하던 시기를 '잡밀雜密'이라고 하며 이때 교주는 샤카무니붓다다. 독립적인 밀교경전인 『대일경大日經』과 『금강정경金剛頂經』이 이루어진 이후를 '순밀純密'이라고 하며 이때 교주는 마하와이로짜나Mahāvairocana, 대일여래大日如來다.

밀교는 붓다에 대한 찬탄인 만뜨라mantra, 진언眞言와 다라니dhāraṇi를 비롯해 다양한 불보살의 형태와 무드라mudrā, 수인手印, 그리고 붓다가 깨달은 세계를 상징적으로 표현한 만다라maṇḍala, 曼多羅와 불교의식 등을 방편으로 삼아 깨달음과 중생구제라는 불교의 근본적인 목적을 실현하고자 한다.

밀교수행은 손으로 무드라를 하고, 입으로 만뜨라를 외우며, 마음을 집중samādhi하는 세 가지 비밀스런 수행[삼밀수행三密修行]을 한다.

4) 동북아시아로의 전래

(1) 서역으로 전래

마우리야Maurya왕조의 제3대 아쇼까Aśoka, 재위 B.C.272~232왕이 열렬한 불교신자가 되어 불교를 인도 서북지역으로 전파한 이후 인도 서북지방은 차츰 불교 사원이 만들어지고 불탑이 세워졌다.

2세기후반에 까니쉬까Kaniṣka왕은 꾸샤나Kuṣāṇa, 대월지大月支왕국의 왕권을 장악하고 중앙아시아에서 아프가니스탄과 서북인도에 이르는 대제국을 건설했다. 꾸샤나왕국은 여러 민족이 섞여 살았으며, 중국과 인도의 교통요충지에 위치하고 있었다. 이들 여러 민족의 문화와 사상이 융합하여 점차 새로운 문화가 형성되고 대승불교 또한 크게 발전했다고 본다.

더욱이 그리스 문화와 헬레니즘의 영향을 받아 불교건축이나 조각 등에 새로운 양식이 표현되었으며, 이 시대에 비로소 불상이 만들어진다. 그리스인의 용모를 가지고 그리스 복장을 한 붓다가 조각되고, 불탑도 아래가 좁아지면서 위로 치솟는 형식으로 변화되고 불탑 기단부에 불상이 조각되었다. 이른바 간다라미술이 성립했다.

후한 영제靈帝, 재위 168~189시대 대승경전을 중국으로 가져와 번역한 지루가참支婁迦讖은 이 꾸샤나국 출신이다. 그러므로 이 지역에 대승불교가 널리 유행하고 있었다는 걸 알 수 있다.

불교는 그리스인들의 사상과 융합되고, 서역西域지역의 태양신 미트라Mithra 숭배사상, 조로아스트교Zoroastrianism, 배화교拜火敎 등과 서로 영향을 주고받으며 동서 교역로를 따라 중국으로 전파된다.

(2) 중국의 대승교학

서력 기원전후 실크로드를 통해 불교가 중국에 전래되었다. 수많은 경전과 논서들이 수隋·당唐 시대에 이르기까지 국가의 지원을 받으며 서역 승려들에 의해 한문으로 번역되었다. 중국인들은 수많은 경전과 논서들이 번역되자 이들에 대한 체계를 갖추어야 할 필요성을 느끼고 붓다의 가르침을 순서에 따라 또는 교리의 깊고 얕은 정도에 따라 모든 경과 논서를 분류하고 해석했다. 이를 교상판석敎相判釋이라고 하며 줄여서 교판敎判이라고 한다.

그리고 중국승려들은 번역된 다양한 경전과 논서를 중심으로 활발하게 연구하여 당나라에 이르면 수많은 종파가 성립한다. 후대까지 큰 영향을 주었던 종파로는 화엄종華嚴宗·천태종天台宗·정토종淨土宗·선종禪宗·삼론종三論宗·법상종法相宗 등 모두 13종파가 있다.

5) 인도불교의 사라짐

굽따Gupta왕조 성립이후 인도사회에서 불교는 차츰 그 세력이 약해지기 시작했다. 굽따왕조는 중앙집권정치체계를 확립하고 사회질

서의 토대가 되는 힌두교를 국교로 정했다. 힌두교는 새로운 사상들이 등장하면서 그 세력이 약화된 전통브라만교가 민중들 사이에서 널리 신앙되어온 남근男根숭배와 요가yoga와 지모신地母神사상을 흡수해 이루어진 종교다.

힌두교의 확장으로 불교는 자연히 약화될 수밖에 없었다. 서민들의 토속신앙을 받아들인 힌두교는 일반 대중들에게 급속히 전파되었으며, 불교를 비롯한 인도의 다른 종교에도 많은 영향을 주었다. 대승불교를 신앙하던 재가신자들도 힌두교의 영향을 받았으며, 이로부터 주술을 외우고 여러 의식을 실천하는 밀교가 나타났다. 그러나 밀교는 점차 힌두교의 신앙형태와 유사하게 되어 불교의 특성을 잃어버렸다. 불교는 서서히 그 세력이 약화되고, 이슬람교도들이 불교사원을 파괴함으로써 13세기 무렵 마침내 불교는 인도에서 자취를 감췄다.

불교가 인도에서 사라진 직접적인 원인은 이슬람교도들의 파괴지만, 이미 불교계 내부에 다음과 같은 많은 문제점을 안고 있었다.

첫째 불교의 재가신도 조직단체가 약했다. 붓다의 가르침을 배우고 계율을 엄격히 지키며 수행하는 승가에게만 구원이 한정된 느낌이 있었다. 구원의 종교이면서도 재가신자들에게 깊은 관심을 갖지 못함으로써 외적인 취약점을 갖게 되었다.

둘째 승가가 부패했다. 지배계급과 상인 등 부유한 신도들의 지원으로 승가가 물질적으로 번창했으며, 대승불교에서는 특히 불탑·불상숭배와 종교축제를 중요시함에 따라 승려들의 경건한 생활태도가 파괴되었다.

셋째 승려의 자질이 낮았다. 불교의 힘은 고결한 행동과 도덕인데 이를 잃어버림으로써 대중의 지지기반을 잃었다. 그리고 나가르주나 등의 학문적 업적을 이어받을 만한 불교학자들을 배출하지 못했다.

넷째 수많은 종파로 분열했다. 부파마다 각기 다른 이론과 행동규범을 가지고 있어 신도들을 혼란에 빠지게 했고, 이들의 대립은 불교에 대한 일반인의 신망을 잃게 만들었다.

다섯째 경전을 서민들이 이해하기 어려운 산스끄리뜨로 기록했다. 산스끄리뜨는 이해하기 힘든 문장어로 대중언어가 아니었으므로 중·하층민에 대한 정신적인 지배력을 잃었다.

여섯째 지배자의 후원이 부족했다. 이민족의 끊임없는 침입 속에서 불교의 비폭력철학은 설 자리를 잃었다. 대부분 지배자들은 힌두교를 지지했다.

일곱째 힌두교와 구별을 하지 못했다. 붓다를 신격화하고 각종 의례와 주술 등을 받아들인 대승불교는 힌두교와 공통점이 너무나 많아서 구별하기가 어려웠다. 이는 불교의 특징을 잃어버리는 결과를 낳았다.

여덟째 계급사회를 극복하지 못했다. 불교의 사성계급에 대한 평등이론보다 고대인도의 기본적 종교 관념인 윤회와 업 사상이 지배층의 통치수단으로 사용되었고 인도 하층민의 마음을 사로잡았다.

인도에서 불교가 사라지게 된 원인을 살펴보면 오늘날 한국불교의 현실이 결코 무심히 지나칠 일이 아니라는 사실을 알 수 있다. 대중을 외면하고, 현실사회에 적응하지 못하면 종교는 살아남을 수 없다. 그리고 승가가 부패하고 승려의 자질이 낮아지면 불교계가 대중의 지지를 받을 수 없다는 사실을 깊이 인식해야 하며, 경제적인 자립 없이 신자들에게 의지하는 사원경제의 형태도 반성해야만 한다. 불교의 고유한 특성을 간직하지 못하고 세태에 휩쓸리고 권력과 재력에 이끌려간다면 한국불교의 앞날은 어두울 수밖에 없다.

02 대승경전의 성립과 불상의 등장

1. 대승경전의 성립
2. 대승경전의 발전
3. 불상의 등장

　　　　　　　　　대승경전이란 대승불교교리를 담은 경전을 말한다. 대승경전은 대승불교운동이 시작된 이후 성립되었다. 이러한 대승경전은 역사적인 붓다가 직접 설법한 게 아니기에 부파교단으로부터 '대승경전은 붓다가 직접 설한 게 아니다.'고 하는 비난을 피할 수는 없다. 대승경전에 경전내용이 붓다의 가르침인 이유를 여러 가지로 변명하는 걸로 보아 대승불교가 성립할 당시부터 부파불교로부터 이러한 비난을 받아왔다는 사실을 알 수 있다.

　도미나가 나카모토富永仲基, 1715~1746는 『출정후어出定後語』라는 책에서 '대승은 붓다가 말한 내용이 아니다[대승비불설大乘非佛說].'고 주장했다. 대승불교를 절대적으로 신앙하던 당시 대승불교가 역사적인 붓다의 말씀이 아니라는 주장은 큰 충격이었다. 그러나 불교학자들은 역사로 보아 대승경전은 샤카무니붓다의 말로 볼 수 없다는 사실을 분명히 밝혔다. 대승경전이 샤카무니붓다가 직접 말한 내용이 아니라면 대승불교는 붓다의 가르침이 아니므로 신앙할 가치가 없는 것인가? 이러한 물음에 대한 답은 분명히 "아니다."고 할 수 있다. 대승불교가 비록 붓다가 직접 말한 말씀은 아니라할지라도 붓다의 근본 가르침을 바탕으로 발전해 결실을 맺은 훌륭한 사상이다. 대승불교에서는 대승경전의 사상이 『아함경』을 비롯한 초기불교의 근본불교사상을 계승해 발전한 것이므로 불교교리의 발달로 보아야 한다고 주장한다.

대승경전은 분명 역사적인 샤카무니붓다에 의해 설해지지는 않았으나, 경전의 처음은 모두 '나는 이렇게 들었습니다. 어느 때에 부처님께서…'로 시작하면서 모두 붓다의 말씀으로 기록한다. 이는 붓다가 설하신 바가 경經이고, 붓다를 내세우지 않으면 경經이 될 수 없기 때문이다.

대승경전은 원래 인도에서 성립되었으므로 산스끄리뜨 원본이 틀림없이 존재했을 터나 대부분 사라져버렸고 현존하는 것은 네팔과 캐시미르에 전승된 일부 경전과 중앙아시아 등에 남아있는 경전들의 사본과 단편들뿐이다. 현존 대승경전은 대개 한문으로 기록되거나 티벳어로 기록되어 전해진다.

1. 대승경전의 성립

　진보성향의 부파불교사상, 그리고 불탑신앙과 불전문학의 영향으로 대승불교가 성립했으리라 추측하나 대승교단의 실태나 대승경전의 기원은 분명하지 않다. 다만 붓다의 가르침에 대한 연구와 해석에 빠진 부파불교를 비판했던 불탑신앙자를 포함한 대승운동 수행자들이 삼매를 통해 진리의 붓다를 친견하고 붓다로부터 전해들은 법문을 결집했다고 보인다.

　붓다의 근본 가르침인 아함경전이 있음에도 불구하고 왜 붓다의 참 뜻이라며 새로운 경전이 필요했을까? 이는 대승불교가 누가 누구를 위해 무엇을 가르치려 했든가 하는, 다시 말해 대승불교운동이 어떻게 일어났는가 하는 문제와 연결된다.

　대승경전의 성립배경으로는 여러 가지를 들 수 있다.

　첫째 재가신자들은 당시 불교의 여러 부파들이 승원 중심으로 너무 어렵고 전문적인 아비다르마교학을 확립하고 있는 것을 비판했다.

　둘째 붓다를 찬탄하고 숭배하는 재가신자들은 붓다의 사리탑에 공양했고, 불탑을 중심으로 모여 신앙하는 재가신자들이 새로운 불교운동을 일으켰다.

　셋째 대승불교운동가들은 붓다의 절대성과 자비심과 능력이 무한하다고 주장했는데 이는 붓다 입멸이후 붓다를 초인화하고 신격화한 결과다. 붓다는 전생과 현생에서 오랫동안 수행을 한 과보로 붓다가 되리라는 수기授記를 받았다고 했다. 그리고 불전문학에 나타난 보살과 마찬가지로 현재 깨달음을 향해 노력하는 자를 보살이라 불렀다.

넷째 새로운 불교신앙운동의 지도자를 다르마바나까Dharma-bhāṇaka, 법사法師라 불렀는데, 이들은 불탑을 중심으로 재가신자들에게 붓다의 전생과 현생 이야기들을 전하며 신앙을 지도했다. 재가신자의 지도자나 출가자라도 비구계를 받지 않았으며, 이들 입을 통해 전해진 설법들이 붓다의 가르침이라 믿었다.

다섯째 대승경전이 성립되기 시작하면서 대승불교 자체에 여러 가지 새로운 현상이 일어났다. 먼저 대승경전을 공양하고 숭배하고자 하는 요구와 법사를 존경하고자 하는 요망이 생겨났다. 결국 경전이 불탑을 대신해 숭배의 대상이 되고, 대승경전이라는 법의 절대화가 이루어졌다. 그리고 보살도를 정비하고 체계화했다. 이 단계에서 처음에 비판했던 아비다르마교학을 다시 도입하며, 재가보살 대신에 출가보살이 등장했다고 보인다.

여섯째 대승불교의 이론화와 체계화는 결국 이들이 비판했던 출가주의와 교학주의로 나아가게 되고, 다시 제3의 신앙운동으로 밀교가 일어나게 된다. 그리하여 밀교의 주장을 담은 밀교경전이 제작된다.

대승경전은 몇 개 그룹으로 나누어지고 각자 입장에 따라 독자적인 사상을 다양하게 전개한다. 『반야경般若經』과 『유마경維摩經』의 공사상, 『수능엄삼매경首楞嚴三昧經』과 『반주삼매경般舟三昧經』의 공관삼매空觀三昧, 『법화경法華經』의 법의 영원성, 『화엄경華嚴經』의 보살

서원과 실천, 『아미타경阿彌陀經』의 정토淨土사상 등을 담은 많은 대승경전이 탄생한다.

2. 대승경전의 발전

경전성립의 역사를 연구하는데 가장 확실한 기준은 경전의 한역漢譯연대다. 한역 경전은 거의 국가 지원을 받아 이루어졌으므로 번역자와 연대를 정확하게 알 수 있다. 성립으로부터 한역하기까지 연대는 정확하게 알 수 없지만 최소한 번역 연대는 경전이 성립한 하한下限연대가 된다. 같은 경전을 서로 다르게 번역한 한역본이 있으므로 이들을 비교하면 경전이 확대되어 가는 과정을 알 수 있고 교리의 발전을 더듬어 볼 수 있다. 그리고 경전에 있는 특정한 역사적 사실, 다른 경전의 인용, 교리상의 영향들을 통해 경전성립의 역사를 살펴볼 수 있다.

오랜 기간에 걸쳐서 형성된 대승경전들을 세 시기로 구분한다. 이는 대승불교의 발달과정과 마찬가지로 나가르주나의 출현과 밀교경전의 성립을 기점으로 나누어진다. 초기는 초기 대승경전이 형성되는 시기로 나가르주나 출현이전이며, 중기는 나가르주나 출현이후 아상가와 와수반두의 활약과 함께 그 영향이 미친 시기고, 후기는 밀교경전의 성립이후다.

초기	기원전후~2세기	초기 대승경전이 형성되는 시기이다.
중기	2세기~7세기	나가르주나의 출현에서 이후 아상가와 와수반두의 활약이 이루어진 시기이다.
후기	7세기~	밀교경전이 성립되기 시작한다.

초기에서는 대승경전이 가장 많이 성립했으며, 중기에서는 조금 덜 했고, 후기에서는 밀교경전을 제외하고는 극히 드물었다.

1) 초기 대승경전

대승불교교리를 최초로 저술한 인물로 지목되는 나가르주나의 학설에 영향을 주거나 인용되는 경전들이다. 이 시기에는 반야부·화엄계·법화계·정토계의 많은 경전들이 출현하게 된다. 『반야경』의 성립 이후 공空사상은 대승불교사상에 매우 큰 영향을 주어 모든 대승경전이 공사상을 받아들이게 된다. 동시에 여러 붓다를 인정하는 신앙도 많은 영향을 주었는데, 그 중에서도 아미타불신앙이 보편화되어 정토신앙을 대표하게 된다. 그러한 과정에서 새로이 『화엄경』그룹이 발전하고 또 『법화경』을 신앙하는 운동이 급속하게 퍼진다. 한편으로는 교리가 조직화되고 체계화되면서 다시 부파불교와 밀접한 관계를 나타내게 된다.

(1) 최초 대승경전

히라가와 아키라平川彰는 반야경보다 앞선 경전들이 있음을 제시했으며, 세이죠 고쿠靜谷는 이들 시기를 '원시대승'으로 구분해야 한다고 주장했다. 이는 '대승'이라고도 불리지 않고 공空사상 등이 설해지지 않는 경전이 있기 때문이다. 대승경전중 가장 오래된 경전은 『육바라밀경六波羅蜜經』・『보살장경菩薩藏經』・『삼품경三品經』・『도지대경道智大經』등이다.

세이죠 고쿠靜谷는 원시대승경전에 다음과 같은 내용이 나타난다고 주장했다.

①붓다가 되기를 이상으로 삼고
②사무량심四無量心과 육바라밀의 실천을 말하고
③서원誓願을 중요시하고
④아미타불과 같이 현재 일정한 곳에 붓다가 있다는 신앙이 있고
⑤불탑佛塔에 대한 공양을 중요시하고
⑥약간의 삼매三昧를 말하고
⑦보살의 단계를 살피고 있으며
⑧예불과 참회법을 제시한다.

이러한 경전으로는 아촉불阿閦佛신앙에 관한 『아촉불국경阿閦佛國經』, 아미타불신앙에 관련한 『반주삼매경般舟三昧經』, 문수보살이 등장하는 『수능엄삼매경首楞嚴三昧經』등이 있다.

(2) 반야부 계통의 경전

반야경전은 그 속에 포함된 게송의 수로 부르는데 『8천송반야八千

頌般若』, 『2만5천송반야二萬五千頌般若』, 『10만송반야十萬頌般若』등이 있다. 이들 경전은 『8천송반야』→『2만5천송반야』→『10만송반야』로 점차 확대되었다고 추정한다. 반야경전은 대승을 논하고, 보살의 수행단계인 10지十地를 말하고, 열여덟 가지의 공空을 논하고, 다양한 삼매三昧의 명칭을 나열하고, 모든 법을 공空으로 부정하고, 보살의 수행으로 육바라밀을 말한다.

반야경전은 이렇게 법에 대해 새로운 견해를 제시하고 대승의 입장을 확립했지만, 동시에 붓다를 중심으로 하던 지금까지 대승불교를 진리중심으로 되돌리게 했다. 그리고 진리를 중요하게 여겨 깨달음으로 향해 수행하는 보살도菩薩道가 이후 대승불교의 주된 흐름이 된다. 이는 재가在家보살로부터 출가出家보살로 전환하는데 호응해 대승불교가 전문화되었음을 의미한다.

『반야경』의 공사상과 밀착해 보살의 수행을 높이 평가한 경이 문수文殊보살 계통의 『수능엄삼매경』등이며, 『유마경維摩經』도 포함된다. 『금강반야바라밀경金剛般若波羅蜜經』은 공空이라는 말은 나타나지 않으나 교리적 표현으로 볼 때 공사상을 드러낸 초기 반야부 경전이라 할 수 있다.

(3) 화엄계 경전

『대방광불화엄경大方廣佛華嚴經』은 다양한 경전을 여러 단계를 거쳐 편집한 경전이다. 보살의 수행단계를 열 단계[십지十地]로 조직했으며, 이는 지루가참이 번역한 『도사경兜沙經』에 나타나 있다. 그리고 지겸支謙이 번역한 『보살본업경菩薩本業經』은 화엄경의 초기 모습을 보여준다. 여기에 나타난 보살의 열 단계는 『마하와스뚜 Mahāvastu, 대사大事』에서 말한 열 단계를 모범으로 하고 『8천송반야』에서 말하는 보살의 네 단계를 도입해 만들어졌다고 볼 수 있다.

처음 마음을 일으킨 보살의 실천을 선재善財동자가 도를 구하는 모습으로 나타낸 경전이 「입법계품入法界品」이다. 법계法界는 여래와 보살이 인과로 연결되는 근원이며, 입법계入法界란 깨달음에 들어간다는 의미다.

『60화엄경』에서는 여래의 출현을 성기性起라 했으며, 여래의 성품은 다음 시기에 여래장사상을 낳는 모태가 되었다. 그리고 화엄의 비로자나불은 밀교의 대일여래大日如來, Vairocana로 연결된다. 또한 삼계三界가 오직 마음이라는 사상[삼계유심관三界唯心觀]은 훗날 유가행파의 유식사상을 낳았다. 유가행파가 십지十地와 십바라밀을 수행의 기본으로 삼는 점에서 『화엄경』의 사상을 이었다고 할 수 있다. 『화엄경』은 『반야경』과 함께 대승의 중요 경전으로 후대에 끼친 영향력이 매우 크다.

(4) 정토계 경전

정토신앙으로는 아미타불이와 동방 아촉불阿閦佛 신앙, 유리광琉璃光세계 약사불藥師佛 신앙, 도솔천兜率天 미륵彌勒보살신앙 등이 있고 각각 경전이 성립되었다. 아미타불과 서방정토는 시방十方에 있는 여러 정토신앙 중 서방西方의 한 정토에 지나지 않으나 훗날 정토사상의 대표가 되었다.

『무량수경無量壽經』에는 반야의 공사상이 담겨있으며, 특정한 집단에서 신앙하던 아미타불신앙은 이후 모든 대승경전에서 언급된다. 『아미타경阿彌陀經』은 극락세계에 대한 간략한 서술과 함께 여러 세계의 붓다들이 아미타불을 찬탄하는 내용으로 이루어져 있으며, 초기대승경전 가운데 상당히 늦을 것으로 생각된다. 『관무량수경觀無量壽經』은 서방극락정토에 왕생하기 위해 관찰하는 방법을 말한다.

『반야경』과 초기『화엄경』에는 아미타불이 언급되지 않는데, 이들 경전은 출가보살의 수행을 확립하는 것을 목표로 하는 진리 중심의 불교였기 때문이다.

(5) 『묘법연화경妙法蓮華經』

중앙아시아를 거쳐 중국에 전해진 『법화경』은 모두 여섯 번에 걸쳐 한역되었으나 현존하는 것은 셋이며, 가장 널리 독송되고 있는 법화경은 꾸마라지와Kumārajīva, 구마라집鳩摩羅什, 344~413가 406년에 번역한 『묘법연화경妙法蓮華經』이다.

이 경은 샤카무니붓다에 대한 숭배와 불탑에 대한 신앙을 강조한다는 점에서 대승불교의 출발점에 가까운 면이 있고, 붓다를 찬탄하는 선두에 선 경전이다. 붓다는 방편으로 열반을 내보이나 언제나 영취산에 머문다고 주장한다. 경전에는 불난 집에 갇힌 아들을 구하는 이야기, 부잣집의 집나간 아들을 받아들이는 이야기, 비온 뒤 자라는 약초藥草 이야기, 친구의 옷에 달아 준 보배 이야기 등 일곱 가지 비유가 나타나고 있어 문학적으로도 훌륭한 작품이며, 교리로도 매우 중요한 내용들을 담고 있다.

가장 중요한 교리는 성문승聲聞乘·연각승緣覺乘·보살승菩薩乘 3승三乘은 방편이며 이들이 일불승一佛乘으로 나아가야 한다는 일승一乘사상이다. 이 일승사상은 모든 중생은 붓다의 성품을 가졌다는 여래장사상의 성립에 큰 영향을 주었다.

불탑과 경전에 대한 숭배와 공양을 강조하고 있는 점 등에서 대승이 나아가고자 하는 방향을 제시한 순수함이 있으나, 반야와 화엄이라는 주류로부터는 약간 멀어져 있었다고 여겨진다. 이 경전의 원형이 성립한 시기는 『반야경』보다 약간 늦은 2세기전반이라 보인다.

이상에서 살펴본 초기대승경전들의 특색을 정리하면 다음과 같다.

① 대승이라는 용어를 사용하면서 소승小乘이나 일승一乘이라는 관념을 성립했다.
② 대승경전을 독송하거나 베껴 쓰거나 공양하는 공덕을 강조하고 법사法師를 존중해야 한다고 주장한다.
③ 육바라밀 가운데 반야般若바라밀을 강조한다.
④ 무소득공無所得空·무생법인無生法忍·발보리심發菩提心·회향廻向 등의 관념이 존재한다.
⑤ 다라니陀羅尼를 사용한다.
⑥ 문수文殊와 보현普賢 등의 대보살이 등장한다.

2) 중기 대승경전

나가르주나는 중국에서 8종八宗의 조사祖師로 존경받는 대승불교의 대학자로서 중관사상을 열었으며 여러 방면에 걸쳐 대승경전 교학에 전념했다. 나가르주나의 저술에서 언급되지 않은 중요한 사상으로는 여래장사상과 유식사상이 있다. 이는 아상가와 동생인 와수반두의 저술을 통해 널리 형성되었다. 나가르주나에서부터 와수반두에 이르는 사이에 많은 경전들이 성립되었으므로 이를 중기대승경전이라고 분류한다.

(1) 중관사상계

나가르주나는 반야의 공사상을 바탕으로 『중론中論』·『십이문론十二門論』등을 저술했으며 그 사상을 중관사상이라고 한다. 이외 『대지도론大智度論』·『십주비바사론十住毘婆沙論』·『회쟁론廻諍論』등이 있다.

『중론』은 나가르주나의 대표적인 저술인데 초기불교의 연기론을 계승해 불생불멸不生不滅 등의 팔불중도八不中道로 설명한다. 팔불중도의 밑바탕에는 공空사상이 있다는 점에서 『반야경』의 사상을 계승한다고 할 수 있다. 『십이문론』은 대승의 공사상을 열두 장에 걸쳐 해석한 작은 논서다. 『회쟁론』은 아비다르마교학과 인도 니야야학파 등의 비판을 논리적으로 파헤치면서 공空사상을 나타낸 논서다. 『대지도론』은 최근 나가르주나의 저술인가에 대한 의문이 제기된다. 이 논서는 『대품반야경』에 대한 주석이나 불교의 모든 부분에 대한 해설을 수록하여 초기대승불교교리를 전하는 문헌으로 높은 가치를 가진다. 『십주비바사론』은 『십지경十地經』에 대한 주석으로 재가보살과 출가보살의 수행과 계율생활을 상세히 밝힌다. 여기에 아미타불을 설하는 경전들을 인용하고 있어 정토교에 커다란 영향을 주었다.

나가르주나의 제자 아랴데와Āryadeva, 제바提婆, 170~270년경는 『백론百論』·『사백론四百論』등을 지었으며 외도와 부파불교를 맹렬히 비난했다.

(2) 오대五大 경전의 성립

이 시대에 『대반야경大般若經』·『대화엄경大華嚴經』·『대보적경大寶積經』·『대집경大集經』·『대반열반경大般涅槃經』 다섯 경전이 이루어졌다. 『대반야경』은 반야경 전체를 통합해 600권으로 편집한 경전이다. 『대화엄경』은 『십지경十地經』이나 「입법계품入法界品」과 같은 독립 경전을 모아 39품으로 편집한 경전이다. 『대보적경』은 49회 120권으로 편집되었으며, 『대집경』은 17품 60권으로 편집되었다. 『대반열반경』은 샤카무니붓다의 마지막 가르침을 기록한 대승경전으로 대반열반이란 '위대하고 완전한 열반' 곧 샤카무니붓다가 육신마저 버린 의지할 바가 없는 열반[무여의열반無餘依涅槃]을 의미한다. 여기에는 모든 중생이 붓다의 성품을 가지고 있으므로, 선을 행할 수 있는 모든 능력이 완전히 끊어져버린 이찬띠까icchantika, 일천제一闡提도 붓다가 될 수 있다는 사상이 있다. 그리고 중생세계에는 무상하고 고통스러우며 실재하지 않고 더러우나, 열반세계에는 항상 머물고 안락하며 실재하고 맑고 깨끗하다고 설명한다.

(3) 여래장계통 경전

여래장사상은 『열반경』에서도 언급하고 있지만, 『여래장경如來藏經』·『승만경勝鬘經』·『부증불감경不增不減經』등에 잘 나타나 있다. 이 경전들은 모든 중생들은 본래부터 여래의 성품을 가졌다고 주장한다.

『여래장경如來藏經』은 붓다의 눈으로 모든 중생을 보면 여러 번뇌 속에 여래의 지혜와 여래의 눈과 여래의 몸이 있다고 했다. 이러한 여래의 본성은 번뇌 속에 있지만 언제나 오염되지 않으며, 모든 중생에게 항상 머물고 있다는 것이다.

『승만경勝鬘經』은 승만勝鬘, Śrīmālādevī부인이 붓다의 공적을 찬탄하고 서원을 한 다음, 일승一乘의 실천으로서 육바라밀을 실천할 것과 여래장의 본질을 말한다. 재가여성의 성불을 예언한다는 점에서 매우 중요한 경전이다.

『부증불감경不增不減經』에서는 중생이 깨달음을 얻어 열반에 들어갔다고 해도 중생계가 감소하지 않으며 열반계가 증가하지도 않는다고 했다. 중생계는 여래장이며 동시에 법신이고, 법신은 무량한 공덕을 가지고 있으며 불생불멸이라고 한다.

이러한 여래장사상을 조직하고 체계화한 논서가 『보성론寶性論』이다.

(4) 유식계통 경전

유식계통 경전으로는 『해심밀경解深密經』・『대승아비달마경大乘阿毘達磨經』・『대승아비달마집론大乘阿毘達磨集論』등이 있다. 이들 경전은 이론이 매우 정연하고 조직되어 있다.

『해심밀경解深密經』은 유가행파의 사상이 뚜렷이 나타나는 최초 경전으로 이전부터 부분으로 존재하고 있던 내용들을 통합하여 이루어졌다. 범부의 현실을 보면 사람마다 능력의 차별이 있고 좋은 사람과 나쁜 사람이 있으므로, 각기 성품이 다르다고 한다.

『대승아비달마경大乘阿毘達磨經』은 경전이름에서 보이듯 아비다르마 전통을 계승하고 있음을 알 수 있다. 이 경전은 현존하지는 않지만 『섭대승론』등에서 인용하고 있으며, 아상가가 지은 『대승아비달마집론大乘阿毘達磨集論』은 이 경에 기초해 만들어졌다고 말한다.

그리고 여래장사상을 좀 더 체계화한 『대승장엄경론大乘莊嚴經論』・『불성론佛性論』등이 있다. 훗날 여래장사상과 아뢰야식과의 조화를 이룬 『능가경楞伽經』・『대승기신론大乘起信論』・『금광명경金光明經』등이 출현했다.

『능가경』은 유식사상과 여래장사상이 다양하게 설해져있으며 둘의 종합을 시도한다. 선禪을 네 가지로 나누어 설명해 중국선종에 커다란 영향을 주었으며, 『대승기신론』의 성립에도 영향을 주었다.

『대승기신론』은 인도에서 당시 대립되고 있는 중관학파中觀學派와 유식학파唯識學派의 사상을 화합하여 우리 현실생활 가운데 깨달음이 있음을 주장함으로써 진속일여眞俗一如의 사상을 나타낸다.

『금광명경金光明經』은 유식이나 여래장사상의 교리가 이론적으로 설해지고, 붓다를 셋으로 나누어 설명한다. 그리고 호국의 사천왕이 이 경을 존중하는 국왕과 국토를 수호한다고 했기에, 나라를 보호하고 백성을 편안하게 하는 경전으로 중요시했다. 이 경전에 밀교사상이 엿보이지만 본격적인 밀교경전은 이보다 뒤에 성립한다.

3) 후기 대승경전

대승경전의 제작은 후대까지 계속되었지만 그 수는 갑자기 줄어들고, 대신 힌두교의 영향을 받아 주술적 의례를 조직화하고 교리나 의식에 신비적인 경향이 강한 밀교경전이 나타난다. 『대일경大日經』과 『금강정경金剛頂經』이 대표적인 밀교경전이다.

『대일경大日經』은 현실을 중시하고 여래의 모든 지혜가 대비大悲로써 중생을 구제하는 방편方便에 최고 가치를 둔다. 현실세계가 그대로 대일여래의 세계며, 이 진리의 세계가 현실 속에 엄연히 존재한다고 한다. 보리심과 대비와 방편의 공덕을 만다라로 표현했는데 이를 '태장계만다라'라고 한다. 이 태장계만다라를 중심으로 밀교교리가 완성되어 있으므로, 『대일경』의 출현을 밀교가 독립하는 기점으로 보게 된다.

『금강정경金剛頂經』은 교리적으로 유가행파의 유식사상과 관계가 깊다. 이 경전에서는 다섯 붓다를 다섯 지혜로 전개한다. 유식에서 인식을 전환해 얻는 네 가지 지혜에다 법계 본성으로서 지혜[법계체성지法界體性智]를 더해 이를 다섯 붓다와 짝을 이룬다. 아울러 밀교 수행자가 다섯 가지 모습을 관찰하여 자신을 향상하여 깨달음에 도달하는 과정을 만다라로 표현했는데 이를 '금강계만다라'라고 한다.

대승경전이 성립되면서 대승불교 자체에서 새로운 현상들이 나타났다.

첫째는 대승경전을 공양하고 숭배하고자 하는 요구와 법사를 존중하고자 하는 요망이다. 결국 불탑을 대신해 대승경전이 숭배의 대상이 되었으며, 대승경전이라는 법의 절대화가 이루어졌다.

둘째 깨달음으로 나아가는 보살도가 정비되고 체계화되었다. 그리하여 그들이 비판했던 아비다르마교학과 수행체계가 다시 나타났다. 이로부터 재가보살 대신 출가보살이 등장했다.

결국 대승불교의 이론과 체계가 출가주의와 아비다르마교학으로 되돌아가자 새로운 불교운동인 밀교가 일어났다고 할 수 있다.

3. 불상佛像의 등장

1) 불상이 없던 시대

초기 불교도들은 붓다를 형상화하지 않았다. 이는 붓다의 가르침을 따라 수행하는 것을 중요시했을 뿐 붓다를 신격화하거나 예배의 대상으로 삼지 않았기 때문이다. 그들은 붓다의 형상을 만들거나 그리지 않았고, 재가신자들은 붓다가 남긴 사리를 봉안해 불탑을 만들고 예배했다.

B.C. 2세기경의 바르후트탑이나 1세기경의 산치대탑의 울타리나 문에 붓다의 전생이나 일대기를 조각했지만 붓다의 형상을 조각하지 않았다. 다만 붓다가 있어야할 자리에는 상황에 따라 붓다를 대신하는 상징물을 그려 넣었다. 붓다의 깨달음을 상징하는 경우에는 보리수[菩提樹]와 금강대좌金剛臺座, 진리를 설하는 자리에는 수레바퀴[법륜法輪], 붓다의 행적을 의미하는 곳에는 붓다의 발자국[불족佛足], 붓다의 열반을 의미하는 곳에는 불탑佛塔 등을 새겼다. 이 시대를 불상이 없던 시대[무불상시대無佛像時代]라고 한다. 이러한 상징적인 암시를 통해 붓다는 그 장면에서 더욱 강렬한 순수성과 정신성 그리고 우월성을 드러내게 되었다.

그러나 대승불교운동이 일어나면서 붓다를 신격화하고 수많은 붓다와 보살이 등장하면서 예배 대상으로 붓다의 형상이 필요하게 되었다.

2) 불상의 출현

헬레니즘의 영향을 받은 서북인도 간다라지방에서 비로소 불상이 나타났다. 1세기말경 붓다의 일생을 조각하면서 붓다의 형상을 조각했고 이어서 독립된 불상이 등장했다. 독립된 불상은 예배를 위한 것이므로 불전도 속에 표현된 불상과는 다른 의미가 있다.

1~5세기경에 걸쳐 간다라지방에서 이루어진 미술을 간다라미술이라고 한다. 간다라지역의 불상은 그리스 기법의 영향을 받아 인물이 사실적으로 표현되어 있고, 용모나 장식도 그리스풍이 나타나 있다.

이와 거의 동시에 줌나강 유역의 마투라Mathurā지방에서도 불상이 등장했다. 마투라지역의 불상은 인도 전통기법을 그대로 나타내 보인다.

붓다를 조각하면서 일반 사람들과는 다른 붓다의 정신세계를 표현하기 위해 외형적으로 붓다의 초인超人성을 상징하는 여러 특징들이 이루어졌다. 그리하여 붓다는 서른두 가지 특이한 모습[삼십이길상三十二吉相]을 가지며, 나아가 여든 가지 좋은 모습[팔십종호八十種好]을 가진다고 했다.

이후 불상을 조각할 때는 이를 바탕으로 몸은 완벽한 균형과 대칭을 이루고 원만한 모습이며, 어깨는 넓고 몸통은 사자와 같고 다리는 가젤영양과 같으며, 서 있을 때는 팔이 무릎에 닿고, 붓다의 정수리는 솟아올라 있으며, 미간에는 하얀 털이 오른쪽으로 말려 있고, 귀는 아래로 처진 모습으로 표현했다.

간다라불상과 마투라불상의 차이점을 살펴보면 다음과 같다.

〈간다라불상〉

〈마투라불상〉

구분	간다라 불상	마투라 불상
재질	검푸른 색의 간다라암	붉은색의 사암
광배	원형두광에 무늬가 없다.	원형두광에 무늬가 있다.
머리	곱슬머리를 위에서 묶었다.	머리를 묶은 상투형이다.
얼굴	콧날이 높고 눈이 깊으며 입술이 얇다.	콧날이 얇고 눈두덩이 두텁고 입술도 두텁다.
표정	차갑고 활력이 없어 보인다.	엷은 미소를 지으며 밝게 웃는 모습으로 붓다의 내적 희열과 평온함이 느껴진다.
법의	두꺼운 옷으로 그리스 신상의 옷처럼 표현했다.	얇은 옷으로 몸의 윤곽이 뚜렷하고 가는 평행선의 줄무늬가 있다.

입멸한 붓다를 머릿속에서 그리던 민중들은 붓다의 형상을 보고 신앙심을 더 높일 수 있게 되었다. 훗날 굽따시대에 이르면 간다라불상과 마투라불상이 서로 조화를 이루어 불상조각의 절정기에 이르게 된다.

3) 대승불교와 수많은 불상

부파불교시대에서부터 시방十方에 수많은 붓다가 있다고 했으며, 대승불교교리에도 과거·현재·미래의 붓다가 있다고 했다. 그리고 대승불교에서는 수많은 보살이 등장하고, 중생의 요구에 따라 수많은 붓다와 보살을 조각하고 그리게 된다. 이후 밀교의 등장으로 수많은 붓다와 보살을 더욱 다양한 형태로 나타난다.

대승보살도

1. 보살의 출현과 전개
2. 보살의 마음
3. 보살의 수행
4. 보살의 단계

대승불교는 보살불교라 할 수 있다. 이는 대승경전이 오로지 보살의 이념과 실천을 설명한다고 해도 지나친 말이 아니기 때문이다. 그러나 보살이라는 개념과 그 출현의 시작을 밝히기는 쉽지 않다.

초기불교에서 보살이라는 용어는 사용하지 않았다. 현존하는 초기경전인 『장아함경』과 『증일아함경』에 보살이라는 용어가 보이나 이는 훗날 전승되는 과정에서 들어간 것이다. 바르후뜨탑이나 아쇼까 석주의 비문 등에도 보살이라는 말은 보이지 않으며, 붓다의 전생을 기록한 자따까Jātaka, 본생담本生譚에 연등불로부터 수기를 받을 때 처음으로 보살이라는 개념이 생겼다고 볼 수 있다. 붓다가 되리라는 수기를 받았기 때문에 고따마는 깨달음을 구하고자 노력하는 사람 곧 보살이다.

　불전문학에서 보살은 오직 샤카무니붓다가 전생에서 수행하던 구도자를 말하며, 현생에서 고따마 수행자가 보리수 아래에서 깨달음을 얻기 직전 명칭이었다. 이미 부파불교에서 수많은 붓다가 나타났으므로 그에 따라 수많은 보살이 나타나게 되면서 보살이라는 용어는 빠른 속도로 그 의미가 확대되고 보편화되었다. 그리하여 샤카무니붓다의 전신前身뿐만 아니라 붓다가 되기 직전 수행자는 보살이라는 생각으로 발전했다. 붓다의 전생담에 나타난 보살은 대승보살로 자리 잡고, 대승보살은 중생을 구원하기 위한 원력을 가진 대보살로 탄생한다. 대승불교권에서 예경하는 미륵보살·관세음보살·문수보살·보현보살·지장보살 등이 대표적인 보살이다. 나아가 불교 고승이자 대학자들도 보살칭호를 붙였으니 용수보살·마명보살·무착보살·세친보살 등이다. 한국불교에서는 여자신도들을 보살이라는 칭호로 부르기에 이르렀다.

1. 보살의 출현과 전개

　산스끄리뜨 보디사뜨와bodhisattva를 소리대로 번역하여 '보리살타菩提薩埵'라 하고 이를 줄여 보살이라고 한다. 보디bodhi는 '깨달음'의 뜻이며 사뜨와sattva는 '유정' '중생'을 뜻하므로, 보살이라는 의미는

'깨달음을 얻은 중생' '깨달음을 추구하는 중생' '깨달음을 얻도록 확정된 중생'이라는 의미다.

보살이 깨달음을 구하는 것은 성문聲聞과 연각緣覺이 열반을 구하는 것과는 다르다. 성문과 연각은 세간을 벗어나 열반을 향해가므로 세간을 벗어나는 방향이 되나, 보살은 번뇌와 깨달음·생사와 열반·나와 너 등의 모든 분별을 떠나고 중생을 구제하므로 세간을 떠나지 않는다.

보살은 일반적으로 '위로는 깨달음을 구하고 아래로는 중생을 구제하고자[상구보리 하화중생上求菩提 下化衆生] 노력하는 이'라 설명하며 자리自利와 이타利他를 완성하고자 용맹정진하는 자이므로 마하살摩訶薩, mahāsattva, 대사大士이라고 찬양하기도 한다. 그리하여 '보살마하살'이라고 부르기도 하며 대승불교의 담당자로서 역할을 하게 된다.

본래 보살이란 초기불교에서 샤카무니붓다가 성도하기 이전 명칭이다. 불전문학에서는 전생에 연등불로부터 미래세에 깨달음을 얻어 붓다가 되리라는 수기授記를 받은 때로부터, 그리고 이생에서 고따마 수행자가 보리수아래에서 깨달음을 얻기 직전에 보살이라 부른다. 특히 불전문학에서 샤카무니붓다가 이 세상에서 생을 누리기까지의 본생本生을 이야기하면서 나오는 보살을 불전佛傳보살 또는 본생本生보살이라고 한다.

이러한 불전보살은 빠른 속도로 거의 모든 부파의 교리와 활동에 도입되고 확대됨과 동시에, 출가승가와는 관계없이 일어난 대승불교운동에도 들어가 그 추진력이 되었다. 새로운 불교운동을 지향하는 사람들이 보살이라는 이념과 이미지를 자기들 내부로 흡수하면서 대승보살로 정착해 갔다. 중생은 붓다가 되고자 발심해 수행하면 언젠가는 붓다가 될 수 있으며 붓다가 되기 이전의 모든 중생은 바로 보살이라는 것이다. 이를 범부凡夫보살이라고 할 수 있다.

보살은 더 이상 출가수행자에게만 한정되지 않으며, 재가신자 역시 성불成佛의 서원을 세운 보살이다. 보살로서 자각을 가지고 수행을 계속한다면 언젠가는 붓다가 될 수 있다는 자신감을 가지도록 한 점에 보살사상의 커다란 의의가 있다.

이처럼 보살의 의미가 다양하게 확대되면서 중생들의 이익과 행복과 안락을 위해 노력하는 구원의 보살사상이 나타났다. 세속의 삶을 살아가는 재가자들은 진리를 배우고 계율을 엄격하게 지킬 수 없으며, 선정禪定을 열심히 실천할 수 없다. 그러므로 재가신자들은 붓다의 자비에 의한 구원을 바랐으며, 입멸한 붓다를 대신해 자비행을 실천하는 이상적인 인간상을 만들어 보살이라고 했다.

특정한 보살로 가장 먼저 나타난 보살은 미륵보살이다. 미륵보살은 초기 불교경전에서도 나타나는데 미래세에 미륵불로 탄생하며, 현재 도솔천兜率天에 머문다고 한다. 이후 아촉불阿閦佛과 아미타불阿彌陀佛과 같은 정토사상이 일어나면서 아촉阿閦보살과 법장法藏보살 등이 등장한다. 그리고 고난으로부터 구원을 바라면서 관세음觀世音보살과 대세지大勢至보살이, 『반야경』계통에서는 지혜를 상징하는 문수文殊보살이, 『화엄경』에서는 실천행을 상징하는 보현普賢보살이, 그리고 지옥의 중생을 구제한다는 지장地藏보살이 탄생한다. 이후 밀교시대에는 수많은 보살들이 등장한다. 이러한 보살들은 모두 중생을 구원하겠다는 원력을 가지고 탄생한 보살이므로 원생願生보살이라 할 수 있다.

그리고 더 나아가 실존했던 고승이나 대학자들에게 보살이라는 호칭을 붙여 높여 부르기에 이른다. 그리하여 나가르주나Nāgārjuna를 용수龍樹보살, 아상가Asaṅga를 무착無着보살, 와수반두Vasubandhu를 세친世親보살, 아슈와고샤Aśvaghoṣa를 마명馬鳴보살이라고 부른다. 이를 고승高僧보살이라고 하면 어떨까 한다. 불전에 나타난 본생보살과 대승불교의 원생보살을 비교하면 다음과 같다.

	불전보살(본생보살)	대승보살(원생보살)
수	단수(샤카무니)	복수
시간	과거	과거와 현재
탄생	업(業)에 의해 태어남[업생業生]	원력(願力)에 의해 태어남[원생願生]
거주처	사바세계로부터 벗어나려 함	사바세계에 머물려 함

보살은 본생보살에서 초기대승불교운동을 주도한 재가보살이 나오고, 대승불교의 경전이 성립되면서 재가보살에서 출가보살로 중심이 옮겨가고, 중생들을 구원하겠다는 원력을 세우고 수행해 깨달음을 얻은 원생보살이 나타나고, 고승들을 높여 부르는 고승보살 등으로 나타난다.

2. 보살의 마음

1) 보살의 서원誓願

대승보살은 보리심을 가지고 다른 사람을 이롭게 하겠다는 서원에 의해 태어난다. 서원이란 보살이 추구하는 삶의 목표이자 원동력으로 원력願力이라고도 한다. 원력에는 각 보살이 갖는 개별적인 원력[별원別願]과 모든 보살이 갖는 보편적인 원력[총원總願]이 있다.

법장보살 48대원과 보현보살 10대원 등은 개별적인 원력이라 할 수 있으며, 불교의식 마지막에 다함께 발원하는 사홍서원은 보편적인 원력이라 할 수 있다.

중생을 다 건지오리다.   중생무변서원도衆生無邊誓願度
번뇌를 다 끊으오리다.   번뇌무진서원단煩惱無盡誓願斷
법문을 다 배우오리다.   법문무량서원학法門無量誓願學
불도를 다 이루오리다.   불도무상서원성佛道無上誓願成

중생을 구원하고 번뇌를 끊고 법문을 배워 불도를 성취하는 일은 개별적인 원력이 아니라 모든 대승보살이 지녀야할 원력이기 때문이다. 보살은 '위로는 깨달음을 구하고[상구보리上求菩提], 아래로는 중생을 교화하고자[하화중생下化衆生] 노력하는 자'다. 이를 깨달음을 얻은 다음에 중생을 제도한다고 해석해서는 안 된다. 깨달음을 구하는 일이 곧 중생을 교화하는 일이요, 중생을 교화하는 일이 곧 깨달음을 구하는 일이다. 더 나아가 자신의 깨달음보다 먼저 중생의 이익과 행복을 위해 모든 힘을 다하는 자다. 그러므로 중생이 무한히 많아도 모두 다 건지고야 말겠다는 서원을 가장 먼저 한다.

일반인들이 남을 위하는 행동은 이익과 명분을 위한 분별심에서 비롯하므로 분별이고 상대적이지만, 보살이 중생을 위하는 행동은 반야般若의 공관空觀에서 비롯하므로 무차별이고 절대적이다.

불교에서 말하는 원력은 일반적인 욕망과는 다음과 같은 점에서 다르다.

첫째 욕망은 자신만의 이기적인 바람이지만 원력은 모든 중생들과 더불어 살기위한 바람이다. 원력을 가진 보살은 오직 나만의 행복을 바라지 않고 모든 생명체들의 행복을 바란다.

둘째 욕망은 본능적이지만 원력은 능동적이다. 부와 명예와 사랑을 갖고자 하는 욕망은 누구나 태어나면서 가지는 본능이지만, 원력은 원을 세우고 스스로 힘써 실천하고자 한다.

셋째 욕망은 오직 결과를 중요시하지만 원력은 과정도 중요시한다. 욕망을 가진 자는 그 결과를 얻기 위해 수단과 방법을 가리지 않지만, 원력을 가진 자는 결과에 대해 집착하지 않고 현재 최선을 다해 노력한다.

넷째 욕망은 자신의 목표에 다다르면 그치나 원력은 영원히 계속한다. 욕망을 가진 자는 자신이 원하는 바를 얻으면 지키려 할 뿐이나, 원력을 가진 자는 모든 중생들이 행복해질 때까지 영원히 계속한다.

다섯째 욕망은 소유하려 하나 원력은 나누려 한다. 욕망을 가진 자는 원하는 바를 자신이 혼자 가지려 하나, 원력을 가진 자는 자신이 가진 모든 걸 모든 중생들과 나누려고 한다.

돈을 벌기 위해 의사가 되려는 사람은 욕망을 가진 의사고, 환자들의 고통을 들어주기 위해 의사가 되려는 사람은 원력을 가진 의사다. 그리하여 욕망을 가진 의사는 돈이 있는 환자를 돌보나 원력을 가진 의사는 고통 받는 환자를 돌본다.

2) 자비심慈悲心

불교는 모든 걸 있는 그대로 관찰하는 지혜를 매우 중요하게 여긴다. 그러한 지혜가 있어야 올바른 믿음과 올바른 행동이 일어나게 된다. 지혜를 바탕으로 한 순수하고 올바른 생명사랑을 자비라고 한다.

대승보살의 마음은 자비심이다. 자비慈悲, maitrī-karuṇā란 자慈, maitrī와 비悲, karuṇā가 합쳐진 말이다. 자慈, maitrī는 '우인友人'이란 말에서 나왔으며 '진실한 우정' '순수한 사랑'을 의미한다. 비悲, karuṇā란 '연민' '동정'의 뜻이다. 그러므로 자비慈悲란 사람들에게 이익과 안락을 가져다주고자 하는[여락與樂] 마음이며 사람들로부터 불이익과 고통을 제거하고자 하는[발고拔苦] 마음이다.

자비란 즐거울 때나 슬플 때나 언제나 함께 한다. '정승 말 죽은 데는 문상을 가도 정승 죽은 데는 문상을 안 간다.'하는 속담이 보여주듯, 인간은 자신의 이득을 얻고자 재력이나 권력을 가진 자들과 함께 하려고 한다. 하지만 고난과 어려움에 처해 있는 자에게는 얻을 게 없고 오히려 도와주어야 하므로 외면한다.

자비는 초기불교에서부터 강조해온 불교의 기본정신이다.『아함경』에서는 네 가지 한없는 마음[사무량심四無量心]이라 하여 모든 중생들에게 자慈·비悲·희喜·사捨하는 마음을 가지라고 한다. 희喜는 남이 즐거울 때 함께 기뻐하는 마음이고, 사捨는 사랑하고 미워하고 친하고 싫어하는 그러한 분별을 버린 언제나 평온한 마음이다.

자비는 깨달음의 내용이고, 깨달은 자의 활동이고, 깨달으려는 자의 실천행이다. 그러므로『열반경』에서는 '대자대비大慈大悲를 불성佛性이라고 한다.'고 했다. 붓다의 성품이 바로 자비며 우리들 마음속에는 자비의 본성이 자리하고 있으므로, 깨달음을 얻으려는 자는 반드시 자비를 실천해야만 한다.

자비란 단지 고통을 받는 자에게 대한 동정심이나 보살핌만을 뜻하는 게 아니라 그 고통을 덜어주기 위해서 필요한 것이라면 무엇이든 하겠다는 지속적이고 실제적인 결의다. 그러므로 대자대비의 화신인 관세음보살을 고통 받는 수많은 중생들을 보살피는 천 개의 손과 천 개의 눈[천수천안千手千眼]을 가진 모습으로 표현한다.

보살의 자비행은 중생을 자신과 동일한 몸으로 보는 일[동체자비同體慈悲]로부터 시작된다.『유마경』에서 유마거사를 병문안하러 온 문수사리보살이 "왜 병이 들었으며, 언제 낫겠습니까?"하고 질문을 하자, 유마거사는 "중생이 병들면 보살도 병이 들고, 중생의 병이 나으면 보살의 병도 낫는 것입니다. 보살의 병은 대비 때문에 일어남을 알아야 합니다."하고 대답했다. 모든 중생을 이롭고 행복하게 하겠다는 원력을 갖기 위해서는 중생과 내가 둘이 아니라 하나라는 마음을 가져야 한다.

그러나 자신의 삶을 살아가기에도 급급한 현실에서 우리들이 이러한 보살의 동체자비심을 내어서 실천하기란 여간 어렵지 않다. 어떻게 마음속에 잠자는 자비심을 일깨우고 어디서부터 실천해야할 지를 모르게 된다.

자비심을 일깨우기 위해서는 가장 먼저 자기 삶에 감사하는 마음을 가져야 한다. 자기 현실에 만족하고 감사하는 마음을 가질 때 스스로 풍족함을 느끼며 남을 돕겠다는 여유가 생긴다. 아무리 많은 재산을 가졌더라도 스스로 만족하지 않으면 불만과 부족함을 느끼게 되고 욕심이 생겨나 남을 돕겠다는 마음이 일어나지 않는다. 부자는 더 많은 것을 탐하여 남을 돕는 일에 인색하나, 오히려 거지는 자신이 동냥한 것을 배고픈 동료와 나누어 먹는 마음이 있다. 둘째는 서로 입장을 바꾸어 생각해야 한다. 고통을 받는 그 사람의 처지에 서서 그 아픔을 함께 느낄 수 있도록 노력해야 한다. 셋째는 중생들의 고통을 덜어주겠다는 서원을 세워야 한다. 고통 받는 중생들을 불쌍히 여겨 중생들이 고통으로부터 벗어나게 하도록 돕겠다는 마음을 가져야 한다. 넷째는 명상하고 기도해야 한다. 오늘 하루의 삶이 자신만을 위한 이기적이고 배타적이지는 않았는지를 명상하고, 자신에 대한 애착을 끊고 보리심이 일어나도록 기도해야 한다.

항상 명상하고 기도하며, 자기 삶에 감사하고, 어려운 이웃에게 자비심을 내는 일이 깨달음을 향해 나아가는 수행이요 붓다의 가르침이다. 보살은 수많은 중생을 구제하기 위해 어려운 일을 하면서도 고통이라 생각하지 않고 즐겁다는 생각을 가져야 한다.

모든 보살마하살은 행하기 어렵고 고행이라는 생각을 하지 않습니다. 왜냐하면 행하기 어렵고 고행이라는 생각에 머물지 않아야만 가없는 수많은 중생들을 위해 유익한 일을 할 수 있기 때문입니다. － 「대반야바라밀경」

3) 중생을 구제하는 네 가지 실천방법[사섭법四攝法]

보살이 고통 받는 중생을 구제하기 위한 네 가지 실천방법이 있는데, 이는 더불어 사는 이상사회를 이루는 일이기도 하다.

① 상대에게 아낌없이 베푼다[보시섭布施攝]; 중생들이 필요한 재물이나 진리를 베풀거나, 중생들의 근심과 두려움을 없애주는 일이다. 이때 자랑하거나 보상을 바라지도 말고, 베푼다는 생각과 베풀었다는 생각을 하지 않아야 한다. 남의 어려움을 덜어주는 행위야말로 가장 아름다운 행위다.

② 부드럽고 온화한 말로 감싸 안는다[애어섭愛語攝]; 항상 웃으며 다정하고 상냥한 말씨로 상대를 대한다면 상대방 또한 기분 좋은 얼굴로 듣기 좋고 고운 말을 사용하기 마련이다. 그러나 좋은 말을 하기보다 상대방의 말을 귀담아 진심으로 들어주는 일

이 더 중요하다.

③몸과 말과 생각으로 남을 위해 행동하고 그들이 이익 되게 한다[이행섭利行攝]; 나만의 이익과 행복을 위해 상대방을 괴롭히거나 손해를 끼쳐서는 안 되며, 항상 이웃에게 이익과 행복을 주는 일이 곧 내 복덕을 쌓는 일이란 걸 잊어서는 안 된다.

④그들과 행동을 같이 한다[동사섭同事攝]; 남의 고통과 슬픔을 외면하지 않고 적극적으로 도와주며, 그들의 기쁨을 함께 하는 일이다. 슬픔을 함께 하면 슬픔은 반으로 줄고, 기쁨을 함께 하면 기쁨은 두 배로 늘어난다.

3. 보살의 수행

1) 육바라밀六波羅蜜

보살은 육바라밀을 닦음으로써 궁극의 깨달음을 얻을 수 있으며, 지혜와 자비의 완성을 얻을 수 있다. 바라밀은 산스끄리뜨인 빠라미따pāramitā를 소리대로 번역한 것으로 'pāram(피안에)+i(이른)+tā (상태)' 또는 'pārami(최상의)+tā(상태)'를 의미하는데, 도피안到彼岸으로 번역한다.

모든 보살마하살이 궁극의 깨달음을 얻고자 한다면 마땅히 육바라밀을 닦아야 한다. 왜냐하면 아난다여, 육바라밀은 보살마하살의 어머니로서 모든 보살을 낳기 때문이다. 아난다여, 만약 보살마하살이 육바라밀을 닦는다면 모두 궁극의 깨달음을 얻으리라. 이런 까닭에 나는 육바라밀을 닦기를 그대에게 당부하는 것이다. 아난다여, 육바라밀은 모든 붓다의 진리가 담겨있는 이루 다함이 없는 법의 곳간[법장法藏]이니, 시방의 모든 붓다가 현재 설법하는 것은 모두 육바라밀이라는 법의 곳간에서 나온 것이며, 과거의 모든 붓다 또한 육바라밀을 닦음으로써 궁극의 깨달음을 얻었으며, 미래의 모든 붓다 또한 육바라밀을 닦음으로써 궁극의 깨달음을 얻게 되리라. 또한 과거·현재·미래 모든 불제자들 역시 육바라밀을 통해 열반을 얻을 것이다. - 「대품반야경」

(1) 보시布施, dāna 바라밀

소리대로 번역해 단나檀那라고도 하며 자신이 가진 것을 필요한 사람에게 베풀어주는 일이다. 보시는 붓다 당시부터 재가신도의 가장 중요한 실천 덕목이며, 예로부터 재가신도를 '보시하는 사람'이라는 의미에서 단월檀越, dānapati이라고 한다. 보시는 행복의 원인이고, 증득의 근본이고, 부의 기반이다.

보시에는 물질로 베풀고[재시財施], 두려움과 근심으로부터 벗어나게 도와주고[무외시無畏施], 진리의 말씀을 전하는[법시法施] 세 가지가 있다. 출가수행자는 무소유이므로 그가 할 수 있는 유일한 보시는 종교적인 가르침이며, 재가자는 승가에 의복·음식·좌구坐具·의약품 등을 공급하면서 승가를 유지하도록 돕는 일을 실천한다.

경전에는 물질이 아니더라도 베풀 수 있는 일곱 가지를 든다.

①따뜻한 눈으로 사람들을 바라보며[안시眼施]
②온화하게 웃으며 반기는 표정으로 사람들을 대하며[화안열색시和顔悅色施]
③부드럽고 상냥한 말을 하며[언어시言語施]
④존경하고 예의를 갖춘 태도로 사람들을 즐겁고 편안하게 하며[신시身施]
⑤진실하고 착한 마음을 가지며[심시心施]
⑥편안하고 좋은 책상이나 자리를 양보하며[상좌시床座施]
⑦어려운 사람에게 잠자리를 마련해 준다[방사시房舍施].

보시의 가치는 보시하는 사람의 자질, 보시물의 중요성, 보시를 받는 사람의 우수성에 따라 다르다. 그러므로 참된 보시는 주는 자[시주施主]와 받는 자[화주化主]와 주는 물건[시물施物]에 어떠한 집착이나 차별이 없고 청정해야 한다[삼륜청정三輪淸淨]. 곧 보시자는 바른 생계수단을 통해 보시물을 준비하고, 보시자가 계율을 잘 지키고 도덕적으로 훌륭하며 보시를 하기 전후에 과보를 바라지 말고 보시를 기쁘게 생각하는 마음을 가지고, 보시를 받는 자는 계율을 잘 지키고 도덕적으로 훌륭해야 한다.

보시를 하면서도 보시라는 선행에 집착하지 않고 어떠한 공덕의 대가도 바라지 않는 보시[무주상보시無住相布施]가 진정한 보시바라밀이다. 베풀면서도 물건이나 과보에 집착하지 말고 생색내지 않고 준다는 생각이 없이 베풀어야 한다는 의미다. 『금강경』에서는 이를 '머무는 바가 없이 베풀어야 한다[응무소주 행어보시應無所住 行於布施]'고 했다.

붓다는 너그럽게 베푸는 자는 모든 사람들로부터 사랑을 받고, 정직한 사람들로부터 존경을 받고, 기탄없이 칭찬을 받고, 어디에서나 환대를 받고, 죽은 뒤에 천상에 태어나는 공덕을 얻는다고 했다.

(2) 지계持戒, śīla 바라밀

계율을 지킨다는 의미다. 재가신도들이 지켜야 할 계에는 삼귀의계와 다섯 가지 계 [오계五戒] 그리고 열 가지 좋은 행위[십선도十善道], 보살계 등이 있다. 대승불교의 계는 부파불교에서 지켜온 출가수행자의 구족계와는 달리 보살계다.

불교인들이 지켜야 할 가장 기본적인 계는 삼귀의계다. 삼귀의계란 붓다와 붓다의 가르침과 청정한 승가, 곧 삼보에 귀의하겠다는 다짐이다.

다섯 가지 계란 산목숨을 죽이지 않으며, 주지 않는 남의 물건을 갖지 않으며, 삿된 음행을 하지 않으며, 거짓말을 하지 않으며, 술과 마약 등을 마시지 않을 것을 다짐한다.

열 가지 좋은 행위는 산목숨을 죽이지 않으며, 주지 않는 남의 물건을 갖지 않으며, 삿된 음행을 하지 않으며, 거짓말을 하지 않으며, 이간질을 하지 않으며, 욕설을 하지 않으며, 꾸미거나 쓸데없는 말을 하지 않으며, 탐욕을 버리고, 화를 내지 않으며, 삿된 견해를 갖지 않는 일이다.

대승불교에서는 계율에 얽매이지 않고 다른 사람을 위해 능동적이고 적극적이고 자율적으로 계를 지켜나갈 것을 강조한다. 계śila는 자발적으로 지키는 마음이 중요하기 때문에 계에 집착하거나 얽매이지는 말아야 한다.

(3) 인욕忍辱, kṣānti 바라밀

괴로움을 받아들여 참고 용서하는 일이다. 우리는 조금만 욕된 일을 당하면 분을 참지 못하고, 조금만 어려우면 좌절하기 쉽다. 보살은 이런 경우 모든 것은 다 빈 것임을 깨달아 마음에 동요가 없다. 우리가 사는 세계를 사바娑婆, Sabhā세계라 하며 이를 감인堪忍세계라 번역하는데 '참고 견디며 사는 세계'라는 의미다. 그리고 고통의 바다[고해苦海]라고도 하는데 우리가 살고 있는 세계가 본래 고통스런 세계니 참고 견디며 살 수 밖에 없다는 말이다.

인욕은 세 가지로 나눌 수 있는데 남이 헐뜯고 욕해도 노여움과 원한을 일으키지 않으며, 어떠한 고난에도 견디어 참으며, 진리를 깨달을 때까지 유혹과 괴로움을 잘 견디어 내는 일이다.

우리가 어려움과 괴로움을 참지 못하는 이유는 나에 대한 집착 곧 아상我相 때문이다. 나라는 실체가 없음을 자각하고, 모든 존재는 인연에 따라 생겨나므로 영원하지 않음을 깨달으면 인욕할 수 있다.

이 세상에서 증오는 결코 증오로 가라앉지 않습니다. 그러나 사랑으로 가라앉습니다. 이것은 영원히 변치 않는 진리입니다. - 「담마빠다」 5

(4) 정진精進, vīrya 바라밀

게으르지 않고 부지런히 수행하는 일이다. 흔들리지 않는 마음과 물러서지 않는 마음으로 깨달음을 향해 집중해 나아가는 일이다. 일을 미루고 게으름 부리는 습관을 고쳐야 하고, 여러 가지 하찮은 일에 탐닉하는 마음을 버려야 하고, 스스로 자신을 경멸하지 말아야 한다.

정진은 세 가지로 나눌 수 있는데 어떠한 어려운 일에도 최선을 다하고 한번 시작한 일은 반드시 이루고야 말며, 올바른 일은 굽히지 않고 끝내 물러서지 않으며, 작은 성공에 만족하지 않고 마침내 목표에 다다르는 노력이다. '모든 것은 비었다'는 공空사상을 잘못 이해하여 무사안일하거나 허무주의에 빠져서는 안 된다.

> 생겨난 것은 반드시 사라지는 것이니, 게으르지 말아야합니다. 게으르지 않음으로써 나는 깨달음에 이르렀으며 한량없는 선善을 낳았습니다.
> ― 『열반경』

(5) 선정禪定, dhyāna 바라밀

산란한 마음을 가라앉히고 고요히 사색하는 일이다. 모든 존재는 본래 성품[자성自性]이 없으며 비었음을 삼매三昧, samādhi로서 직관直觀하여 그것에 대한 집착에서 벗어나는 수행이다.

선정은 정신을 집중해 산란한 마음을 그치는 지止, samatha와 삼매에 머물러 올바른 관찰을 하는 관觀, vipaśyanā으로 나눈다. 대승불교는 부파불교와 다른 수행을 했으며 정신집중에는 해인海印삼매·법화法華삼매·반주般舟삼매 등이 있다.

선정에는 세 가지가 있는데 좌선 수행을 하며, 선정에 의해 신통력을 얻으며, 선정에 의해 다른 사람을 유익하게 하는 덕을 이루는 것이다.

(6) 반야般若, prajñā 바라밀

쁘라갸prajñā란 'pra(수승한)+jñā(앎)'을 뜻하며 분별망상을 떠난 깨달음의 지혜며, 모든 것을 옳게 볼 수 있는가 없는가 하는 지혜로 모든 공덕의 근본이 된다. 모든 분별망상을 떠나 말할 수 없이 청정하며, 모든 좋은 법을 유감없이 발휘하며, 모든 괴로움을 제거해 주는 지혜다.

지혜에는 세 가지가 있으니 번뇌의 장애를 덜어내는 지혜[가행지加行智], 유분별지有分別智], 깨달음을 얻어 분별심을 내지 않는 지혜[근본무분별지根本無分別智], 깨달음을 얻은 후 중생을 교화하기 위해 내는 지혜[유분별후득지有分別後得智]다.

얻을 것이 없는 까닭에 보살은 반야바라밀다를 의지하므로, 마음에 걸림이 없습니다. 마음에 걸림이 없으므로 두려움이 없어서 뒤바뀐 헛된 생각을 멀리 떠나 완전한 열반에 들어가며, 삼세의 모든 부처님은 반야바라밀다를 의지하므로 최상의 깨달음을 얻습니다. – 「반야심경」

반야바라밀은 보시·인욕·지계·정진·선정 다섯 바라밀의 근본이 되며, 동시에 이 다섯 바라밀의 실천을 통해서만 얻을 수 있다. 다섯 바라밀은 모두 반야의 공관空觀으로부터 실천해야 하므로 반야바라밀은 다섯 바라밀의 주도자며 성립기반이 된다.

마치 대지에 씨앗을 뿌리면 인연이 화합해 생장하게 되는데, 이 때 땅을 의지하지 않고는 생장할 수 없을 겁니다. 이 같이 다섯 바라밀은 반야바라밀 속에 머물러 크게 자라나게 됩니다. – 「소품반야경」 권2

육바라밀의 각 항목은 이미 초기불교에서부터 흩어져 존재했지만, 대승불교에서는 반야바라밀이 일관하게 나타나고 반야prajñā를 뒷받침하는 공空사상이 밑바탕이라는 점이 다르다고 할 수 있다.

대승불교는 모두 이 육바라밀로 통일하고 있으나, 다만 『화엄경』에서는 방편方便, upāya·원願, praṇidhāna·역力, bala·지智, jñāna 네 바라밀을 더해 십바라밀을 설명한다. 중국에서 밀교密敎가 성할 때 십바라밀을 그림으로 표현했으며 이를 십바라밀도十波羅蜜圖라 한다.

보시布施를 둥근달로 나타내니 이웃에게 베풀되 베푼 바 없이 하여 마치 어두운 밤에 온 누리를 밝히는 보름달과 같이 하라는 의미다. 지계持戒를 반달로 나타내니 계와 율을 견고히 지켜 마치 반달이 둥근달이 되어가듯 마음의 청정淸淨을 얻어가야 한다는 의미다. 인욕忍辱을 신날로 나타내니 진땅·마른땅·자갈밭 등 어디를 가든 발을 보호해 목적지에 도달한다는 의미다. 정진精進을 가위로 나타내니 수행을 함에 물러섬이 없이 나아가야 한다는 의미다. 선정禪定을 구름으로 나타내니 허황된 생각이나 애욕愛慾을 뜬 구름처럼 흘려버릴 때 선정禪定에 들 수 있다는 의미다. 반야지혜般若智慧를 금강저金鋼杵로 나타내니 번뇌를 부수는 보리심菩提心을 상징하는 의미다. 방편方便을 좌우 우물로 나타내니 목마른 중생의 갈증을 풀어주듯 다양하게 전법교화傳法敎化를 해야 한다는 의미다. 원願을 앞뒤 우물로 나타내니 끊임없이 목마른 중생을 제도해야 한다는 의미다. 력力을 두 개의 고리로 나타내니 고리 두 개가 맞물려 조화롭게 돌아갈 때 바른 힘이 생긴다는 의미다. 지智를 둥근 원 안에 세 점으로 나타내니 세상을 밝히는 해·달·별과 같이 삼세를 두루 비춘다는 의미다.

빨리어 사전에는 남방 상좌부불교의 『붓다왕사Buddhavaṃsa』에 여기저기 흩어져 나타난 열 가지 바라밀을 십바라밀十波羅蜜로 정리했다. 이는 보시dāna바라밀·지계sīla바라밀·출리出離, nekkhamma바라밀·지혜paññā바라밀·정진viriya바라밀·인욕khanti바라밀·진실sacca바라밀·결의決意, adhiṭṭhāna바라밀·자애慈愛, mettā바라밀·평온平溫, 捨, upekkhā바라밀이다.

애인(육바라밀)

이광수

임에게는 아까운 것이 없이 무엇이나 받치고 싶은 이 마음
거기서 나는 보시를 배웠노라.

임에게 보이고자 애써 깨끗이 단장하는 이 마음
거기서 나는 지계를 배웠노라.

임이 주시는 것이면 때림이나 꾸지람이나 기쁘게 받는 이 마음
거기서 나는 인욕을 배웠노라.

자나 깨나 쉴 사이 없이 임을 그리워하고 임 곁으로만 도는 이 마음
거기서 나는 정진을 배웠노라.

천하 하고많은 사람 중에 오직 임만을 사모하는 이 마음
거기서 나는 선정을 배웠노라.

내가 임의 품에 안길 때에 기쁨도 슬픔도 임과 나의 존재도 잊을 때
나는 반야를 배웠노라.

인제 알았노라 임은 이 몸께 바라밀을 가르치려고
짐짓 애인의 몸을 나툰 붓다시라고.

2) 공양과 예배

보살의 수행은 바라밀 수행이 대표적이지만 『화엄경』이나 『법화경』 등에서는 불탑에 대한 공양과 예배를 권장한다. 공양供養, pūjā이란 음식이나 의복을 불·법·승 삼보에 공급하는 걸 말한다. 예배禮拜란 공경하는 뜻을 담아 몸짓으로 표현하는 걸 말한다. 대승불교에서는 경전을 법보法寶로 모시고 꽃이나 향 음식 등을 바치고 음악 등으로 찬탄하는 일을 중요하게 여겼다. 『법화경』의 경우에는 전체적으로 경전을 지니고, 읽고, 외우고, 베껴 쓰고, 다른 사람을 위해 해설하는 다섯 가지 실천을 강조한다. 공양은 본래 불탑에서 이루어졌으나 후대에 이르러 불상과 경전과 승가에도 이루어졌다.

오늘날은 육법공양이라 하여 향香·등燈·차茶·과일[과果]·꽃[화花]·쌀[미米] 여섯 가지를 붓다에게 올리며, 음성공양이라 하여 음악과

무용을 곁들이기도 한다. 본래 불교에서는 6재일에는 재가신자도 춤추고 노래하는 행위는 물론 음악을 듣고 광대극을 보는 일조차 삼갔다. 그러므로 사찰 안에서 음악으로 찬탄하는 일은 대승불교가 일어나면서 재가보살들 사이에서 생겨났다고 보아야 한다. 왜냐하면 출가비구의 율장에는 음악이나 춤, 연극 등을 보는 일은 금지되어 있으며, 더구나 출가자들이 이러한 공양의식을 직접 행하기는 불가능했으리라 생각되기 때문이다.

4. 보살의 단계

대승불교의 수행단계는 곧 보살의 수행단계다. 깨달음으로 나아가는 단계를 부파불교에서는 현인의 수행단계[현위賢位]와 성인의 수행단계[성위聖位]로 나누었다. 성인의 수행과정을 다시 수다원과 śrota-āpanna, 須陀洹果, 예류과預流果, 사다함과 sakṛd-āgāmi, 斯多含果, 일래과一來果, 아나함과 anāgāmin, 阿那含果, 불환과不還果, 아라한과 arhat, 阿羅漢果 네 단계로 나누었다.

그러나 대승불교 경전에서는 깨달음으로 나아가는 수행단계를 독자적으로 설명한다. 대승경전에는 불퇴전不退轉, 무생법인無生法忍, 동진童眞, 일생보처一生補處 등의 단계가 널리 나타난다. 불퇴전不退轉이란 수행하는데 뒤로 물러서지 않는다는 의미며, 무생법인無生法忍이란 공空의 진리를 깨달음으로써 안주한다는 의미며, 동진童眞이란 금욕생활에 들어간 법왕자로서 멀지 않아 붓다의 지위를 잇는다는 의미며, 일생보처一生補處란 한 생애에 모든 번뇌를 끊어 다음 생에는 붓다가 된다는 의미다.

대승경전에서 가장 간단한 보살의 단계는 『소품반야경』에 나타나는데 처음 마음을 일으킨 초발심初發心보살, 육바라밀을 행하는 신학新學보살, 뒤로 물러섬이 없는 불퇴전不退轉보살, 다음 생에 붓다가 되는 일생보처一生補處보살 네 단계다. 다음에 범부지凡夫地, 성문지聲聞地, 벽지불지辟支佛地, 보살지菩薩地, 여래지如來地 다섯 지위를 열고 다시 이를 나누어 열 단계로 했다.

화엄계통의 수행자들에 의해 성립된 『십지경十地經』에는 보살의 수행을 열 단계로 나누어 설명한다.

① 대승의 올바른 지혜를 얻어 기뻐하는 단계[환희지歡喜地]
② 계를 지켜 마음의 때가 없어지는 단계[이구지離垢地]
③ 다라니를 얻고 지혜가 밝아진 단계[명지明地]
④ 지혜의 불로 번뇌를 태우는 단계[염지焰地]
⑤ 미세한 번뇌는 잠재우기 어려운 단계[난승지難乘地]
⑥ 수행이 더욱 진척되어 연기의 지혜가 나타나는 단계[현전지現前地]
⑦ 삼계의 번뇌를 끊고 멀리 떠나가는 단계[원행지遠行地]
⑧ 분별없는 지혜가 자유롭게 작용하고 번뇌로 어지러워지는 일이 없는 단계[부동지不動地]
⑨ 설법교화가 자유자재해 훌륭하게 법을 설하는 단계[선혜지善慧

地]

⑩몸은 허공과 같이 제한이 없고 지혜는 큰 구름과 같은 단계[법운지法雲地]다.

불전문학에서도 이러한 수행 단계가 나타나고 있으나 그 가운데 『마하와스뚜』에는 열 가지 단계로 나누어 설명한다.

〈부파불교〉	〈대승불교〉			
	『소품반야경』	『대품반야경』	『십지경』	『마하와스투』
			환희지	난등(難登)
			이구지	결만(結鬘)
수다원	초발심보살	범부지	명지	화장엄(華莊嚴)
사다함	신학보살	성문지	염지	명휘(明輝)
아나함	불퇴전보살	벽지불지	난승지	광심(廣心)
아라한	일생보처보살	보살지	현전지	묘상구족(妙相具足)
		여래지	원행지	난승(難勝)
			부동지	생탄인연(生誕因緣)
			선혜지	왕자위(王子位)
			법운지	관정(灌頂)

제2장

인도의 대승불교 사상

제1절 공사상
제2절 중관사상
제3절 여래장사상
제4절 유식사상
제5절 밀교사상

> 모든 법은 공하여
> 나지도 멸하지도 않으며
> 더럽지도 깨끗하지도 않으며
> 늘지도 줄지도 않습니다.
>
> 시제법공상是諸法空相
> 불생불멸不生不滅
> 불구부정不垢不淨
> 부증불감不增不減
>
> 「반야심경」

공사상

1. 공空이란 말뜻과 공사상의 성립배경
2. 『반야경般若經』
3. 공사상의 의미
4. 『반야심경般若心經』의 내용

                      초기불교에서 우리는 모든 것은 변화하며 괴롭고 영원불멸하는 실체가 없다고 하는 세 가지 근본 진리[삼법인三法印]를 배웠다. 특히 아뜨만Ātman, 아我를 인정하던 당시 인도사상계와는 달리 불교는 '아뜨만'의 존재를 부정했다. 그리하여 '나'란 존재도 여러 가지 인연에 의해 형성되었으며, 물질·느낌·관념·심리현상들·식별의 다섯 무더기[오온五蘊]가 일시적으로 이루어진 것에 불과하다[오온가화합五蘊假和合]고 했다.

   초기경전인 『불설오온개공경佛說五蘊皆空經』에서도 '이 다섯 무더기를 관찰하면 나와 내 것이 없음을 알 수 있으며, 세간에 얻을 것도 없고 얻을 수도 없음을 알게 된다.'고 했다. 모든 존재는 다섯 무더기로 이루어졌으므로 실체가 없고 실체가 없으므로 공空이라는 주장이다.

아비다르마 교학에서는 모든 것을 5위 75법으로 분류해 자세히 논의함으로써, '나'는 실체가 없지만 그것을 이루고 있는 다섯 무더기나 기본 요소는 마치 실체가 있는 것처럼 여겼다. 이에 대승불교운동가들은 붓다가 모든 존재에 대해 '어떻게 있는가?'라는 현상론을 가르쳤지 '무엇이 있는가?'라는 존재론을 말하지 않았다며 그들을 비판했다.

대승불교운동가들은 붓다의 근본 가르침으로 돌아갈 것을 주장했으며 대승경전을 만들면서 무아無我의 사상을 공空사상으로 정립했다. 초기불교의 무아無我사상이 대승불교에 이르면 다섯 무더기도 또한 고유한 성질을 갖지 않는다[무자성無自性]고 인식하여 모든 것은 공空, śūnya하다고 했다. 이러한 공사상은 『반야경般若經』을 중심으로 일어났다.

1. 공空이란 말뜻과 공사상의 성립배경

1) 공이란 말뜻

공空이란 산스끄리뜨로는 순야śūnya인데 이는 '부풀어 오른' '속이 텅 빈' '공허한' 등을 뜻한다. '부풀어 올라 속이 비어 있음'을 의미하며, 무엇인가 부족한 상태를 말한다. 밖으로는 진짜고 실제인 것처럼 보이는 현상세계의 사물이 사실상 안으로는 보잘 것 없으며 비어있다는 의미다. 영어로는 empty에 해당하나 허공虛空이나 비존재 즉 무無를 의미하는 건 아니다. 허공은 물체가 없는 공간을 의미하고, 무無는 있다가 없어진 상태를 가리킨다. 공이란 그러한 의미가 아니라 우리 눈앞에 있는 존재를 진실하게 보는 입장을 말한다. 인도에서는 숫자 0을 의미하기도 한다. 0은 아무 것도 없다는 제로zero지만 숫자 뒤에서는 가득 찼다는 의미다. 10은 1이 가득 찼다는 의미며, 가득 차면 다시 처음으로 돌아가 시작하는 게 십진법 원리다. 0은 인도인이 발명한 숫자다. 0의 발명이 없었다면 오늘과 같은 과학의 발달은 있을 수 없다.

공이란 인간이 실체가 있다고 생각하는 모든 존재는 본질적으로는 실체가 없음을 의미한다. 그러면 왜 모든 존재가 비어있다고 주장하는가.

첫째 모든 존재는 끊임없이 변하기 때문에 본래 성품이 없다 할 수 있다. 우리는 현실 속에 존재하는 모든 사물은 항상 변한다는 사실을 관찰할 수 있다. 어제 나는 오늘 나와 다르고 오늘 나는 내일 나와 다르다. 순간순간 변화하므로 그 변화를 잘 모를 수 있으나, 며칠이 지나면 수염이 나 있고 몇 년이 지나면 주름이 진 모습으로 변하는 걸 알 수 있다. 어떤 모습이 진정한 내 모습이라 할 수 있는가?

둘째 모든 존재는 인연에 의해 생겨나기 때문에 본래 성품이 없다고 할 수 있다. 자동차란 본체와 엔진과 타이어들이 결합되어 이루어진 물건이다. 폐차하여 모두 분해하면 더 이상 자동차라 할 수 없다. 이처럼 모든 것은 인연에 의해 생겨나며 인연이 다하면 사라진다.

셋째 모든 존재는 인식이 만들어내는 헛된 모양이자 붙여진 이름일 뿐이므로 본래 성품은 없다. 나무로 만든 접이식 상이 있는데 공부를 할 땐 책상이고 밥을 먹을 땐 밥상이고 제사를 지낼 땐 제상이다. 이처럼 어떠한 용도로 사용되는가에 따라 이름이 달라진다. 그리고 세월이 지나 파손되어 더 이상 사용할 수 없으면 부수어 불을 지피는데 이땐 땔감이 된다.

책상은 여러 부분들이 모여서 존재하지만 흩어지면 더 이상 책상이라 할 수 없다. 모든 존재는 인연 따라 생겨나며 인연 따라 사라진다. 그러므로 책상은 현실에서 존재하나 여러 부분들이 인연이 되어 한동안 존재할 뿐이다. 처음부터 책상이라는 고유한 본성을 가진 게 아니므로 자성이 없다[무자성無自性]거나 공空이라고 한다.

불교사상가들은 책상이라는 말에 집착해 그 가치를 판단하는 분별심을 없애야 한다고 주장한다. 책상이라는 본질·실체는 존재하지 않는다는 의미에서 공空이란 용어를 사용해 우리들이 언어에 의해 일방적으로 부여하는 개념과 분별의 잘못된 망상을 없애야 한다고 강조한다. 언어적 개념 또한 차별성을 드러내기 위한 수단이지 언어 그 자체가 실체를 나타내는 것은 아니다. 책상은 책상이 아닌 다른 것들과 구분해 일컬어질 뿐이다.

2) 공사상의 성립 배경

붓다는 모든 것은 변하며, 괴로우며, 영원불멸한 존재는 없다고 했다. 모든 것이 변하고 영원하지 않는 이유는 모든 존재는 인연이 화합해 이루어졌으므로, 인연이 다해 흩어지면 사라지기 때문이라고 했다. '인연 따라 생겨나고 사라지고 모든 것은 변하므로 실체가 없다.'고 하는 연기론으로부터 공사상이 나왔다.

연기론(緣起論)	인연생기(因緣生起)	무자성(無自性)	
삼법인(三法印)	일체무상(一切無常)	무아(無我)	공(空)
	일체개고(一切皆苦)		
	일체무아(一切無我)		

인도 우빠니샤드에서는 영원불멸하는 실체인 아뜨만ātman을 주장했으나, 붓다는 모든 것은 인연 따라 생겨나므로 실체가 없다면서 무아無我, anātman를 주장했다. 붓다는 연기에 대한 이치를 관찰해 모든 것은 서로 인연관계로서 의지하고 관계를 맺고 있으므로, 모든 존재에는 영원불멸하는 아뜨만과 같은 존재는 없다고 했다.

공이라는 용어는 이미 초기경전에서도 나타나고 있는데, 세간의 모든 사물에 대한 집착을 없애기 위해 명상으로써 공을 관찰하라는 내용을 담은 『대공경大空經』·『소공경小空經』등의 경전이 있다. 무상無常·고苦·공空·무아無我와 함께 공空의 의미는 초기불교에 이미 존재하고 있었다.

> 비구가 안으로 마음을 고요히 하고 선정에 들고자 하여, 마음을 고요히 하여 선정에 들면, 그는 안으로 공空을 생각하게 됩니다. – 「대공경」

> 비구가 안과 밖의 공을 알고 성취하면 마음이 산란하지 않고 맑고 깨끗함에 머무르게 됩니다. – 「소공경」

그리고 삼매 가운데서도 모든 존재에는 자성自性이 없다는 것을 관찰하는 공삼매空三昧가 제일의 삼매라고 말한다.

> 모든 법을 관찰해 모든 것이 공허하므로 공삼매라고 합니다. – 「증일아함경(增壹阿含經)」16

그러나 부파불교시대에 이르러 설일체유부說一切有部는 인간과 자연계를 포함한 모든 존재를 5위 75법으로 분류하고, '비록 인간존재는 공[아공我空]이지만 이러한 법은 항상 존재한다[법유法有].'고 주장했다. 이에 대해 『반야경』에서는 모든 것은 다른 조건들과 서로 인연이 되어 성립하므로, 인간존재를 포함해 모든 법은 무자성이며 공이라고 비판했다. 초기불교에서 모든 것이 무상無常하고 고苦인 까닭에 무아無我라고 했으며, 『반야경』에서는 무아를 공空이라고 했다. 이는 나와 내 것이라는 집착을 버리고 모든 존재가 공임을 관찰하라는 것이다.

『반야경』에는 '모든 것은 본래 성품이 비었다.'는 말이 수없이 되풀

이되고 있는데, 여기서 말하는 '모든 것'은 열반과 같은 조작이 없는 법[무위법無爲法]까지도 포함한다. 그러므로 '본래의 성품이 비었다.'하는 말은 『아함경』의 무아라는 의미보다 훨씬 더 깊고 넓은 개념이다.

설일체유부에서 모든 법은 존재한다고 주장하자 붓다의 근본 가르침인 무아無我로 돌아가야 한다는 주장이 공사상을 낳게 되었다고 할 수 있다.

설일체유부 : 나는 공이나 법은 자성이 있다[아공법유我空法有]
반야사상　 :　나도 공하고 법도 공하다[아공법공我空法空]

3) 공의 열 가지 비유

공空, śūnya이라는 용어를 사용하는 이유를 나가르주나는 『석마하연론釋摩訶衍論』에서 다음과 같이 열 가지로 설명한다.
　①공간이나 허공처럼 여러 사물들 가운데 존재하지만 어떤 것에도 막힘이나 장애가 없으며[무장애의無障礙義]
　②도처에 있으면서 언제 어디서나 모든 것을 포용하며[주변의周遍義]
　③모든 것을 감당하며 어디서든지 차별이 없으며[평등의平等義]
　④넓고 무한하며[광대의廣大義]
　⑤형상이나 모양이 없으며[무상의無相義]
　⑥더러움이 없이 언제나 순수하며[청정의淸淨義]

⑦생겨나거나 사라지지 않으며[부동의不動義]

⑧한계가 없으며[유공의有空義]

⑨공에 대한 집착을 떠나며[공공의空空義]

⑩얻거나 잡을 수 없다[무득의無得義].

언어를 떠나 절대초월의 의미를 가진 순야śūnya를 공空이라 함은 인간이 사용하는 다른 어떤 용어보다 가장 본래 사상에 가깝기 때문이다.

2. 『반야경般若經』

『반야경』은 『반야바라밀경』을 말한다. 반야바라밀(다)는 산스끄리뜨 쁘라갸빠라미따prajñāpāramitā를 소리대로 번역한 것으로 'prajñā(지혜)+pāramitā(완성)' 곧 '지혜의 완성'을 의미한다. 또는 'prajñā(지혜)+pāram(피안)+i(건너다)+tā(상태)'로 '지혜로 저 언덕에 이른 상태'를 의미한다. 반야는 일반적으로 지혜라고 번역하는데 이는 'pra(완전한, 수승한)+jñā(앎)'이라는 의미다.

『반야경』은 경전에 포함된 게송의 수로 『8천송반야』, 『2만5천송반야』, 『10만송반야』라 부른다. 이들을 비교하면 『8천송반야』에서 『2만5천송반야』로, 『2만5천송반야』에서 다시 『10만송반야』로 확대되었다고 추정할 수 있다.

최초 『반야경』은 B.C. 1세기경 남인도에서 저술되었으며 서북인도에서 집대성되었다고 여겨진다. 『반야경』에 속하는 경전에는 다음과 같은 경전이 있다.

① 『소품반야경小品般若經』; 정확하게는 『소품반야바라밀경小品般若波羅蜜經』으로 『8천송반야八千頌般若』라고도 하며, 꾸마라지와가 번역했다. 이 경에는 '반야바라밀을 행하는 마음은 연민하는 마음[비심悲心]이며 자기 본성이 청정한 마음이고, 반야바라밀의 실천은 어떤 것에도 집착하지 않는 것입니다.'고 했다. 그리고 '깨달음의 세계에도 마음이 머물지 않는 것이며, 반야바라밀을 추구해 항상 잊지 않고 머리에 새겨 지니며 독송하는 공덕이 아주 큽니다. 육바라밀은 보살의 지도자며 큰 스승이고 길이며 광명입니다. 시방의 모든 붓다는 육바라밀로부터 태어났습니다.'고 했다.

② 『대품반야경大品般若經』; 정확하게는 『마하반야바라밀경摩訶般若波羅蜜經』이며, 『2만5천송반야二萬五千頌般若』라고도 한다. 『소품반야경』의 사상을 좀 더 상세하게 설명하고 있으며, 중국·한국·일본에서는 이 경전을 많이 읽는다. 404년에 꾸마라지와가 번역했으며 27권이다.

③ 『대반야경大般若經』; 정확하게는 『대반야바라밀다경大般若波羅蜜多經』이며, 『10만송반야十萬頌般若』라고도 한다. 현장玄奘이 여러 반야경전들을 모아서 660~663년에 걸쳐 번역했으며 600권이다.

④ 『반야심경般若心經』; 정확하게는 『반야바라밀다심경般若波羅蜜多心經』이며 현장이 번역했다. 260자의 가장 짧은 경전이면서도

반야경의 핵심사상을 담고 있어 대승불교권에서는 모든 불교의 식에서 이 경전을 외운다.

⑤ 『금강경金剛經』; 정확하게는 『금강반야바라밀경金剛般若波羅蜜經』으로 『300송반야』라고 하며, 402년 꾸마라지와가 번역했다. 이 경에는 나에 대한 관념[아상·인상·중생상·수자상我相·人相·衆生相·壽者相]을 일으키지 말고, 대상에 사로잡혀 보시하지 말고, 마땅히 집착하지 않고 마음을 내어야 한다. 그리고 모든 것은 다 공하다고 알면 여래를 보는 것이며, 여래를 신체적인 특성으로 보려고 하지 말라고 했다.

⑥ 『유마경維摩經』; 반야부 경전에는 들어있지 않지만 사상으로 볼 때 반야경계통에 속하며 405년에 꾸마라지와가 번역했다. 이 경의 주인공은 위말라끼르띠Vimalakīrti인데 '맑고 깨끗한 이름'이라는 뜻이다. 이를 소리대로 번역해 유마힐維摩詰이라고 하고, 뜻으로 번역해 무구칭無垢稱·정명淨名이라 한다.

유마힐이 아프다는 소식을 듣고 문수보살이 병문안을 오자 유마힐은 문수보살과 대화를 통해 출가중심의 부파불교를 비판하고 대승의 참된 뜻을 드러낸다. 유마힐은 거사로서 재가생활을 하면서도 공空의 이치를 깨달아 오히려 출가수행자를 능가하고 있음을 보여준다.

『반야경』에서 모든 것이 공이라고 하는 관찰은 일반적인 인식으로 알 수 있는 것이 아니라 지혜의 완성에 도달한 경지에서 얻어진다고 말한다.

3. 공사상의 의미

　공사상은 대승불교교학에서 널리 사용하는 용어지만, 그 의미가 사상으로 강조하여 논의하기 시작한 경전은 『반야경』이다. 『반야경』에서는 모든 존재가 마술사가 나타내 보이는 허깨비환영幻影, māyā와 같으며, 거짓 이름에 지나지 않고 어떠한 존재성이 없으므로 모든 존재는 생기는 것도 사라지는 것도 아니며, 인연으로 화합한 것일 뿐 본래 자기 본성이 없으므로 공이라 했다.

> 별, 허깨비, 등불, 환영, 이슬, 물거품, 꿈, 번개, 구름이라고
> 형성된 것은 이렇게 보여야 하나니.　－『산스끄리뜨본 금강경』

> 조작된 모든 존재는　　　　　　일체유위법一切有爲法
> 꿈, 허깨비, 물거품, 그림자와 같고　여몽환포영如夢幻泡影
> 이슬, 번개와 같다　　　　　　　여로역여전如露亦如電
> 이렇게 관찰해야 합니다.　　　　응작여시관 應作如是觀　－『한역 금강경』

　어린이는 어릴 때 그렇게 부를 뿐 나이가 들어 성인이 되면 더 이상 어린이가 아니다. 매끄럽고 탄력 있던 피부는 세월이 가면서 거칠고 주름이 생기게 된다. 어릴 때 내가 늙어서도 나이긴 하나, 어릴 때 나와 늙은 나는 육신과 정신이 다른 이처럼 나란 인연 따라 변하니 영원불변하는 존재는 없으며 모든 것은 공이라 할 수 있다.

공사상이 가진 의미를 다음과 같이 살펴볼 수 있다.

첫째 존재론적 의미로 모든 존재는 인연화합으로 생겨나므로 본래 실체가 없고, 본래 실체가 없으므로 공이다. 현상계 모든 존재는 인연에 의해 생겨나서 머물다가 변화하고 언젠가는 사라진다. 나아가 허공이나 열반 등과 같은 조작함이 없는 것도 공하다. 시작과 끝이라는 시간적 개념이나 모양이나 빛깔과 같은 공간적 개념도 모두 공하다. 따라서 고정되고 실체가 있는 존재는 없다는 의미로 공이다.

둘째 인식론적 의미로 공은 얻을 것도 없고 얻을 수도 없다. 인식하는 주체인 나와 인식대상인 모든 존재가 공하므로, 무엇이 알고 무엇을 안다는 관념조차 있을 수 없다. 그러므로 얻을 수 없는 공[불가득공不可得空]이요, 얻을 바가 없는 공[무소득공無所得空]이다. 불교에서 말하는 궁극적인 진리나 열반 등도 또한 공하다. 그러므로 대승불교의 공사상은 나도 공하고 진리도 공하다[아공법공我空法空]고 한다.

셋째 종교적 의미로 무명과 번뇌와 말장난[희론戲論]을 타파하기 위해 공사상을 주장한다. 나와 너, 진실과 거짓, 깨달음과 어리석음과 같은 이원론 사고에서 벗어나 둘이 아니라[불이不二] 하나라는 사고를 갖게 한다. 그러므로 붓다와 중생이 둘이 아니기에 모든 중생이 붓다가 될 수 있으며, 너와 내가 둘이 아니라 한 몸인 자비[동체자비同體慈悲]를 실천할 수 있다. 이러한 공의 실천은 어디에도 머물지 않는 절대 자유와 테두리 없는 넓은 마음을 갖게 한다.

넷째 해탈의 경지에서 모든 얽매임에서 벗어난 대자유인이 되기 위해서다. 진리·열반이라는 불교의 최고 이상마저도 공이라 하여, 이에 얽매이지 않도록 했다. 법이 중요하다고 법에 집착해서는 안 된다는 내용은 『금강경』에서 뗏목의 비유로 널리 알려져 있지만, 이 비유는 초기경전에서도 나타난다. 법은 문제를 해결하는 수단과 방편일 뿐 그 목적이 아니기 때문이다.

뗏목을 만들어 타고 편안히 저 언덕에 이르렀습니다. 그리고 생각하기를 '이 뗏목은 참으로 유익하다. 내가 이를 타고 저 언덕에서 이 언덕으로 편안하게 건너왔다. 이제 뗏목을 오른쪽 어깨나 머리에 이고 가자.'하여 그렇게 하면, 유익하겠습니까?" 비구들이 대답했습니다. "아닙니다." … "만약 여러분들이 내가 법이란 뗏목과 같은 것이라 함을 깊이 안다면 마땅히 이 법을 버려야 하거늘 하물며 법이 아닌 것임에랴. – 「맛지마니까야」 22 「뱀의 비유경」

대승의 공사상은 깊고 어려워서 이를 잘못 이해하면 허무주의에 빠지기 쉽고, 아니면 공을 철학적 이론으로 보아 공의 절대화에 빠진다. 반야의 공사상은 모든 것을 부정함으로써 참다운 모습을 보여주고자 하는데 그 의의가 있다. 부질없는 것에 대한 집착과 번뇌를 끊어버림으로써 참다운 삶을 열어주고자 한다. 공空은 허무虛無나 허공虛空이 아니라, 그대로 그러함[여여如如, 진여眞如, tathatā]이다.

공이기 때문에 허무하고 소용없는 게 아니라, 공이기 때문에 오히려 모든 것이 드러나게 된다[진공묘유眞空妙有]. 흰 종이기 때문에 그 위에 물감이 드러나고, 튜브에 공기가 있기 때문에 팽팽하게 된다.

4. 『반야심경』의 내용

짧은 경전이면서도 반야경전을 대표하는 경전으로 『반야심경』이 있다. 이 경은 산스끄리뜨본이 남아있고, 현재 중국·한국·일본에서는 현장玄奘이 번역한 『반야심경』을 각종 불교의식에서 독송한다. 경전 이름인 『마하반야바라밀다심경』은 산스끄리뜨로는 마하쁘라갸 빠라미따흐리다야 수뜨라 mahaprajñā-pāramitāhṛdaya-sūtra인데, 이는 'maha(큰)+prajñā(지혜)+pāram(피안)+i(건너다)+tā(상태)+hṛdaya(심장)+sūtra(경)' 곧 '지혜로 저 언덕에 이른 상태의 핵심적인 경전'을 의미한다. 꾸마라지와가 번역한 『마하반야바라밀대명주경』에만 '마하'가 있으며, 현장역본을 비롯한 다른 번역본에는 '마하'란 말이 없이 『반야바라밀다심경』이다.

'반야prajñā'란 모든 것의 본래 성품이 모두 빈 것임을 보고 그 진실한 모습을 바르게 관찰하는 지혜를 말하며, 모든 분별을 떠난 무분별의 지혜다. '심心'은 산스끄리뜨로는 흐리다야hṛdaya인데 '마음'이라기보다 '심장heart'을 가리킨다. 곧 가장 중요하고 핵심적인 경전이라는 말이다. 산스끄리뜨본을 중심으로 현장 한역본과 비교해 그 내용을 살펴보면 다음과 같다.

〈한글〉 '고귀하신, 지혜로 저 언덕에 이른 상태이신, 세존에게 귀의하옵니다.'

〈한역본〉 ' '

- 한역본에는 이 내용이 없다. 위대하신, 지혜로 저 언덕에 이르신 상태에 계신, 복덕을 구족하신 분께 귀의한다는 내용이다. 이를 '복덕구족하며 고귀한 반야바라밀에 귀의합니다.'고 번역하기도 한다.

〈한글〉 '거룩한 관자재보살이 한없이 깊은 반야바라밀다에 행하여 갈 때, 살펴보니 다섯 무더기가 있는데 그들은 자기 성품이 모두 비었음을 보았습니다(모든 고통과 액난을 건넌다)[관자재보살 행심반야바라밀다시 조견오온개공 도일체고액(觀自在菩薩 行深般若波羅蜜多時 照見五蘊皆空 度一切苦厄].'

한역본에는 '반야바라밀다를 행할 때'라고 했으나 산스끄리뜨본에는 '반야바라밀다에 행하여 갈 때' 라고 했다. 한역본은 실천할 덕목을 나타내며, 산스끄리뜨본은 나아가는 행선지를 의미한다.
한역본에는 '다섯 무더기가 다 빈 것임을 비추어 보았습니다.'고 했으나 산스끄리뜨본에는 '다섯 무더기가 있는데 그들은 자기 성품이 비어있음을 보았습니다.'고 했다.
다섯 무더기가 있는데 이는 현상계의 모습이요, 자기 성품이 비었음은 실상의 모습이다. 한역본에는 '모든 고통과 액난을 건넌다. 도일체고액[度一切苦厄].'고 했으나 산스끄리뜨본에는 이 내용이 없다.
한역본에 따르면 '다섯 무더기가 다 빈 것임을 비추어 보고 모든 고통과 액난을 물리쳤다.'는 의미다. 번뇌와 고통이 있는 까닭은 다섯 무더기가 빈 것임을 모르고 영원불멸하는 실체가 있다고 생각하고 그것에 집착하기 때문이다. 그러나 이러한 실체가 없음을 알았으므로 모든 존재에 대한 집착을 버리게 되고 그리하여 집착으로 일어난 고통과 고난을 극복할 수 있는 것이다.

일반적으로 경전은 '나는 이렇게 들었습니다[여시아문如是我聞]'로 시작해 '믿으면서 받아들이고 기뻐하면서 받들어 행하였습니다[신수환희봉행信受歡喜奉行]'고 끝나는 게 보통이다. 그러나 현재 널리 알려진 『반야심경』에는 이런 내용이 없다. 그렇다고 모든 『반야경』이 다 그런 건 아니고, 위의 내용을 갖춘 산스끄리뜨본과 한역본도 있는데 이를 대본大本, 광본廣本이라고 한다. 이에 비해 위의 내용을 갖추지 않은 경전을 소본小本, 약본略本이라고 한다.

샤카무니붓다가 영취산에서 삼매에 들고, 그 삼매 속에서 관자재보살=관세음보살이 나타났다. 이때 사리불이 붓다의 힘을 빌려 관자재보살에게 보살이 행할 바를 묻자 관자재보살이 답변한다.

〈한글〉'여기에서 사리불이여, 물질은 빈 것과 다르지 않고 빈 것은 또한 물질과 다르지 않습니다. 물질을 떠나 빈 것이 없고 빈 것을 떠나 물질이 없어, 물질이 곧 빈 것이요 빈 것이 곧 물질입니다. 느낌과 관념과 심리현상들과 식별 또한 이와 같습니다[사리자 색불이공 공불이색 색즉시공 공즉시색 수상행식 역부여시 舍利子 色不異空 空不異色 色卽是空 空卽是色 受想行識 亦復如是].'

여기서 '색즉시공 공즉시색色即是空 空即是色'이라는 유명한 구절이 나온다. 물질만 빈 것이 아니라 정신적인 것들 느낌과 관념과 심리현상들과 식별 또한 빈 것이다. 다섯 무더기는 자기 성품이 비었으므로 실상으로 보면 비었다. 비었기는 하나 현실로는 존재함을 인정하지 않을 수 없다.

〈한글〉'여기에서 사리불이여, 모든 법은 빈 것을 나타내므로 생기거나 사라지는 일이 없었고 더럽거나 깨끗한 일이 없었고 모자라거나 가득 찬 일이 없습니다[사리자 시제법공상 불생불멸 불구부정 부증불감 舍利子 是諸法空相 不生不滅 不垢不淨 不增不減].'

자기 본성인 참다운 모습[실상實相]은 변화도 차별도 없다. 다만 번뇌와 망상 등이 가리고 있을 뿐이다. 구름 끼고 비 내리는 날도 구름 위에는 언제나 밝은 태양이 빛나고 있는 것처럼.

〈한글〉'그러므로 사리불이여, 빈 것에는 물질이 없고 느낌과 관념과 심리현상들과 식별도 없습니다. 눈과 귀와 코와 혀와 몸과 생각이 없고, 형색과 냄새와 맛과 감촉과 법이 없습니다. 눈의 요소가 없고 나아가 생각의 요소에 이르기까지 없습니다. 무명도 없고 무명이 사라짐도 없으며, 나아가 늙고 죽음도 없고, 늙고 죽음의 사라짐도 없습니다. 괴로움과 괴로움이 일어남과 괴로움이 사라짐과 괴로움이 사라짐에 이르는 길이 없습니다. 앎도 없고 얻음도 없습니다.

따라서 얻음이 없는 까닭에 보살은 반야바라밀다에 의지해 머무나니, 마음에 걸림이 없습니다. 마음에 걸림이 없으므로 두려움이 없고 뒤바뀐 생각을 넘었고 궁극적인 열반을 얻었습니다.[시고 공중무색 무수상행식 무안이비설신의 무색성향미촉법 무안계 내지 무의식계 무무명역무무명진 내지 무노사 역무노사진 무고집멸도 무지역무득 이무소득고 보리살타 의 반야바라밀다 고심무가애 무가애고 무유공포 원리전도몽상 구경열반是故 空中 無色 無受想行識 無眼耳鼻舌身意 無色聲香味觸法 無眼界 乃至 無意識界 無無明 亦無無明盡 乃至 無老死 亦無老死盡 無苦集滅道 無智亦無得 以無所得故 菩提薩埵 依般若波羅蜜多 故心無罣碍 無罣碍故 無有恐怖 遠離顚倒夢想 究竟涅槃]'

한역본에는 '궁극적인 열반입니다.'고 했으나 산스끄리뜨본에는 '궁극적인 열반을 얻었습니다.'고 했다. 산스끄리뜨본에는 반야바라밀다에 의해 궁극적인 열반을 얻었다는 의미가 강하게 나타나 있다.

모든 것은 빈 것이니, 당연히 모든 것에 해당하는 여섯 감각기관이나 여섯 감각대상과 여섯 인식작용도 없으며, 십이연기도 없고, 네 가지 성스러운 진리도 없다. 마음에 가림이 없으므로 본래 맑고 깨끗한 성품이 드러난다. 지혜로 저 언덕에 이른 상태가 되면 마음에 번뇌가 없으므로 두려움이 사라지고 뒤바뀐 생각이 바르게 되며 열반에 이르게 된다.

〈한글〉 '삼세의 모든 붓다는 반야바라밀다에 의지해 다시없는 가장 높고 바른 깨달음을 이루었습니다. 그러므로 알아야합니다. 반야바라밀다의 큰 진언, 큰 밝힘의 진언, 다시없는 진언, 동등함이 없는 진언은 모든 괴로움을 없애주는 진실로 반야바라밀다에서 말한 진언이니 그것은 다음과 같습니다.

가떼 가떼 빠라가떼 빠라상가떼 보디 스와하[삼세제불 의반야바라밀다 고득 아눗다라삼먁삼보리 고지 반야바라밀다 시대신주 시대명주 시무상주 시무등등주 능제일체고 진실불허 고설반야바라밀다주 즉설주왈 아제 아제 바라아제 바라승아제 모지 사바하三世諸佛 依般若波羅蜜多 故得 阿耨多羅三藐三菩提 故知 般若波羅蜜多 是大神呪 是大明呪 是無上呪 是無等等呪 能除一切苦 眞實不虛 故說般若波羅蜜多呪 卽說呪曰 揭諦 揭諦 婆羅揭諦 婆羅僧揭諦 菩提 娑婆訶].'

한역본에는 '그러므로 아십시오. 반야바라밀다 이는 큰 진언이요,'라고 했으나 산스끄리뜨본에는 '그러므로 알아야 합니다. 반야바라밀다의 큰 진언,'이라고 했다. 반야바라밀다 그 자체가 진언이 될 수는 없으므로 산스끄리뜨본에 따른 해석이 옳다.

한역본에는 '그러므로 반야바라밀다의 진언이요'라 했으나 산스끄리뜨본에는 '진실로 반야바라밀다에서 말한 진언이니'라 했다. 산스끄리뜨본에서는 반야의 실천이 완성된 저 언덕에 이르러 비로소 깨달은 내용을 진실한 언어로 표현한다는 의미다. 반야의 실천이 완성된 경지에 이르러서야 비로소 모든 것이 공이라는 관찰을 할 수 있으므로 산스끄리뜨본이 정확하다고 할 수 있다.

한역본에는 '아제 아제 바라아제 바라승 아제 모지 사바하'나 이를 산스끄리뜨본에 따라 소리대로 읽으면 '가떼 가떼 빠라가떼 빠라상가떼 보디 스와하'다. 한역본에 '모지'는 소리대로라 할지라도 너무 벗어난 느낌이다. 이는 '보디' 즉 '보리菩提'이니 '깨달음'의 의미다. 스와하svāhā는 원래는 신들에게 헌공獻供할 때에 부르는 말이며, '성취'를 의미한다.

진언은 신비함을 살리기 위해 예로부터 뜻을 번역하지 않고 다만 소리대로 번역했다. 그러나 오늘날에는 진언의 내용을 해석하고 있는데 살펴보면 '가니 가니 건너가니 건너편에 닿으니 깨달음이 있습니다. 성취하기를'이란 의미다.

중관中觀사상

1. 중관학파의 성립과 전개
2. 중관사상의 논서
3. 중관사상의 내용
4. 중관사상의 의미

　　　　　　　　　　　아비다르마불교의 잘못을 비판하면서 이론과 실천을 개혁한 사상이 반야의 공사상이다. 그리고 대승불교교학은 기원후 2~3세기경에 활동한 나가르주나Nāgārjuna, 150~250경, 용수龍樹에 의해 체계적으로 정리된다. 나가르주나는 초기불교의 가르침인 모든 것은 인연에 따라 생멸한다는 연기설緣起說과 형이상학적인 물음에 침묵하는 무기설無記說에 근거해, 대승불교경전인 『반야경』에 나타난 공사상을 논리적으로 밝히기 위해 수많은 논서를 저술했다.

　중관中觀사상은 아비다르마불교에서 주장한 '나는 존재하지 않으나 법은 언제나 존재한다.'고 하는 사상을 비판하면서 중도中道의 진리를 알린다. 중관中觀이란 말 그대로 '중도中道를 관찰한다.'고 하는 의미다. 중도는 초기불전에도 강조되고 있는 중요한 사상이다. 중도란 수행자가 쾌락에 탐닉하거나 고행에 빠져서도 안 되며[고락중도苦樂中道], 모든 사물이 있다는 생각도 없다는 생각도 내지 말며[유무중도有無中道], 자아와 오온五蘊이 같지도 다르지도 않으며[일이중도一異中道], 형이상학적인 물음에는 우리가 생각할 수 있는 그 어떤 답도 부정하며 침묵한다[무기중도無記中道].

나가르주나는 현실세계에 존재하는 모든 것은 다른 것들과의 관련 속에서만 존재할 뿐이며, 그 영원불멸하는 실체가 존재하지 않으며, 따라서 모든 것은 공空이라고 주장했다. 이러한 중관사상은 유식唯識·여래장如來藏·밀교密敎·천태天台·화엄華嚴·선禪과 같은 대승불교사상의 주춧돌이 되었다. 그러므로 중관사상은 대승불교의 밑바탕이며 이를 이해하지 못하면 대승불교를 이해하지 못한다고 할 만큼 중요한 사상이다.

1. 중관학파의 형성과 전개

1) 인도의 중관학

『반야경』의 공사상을 철학적으로 체계화한 사람이 나가르주나며, 그의 대표적인 저술인 『중론』을 중심으로 한 사상을 일반적으로 중관사상이라 말하고, 그 중관사상의 흐름을 이어받는 무리들을 중관학파라고 한다.

중관학파는 뒤이어 일어난 유식학파와 더불어 대승교학의 대표학파다. 나가르주나는 붓다의 가르침은 모든 것이 본질적으로 공하다는 가르침이라고 해석한다. 중관학파에서는 초기불교의 연기설과 무아설에 근거해 『반야경』의 공사상을 체계화했기에 공관학파空觀學派라고도 한다.

중관사상은 근본불교의 가르침 이후 500여 년간 전개된 아비다르마교학에 대한 비판을 통해 유식·여래장·밀교·천태·화엄·선 등의 다양한 대승불교사상들이 성립하는데 많은 영향을 주었다.

아랴데와Āryadeva, 150~250, 제바提婆는 나가르주나의 학설을 이은 인물로 남인도출신이다. 그의 대표적인 저술인 『백론百論, Śata-śāstra』은 공사상을 바탕으로 당시 브라만사상, 우빠니샤드의 사상, 상키야학파와 와이세시까학파의 잘못된 견해를 타파하는 내용이다.

3~4세기경에 『중론』을 중심으로 중론학파가 성립해 6세기초에 이르러 왕성한 활약을 했다. 이 학파의 선구자로는 붓다빨리따Buddhapālita, 470~540, 불호佛護와 바와위웨까Bhāvaviveka, 490~570, 청변淸辯가 있다. 바와위웨까는 『반야등론석般若燈論釋』을 통해 붓다빨리따의 『중론』주석방식을 비판했으며, 이어 짠드라끼르띠Candrakīrti, 600~650, 월칭月稱가 『쁘라산나빠다Prasannapadā, 명구론明句論』를 통해 붓다빨리따를 옹호하는 논쟁이 있었다.

바와위웨까 계통은 주석자 스스로 추론推論을 작성해 자파自派의 주장을 따로 내세워야 한다고 하여 스와딴뜨리까Svātantrika, 자립논증파自立論證派)라 했으며, 짠드라끼르띠 계통은 대론자의 주장을 오류에 빠뜨림으로써 논증해야 한다고 주장한다고 하여 쁘라상기까 Prāsaṅgika, 귀류논증파歸謬論證派라 했다. 짠드라끼르띠가 『쁘라산나빠다』와 『마드야마까와뜨라Madhyamakāvatra, 입중론入中論』를 지어 쁘라상기까歸謬論證派가 우세하게 되었다.

후기중관학파는 갸나가르바Jñānagarbha, 700~760, 지장智藏와 샨따라끄시따Śāntarakṣita, 725~783, 적호寂護등이 있다. 갸나가르바는 『이제분별론二諦分別論』을 지음으로써 후기에 이르러도 여전히 궁극적인 진리[진제眞諦]와 일상적인 진리[속제俗諦]에 초점이 맞추어져 있음을 알 수 있다. 샨따라끄시따는 후기 대승불교 최고 사상가로서 『섭진실론攝眞實論』을 지어 인도의 모든 사상을 불교 입장에서 비판하고 있으며, 『중관장엄론中觀莊嚴論』을 저술해 자신의 사상을 나타낸다. 인도에서 불교가 사라진 뒤에도 중관사상은 티벳에서 그 명맥을 유지해 왔다.

```
나가르주나 — 아랴데와 — 라후라바드라 ┬ … 바와위웨까      〈스와딴뜨리까〉
(150~250)    (170~270)   (200~300)    │    (490~570)     자립논증파
                                      │                  自立論證派
                                      │
                                      └ … 붓다빨리따      〈쁘라상기까〉
                                           (470~540)     귀류논증파
                                                         歸謬論證派
```

2) 중국의 삼론학(三論學)

중국에서는 중관학을 삼론학三論學이라고 부른다. 이는 나가르주나의『중론』과『십이문론』, 아랴데와의『백론』, 이 세 논서에 의거한 교학이라는 의미. 중관학이 중국에서 본격적으로 연구되기 시작한 것은 꾸마라지와가 이 세 논서를 번역하여 소개한 이후다.

꾸마라지와의 제자 가운데 승조僧肇, 384~414가 중관학에 정통했으며『조론肇論』을 지었다. 꾸마라지와가 죽은 뒤 장안이 전쟁에 휩싸이면서 삼론 연구의 전통은 맥이 끊어졌는데, 고구려 출신인 승랑僧朗, 450~530경에 의해 삼론학은 다시 일어나게 되고 수隋나라 길장吉藏, 549~623에 의해 삼론학이 집대성된다. 승랑 이전을 고삼론古三論이라고 하고 승랑 이후를 신삼론新三論이라고 하며, 일반적으로 삼론학이라고 하면 승랑 이후의 신삼론을 가리킨다.

2. 중관사상의 논서

나가르주나가 지은『중론송中論頌』(이를 일반적으로『중론中論』이라고 한다)과『십이문론十二門論』과『회쟁론廻諍論』, 그리고 아랴데와가 지은『백론百論』, 닐라네뜨라Nīlanetra, 청목靑目가 지은『중론中論』(이를 나가르주나의『중론송中論頌』과 구분하기 위해『청목소靑目疏』라고 한다), 짠드라끼르띠가 지은『쁘라산나빠다』등이 있다. 이 가운데『중론中論』과

『십이문론十二門論』과 『백론百論』을 중관사상의 3대 논서라고 한다.

(1) 『중론송中論頌』
　대승불교의 아버지라 불리는 나가르주나의 대표적인 저술로 27품 446게송으로 이루어졌으며 『중론』이라고 부른다. 중관사상을 공부하기 위해 가장 중요한 문헌으로 꾸마라지와가 409년에 번역했다. 나가르주나는 대승초기에서 주장한 공空사상을 더욱 정리하여 모든 것은 인연으로 말미암아 성립되고 끊임없이 변하기 때문에 자신의 고정된 성질과 독립적인 실재성이 없다고 주장했다. 그리하여 공空과 가假에 대한 그릇된 견해를 없애고 중도中道를 주장했다.
　중도를 생겨나지도 사라지지도 않으며, 항상 존재하지도 끊어져 없어지지도 않으며, 같지도 다르지도 않으며, 오지도 가지도 않는 여덟 가지가 아닌 중도[팔불중도八不中道]로 설명했다.

(2) 『십이문론十二門論』
　나가르주나가 지었으며 총 26게송과 게송에 대한 해설로 이루어져 있다. 꾸마라지와가 409년에 번역했다. 인연因緣·인과因果·형상形相·유무有無·생멸生滅·행위行爲·시간時間 등 열두 가지로 나누어 모든 것이 공空하다는 사상을 설한 책이다. 구성과 내용에서 『중론송』과 비슷하며, 『중론송』을 위한 간단한 입문서라고 할 수 있다.

(3) 『백론百論』

아랴데와가 지었으며 꾸마라지와가 404년에 번역했다. 원래 20품 100게송이었으므로 『백론』이라고 했으나 뒷부분 10품 50게송은 번역되지 않았다. 나가르주나의 중관사상을 이어서 죄와 복, 신神 등이 실재하다는 외도外道들의 주장을 비판하고, 원인 가운데 결과가 있다거나 원인 가운데 결과가 없다는 주장들을 깨뜨린다.

(4) 『회쟁론廻諍論』

나가르주나가 지었으며 비목지선毘目智仙·구담류지瞿曇流支가 541년에 번역했다. 아비다르마교학과 인도 니야야학파 등의 비판을 논리적으로 파헤치면서 공空사상을 나타낸 것이다. '쟁론에 회답하는 논서'라는 뜻으로 논쟁 형식으로 되어있다. 세상 모든 것은 인연으로 생기고 없어지며 고정된 실체가 없는 공이라는 것과 세상 모든 것이 공이라는 이치를 깨달으면 불교의 가르침으로 마음을 돌리게 된다고 주장한다.

(5) 『중론中論』=『청목소靑目疏』

나가르주나의 『중론송』을 닐라네뜨라Nīlanetra, 청목靑目가 주석한 책이다. 꾸마라지와가 409년 한역했으며, 산스끄리뜨 원본은 남아있지 않다. 나가르주나의 『중론』과 구분하기 위해 『청목소』라고 부른다.

(6) 『쁘라산나빠다prasannapadā, 명구론明句論』

짠드라끼르띠가 지은 저술로 『중론송』의 산스끄리뜨 원문을 채취

할 수 있는 유일한 문헌이며 현대 중관학 연구자들이 가장 중요하게 여기는 문헌이다. 한역되지는 않았으나 티벳어 번역본은 남아있다.

(7) 그 외 논서

붓다빨리따의 『불호근본중론주佛護根本中論註』는 티벳어 번역본만 있다. 바와위웨까의 『반야등론般若燈論, Prajñāpradīpa』은 티벳 번역본과 한역본이 남아있다. 유식교학자인 스티라마띠Sthiramati, 안혜安慧의 『대승중관석론大乘中觀釋論』은 한역본만 남아있다.

3. 중관사상의 내용

중관사상은 나가르주나가 주장한 사상으로 분별심分別心을 버리고 올바른 진리관을 가지라는 것이다. 분별심이란 대상을 인식할 때 집착하는 마음[편견偏見]과 삿된 마음[사견邪見]을 말하며, 이러한 마음을 정화하기 위해 중관사상이 있다. 중관은 곧 올바른 관찰[정관正觀]·중도中道라는 말과 통하며, 끊어져 없어진다[단斷]·항상 존재한다[상常]·있다[유有]·없다[무無]와 같은 극단에 치우치지 말고 중도의 진리를 올바로 관찰하는 지혜를 말한다.

중도의 가르침은 성격상 두 가지로 나눌 수 있다. 하나는 실천적 중도이고 다른 하나는 사상적 중도다. 실천적 중도란 수행자는 쾌락과 고행의 두 극단을 버린, 괴로움도 아니고 즐거움도 아닌[불고불락不

苦不樂] 중도의 수행을 실천해야 한다는 고락중도苦樂中道를 말한다. 사상적 중도란 흑백논리에 의해 작동하는 우리 생각의 허구성을 비판하는 것으로, 이 세상 참 모습은 불생불멸不生不滅, 불상부단不常不斷, 불일불이不一不二라는 사상이다.

중도는 '가운데 길이 옳다'는 의미가 아니라 '양 극단이 모두 틀렸다'는 의미. 중관학에서는 흑과 백 양극단을 모두 부정한다. 흑도 틀리고 백도 옳지 않다는 것이다. 그렇다고 흑과 백이 혼합된 회색이 옳다는 말도 아니다. 다만 흑과 백이 모두 틀렸음을 알려줄 뿐이다. 새롭게 알려줄 그 무엇이 있는 게 아니다. 이는 잘못된 것을 파괴하는 행위 그 자체가 바로 옳은 것을 드러낸다[파사현정破邪顯正]는 의미다. 중관사상은 이분법적인 생각, 흑백논리적인 생각을 비판하는 사상적 중도中道다.

1) 나가르주나의 공空

초기불교의 무아無我사상을 이어서 초기대승경전인 『반야경』에서는 주관적인 나도 없을 뿐만 아니라 객관적 요소인 법도 모두 부정하는 일체개공一切皆空의 사상을 설한다. 나가르주나의 중관사상은 이러한 『반야경』의 철저한 공관空觀을 이론으로 체계화하고 완성했다고 할 수 있다.

나가르주나의 공空사상을 가장 잘 나타낸 내용은 『중론』의 다음 게송이다.

여러 인연이 화합해 생긴 법을	중인연생법衆因緣生法
나는 무라고 말하며	아설즉시무我說卽是無
또한 거짓 이름이라고 하며	역위시가명亦爲是假名
또한 중도의 뜻이라고 합니다.	역시중도의亦是中道義

일찍이 어떤 법도	미증유일법未曾有一法
인연을 따르지 않는 바가 없었으니	부종인연생不從因緣生
이러한 까닭에 모든 법은	시고일체법是故一切法
공하지 않은 것이 없습니다.	무불시공자無不是空者 - 『중론』권4

닐라네뜨라청목靑目는 이를 다음과 같이 풀이한다.

여러 가지 인연으로 생겨난 법을 나는 공이라고 말합니다. 왜냐하면 여러 가지 조건이 갖추어지고 화합해 사물이 생겨나는데, 이런 사물은 여러 가지 인연에 속하기 때문에 본래의 성품[자성自性]이 없으며 본래의 성품이 없으므로 공합니다. 공도 또한 공합니다. 다만 중생을 인도하기 위해 거짓 이름[가명假名]을 말합니다. 있다 없다는 극단적인 두 가지 견해를 떠나기 때문에 중도라고 합니다. 이런 존재에는 본래의 성품이 없으므로 있다고 말할 수 없고, 공도 없으므로 없다고 말할 수도 없습니다. - 『청목소』

모든 존재는 여러 인연이 화합하여 생겨나고 인연이 흩어지면 사라진다. 그러므로 인연에 의한 존재일 뿐이므로 본래 성품이 없다.

본래 성품이 없으므로 없다[무無]고 하고, 공空이라 한다. 그러나 중생들을 인도하기 위해 거짓 이름을 짓는다.

공空이란 단지 사물에 본래의 성품이 없다[무자성無自性]는 사실을 우리에게 알려주는 일시적인 수단인 거짓 이름[가명假名]일 뿐이며 우리들이 이 사실을 알고 나면 공空 또한 부정된다. 이는 병이 들었을 때에 약을 먹으나, 병이 나아지면서 약은 몸 밖으로 나와야 하는 거와 같다. 만약 약이 몸 안에 남아 있다면 그 약이 다시 병이 되기 때문이다. 이를 '공空 또한 공空하다[공공空空]'고 한다.

2) 여덟 가지가 아닌 중도[팔불중도八不中道]

나가르주나는 이러한 중도의 원리를 여덟 가지가 아닌 중도[팔불중도八不中道]로 나타낸다. 곧 '생겨나지도 않으며[불생不生] 사라지지도 않으며[불멸不滅], 항상 존재하지도 않으며[불상不常] 끊어져 없어지지도 않으며[부단不斷], 같지도 않으며[불일不一] 다르지도 않으며[불이不異], 오지도 않으며[불래不來] 가지도 않는다[불출不出].'고 했다.

(1) 생겨나지도 않으며[불생不生] 사라지지도 않는다[불멸不滅].
　　모든 존재는 인연이 화합해 생겨나고 인연이 다하면 사라진다. 생겨나고 사라지는 것은 일시적인 것임에도 불구하고, 인연이 있고 없음에 따라 생겨나고 사라지는 연기의 원리를 모르고 실제로 생겨나고 사라진다고 착각하고 집착하는 중생들을 일깨우기 위해서다.

(2) 항상 존재하지도 않으며[불상不常] 끊어져 없어지지도 않는다[부단不斷].

　현상계 모든 존재는 인연이 화합하여 일시적으로 성립함에도 불구하고 영원히 머물기를 바란다. 또한 중생의 몸과 마음은 생겨나고 사라짐을 되풀이하면서 윤회함에도 불구하고 항상 존재하며 사라지지 않는다고 착각하는 중생들을 일깨우기 위해 항상 존재하지 않는다 했다. 한편으로는 모든 존재가 사라짐은 인연이 모였다 흩어질 뿐이며 인연이 만나면 다시 생겨남에도 불구하고 영원히 사라졌다는 생각을 갖는 중생을 일깨우기 위해 끊어져 없어지지 않는다 했다.

(3) 같지도 않으며[불일不一] 다르지도 않다[불이不異].

　모든 존재를 진리의 본래 모습에서 보면 같은 원리이지만 현상계에서는 인연에 따라 서로 다른 모습을 보이고 있을 뿐이다. 현실 앞에 펼쳐지는 현상계의 겉모양만을 보고서 같다 다르다고 단정하는 중생들을 위해, 진리는 같으면서 다르고 다르면서도 같다고 했다.

(4) 오지도 않으며[불래不來] 가지도 않는다[불출不出].

　진리에 대한 무지 때문에 업력을 쌓아 윤회를 거듭할 뿐 영원히 온 것도 아니고 영원히 간 것도 아니다. 중생은 번뇌 망상 때문에 여섯 세계를 돌다가 이 세상에 왔음에도 불구하고 영원히 온 것처럼 고집하고, 번뇌 망상을 끊으면 윤회로부터 벗어날 수 있음을 알지 못하는 중생들을 깨우쳐 준다.

생겨나지도 않고 사라지지도 않으며	불생역불멸不生亦不滅
항상 존재하지도 않고 끊어져 없어지지도 않으며	불상역부단不常亦不斷
같지도 않고 다르지도 않으며	불일역불이不一亦不異
오지도 않고 나가지도 않습니다.	불래역불출不來亦不出
이러한 인연을 설해	능설시인연能說是因緣
모든 희론戲論을 잘 사라지게 한	선멸제희론善滅諸戲論
붓다님께 머리 숙여 예경합니다.	아계수예불我稽首禮佛
모든 가르침 가운데 제일입니다.	제설중제일諸說中第一

- 『중론』권1

이같이 중관사상은 현상계의 존재에 대한 집착인 유有에 대한 고정관념을 부수기 위해서다. 현상계 모든 존재는 여러 인연이 화합해 일시적으로 존재할 뿐 그 본성을 관찰하면 자성이 없고, 영원불멸하는 존재도 없으며, 소유할 바도 없다. 이를 공空이라 표현한다.

모든 존재는 그 자체로서 실재하는 것이 아니라 관계성에 의해 이루어진다. 부자라 함은 가난한 자가 있기 때문이며, 밝음이란 어둠이 있기 때문이다.

깨끗함을 근거로 하지 않고서	불인어정상不因於淨相
더러움은 존재하지 않습니다.	즉무유부정則無有不淨
깨끗함을 근거로 해 더러움이 있으니	인정유부정因淨有不淨

그러므로 더러움은 존재하지 않습니다. 시고무부정是故無不淨 - 『중론』권4

3) 궁극적인 진리[진제眞諦]와 일상적인 진리[속제俗諦]

모든 존재를 바라보는 견해·주장·범주 등을 궁극적인 진리[진제眞諦]와 일상적인 진리[속제俗諦]로 나누어 볼 수 있다.

궁극적인 진리란 깨달음에 관한 진리로 참다운 진실을 말하며, 일상적인 진리는 세속사람들이 아는 일반적인 도리를 말한다. 모든 것이 공하다는 건 궁극적인 진리고, 계율을 지키고, 남에게 베풀고, 네 가지 성스러운 진리를 관찰하고 삼보를 공경하라는 게 일상적인 진리다. 진정한 불자라면 궁극적인 진리와 일상적인 진리를 균등하게 실천해야만 한다. 일상적인 진리를 모르고 궁극적인 진리만 추구할 경우 가치판단이 상실되는 공병空病에 빠져 생을 포기하고 제멋대로 행동하는 폐인이 되기 쉽다. 그리고 궁극적인 진리를 모르고 일상적인 진리만을 추구할 경우는 좋은 업을 쌓아 더 나은 삶을 살아갈지언정 해탈을 얻을 수는 없기 때문이다.

지나가는 아름다운 여인을 바라보면서 "참 아름답다."고 할 때 이는 궁극적인 진리는 아니다. 왜냐하면 겉모습만 아름답게 보일 뿐이며, 자세히 들여다보면 짙은 화장 속에 감추어진 흉터나 옷 속에 감추어진 추한 모습이 있을 수 있기 때문이다. 그러나 아름다운 여인을 아름답다고 하는 것은 일상적인 진리라 할 수 있다. 일상적인 진리를 통해 우리는 모든 현상을 표현할 수밖에 없으며, 일상생활에서 일상적인 진리는 필수불가결한 것이다.

현상계 모든 존재는 그 실체가 있는 게 아니지만 모여진 인연이 흩어질 때까지는 존재한다. 그러므로 모든 현상계는 존재[유有]와 빈 것[공空]을 동시에 포함하고 있으며 어느 한 쪽에 치우치지 않고 중도를 이루고 있는 것이다.

예를 들면 짚으로 꼬인 새끼를 볼 때 현실적으로는 엄연히 존재하나 본질로 보면 그것은 짚일뿐이다. 그러나 짚을 떠나 새끼가 있을 수 없다. 짚으로 만들어져 현재 있으나, 몇 년이 지나면 썩어 없어지게 된다. 이렇게 모든 존재를 종합적으로 바라보아야 진리를 바르게 관찰할 수 있다.

중관사상은 일상적인 진리를 모두 부정하려는 게 아니라 일상적인 진리가 진리의 전부라고 착각하면 안 된다는 사실을 가르친다. 현실의 일상을 일상적인 진리로 표현한다고 하더라도 공의 입장에서 보아 그것에 집착하거나 절대적으로 보아서는 안 된다. 중관의 학자들이 공사상을 주장한다고 이들을 단순히 모든 존재를 부정하는 허무주의자나 회의주의자로 보아서는 안 된다. 『중론』의 「관사제품觀四諦品」에서 이러한 오해를 지적한다.

모든 붓다는 두 가지 진리로써	제불의이제諸佛依二諦
중생들을 위해 설법하니,	위중생설법爲衆生說法
일상적인 진리와	일이세속제一以世俗諦
궁극적인 진리입니다.	이제일의제二第一義諦

어떤 사람이	약인불능지若人不能知
이 두 가지 진리를 구별하지 못하면	분별어이제分別於二諦
붓다의 깊은 가르침에서	즉어심불법則於深佛法
진실한 뜻을 이해하지 못합니다.	부지진실의不知眞實義
만약 일상적인 진리에 의하지 않으면	약불의속제若不依俗諦
궁극적인 진리를 얻지 못하고	부득제일의不得第一義
궁극적인 진리를 얻지 못하면	부득제일의不得第一義
열반을 얻지 못합니다.	즉부득열반則不得涅槃 — 『중론』권4

4) 중관논리

일반적인 논리학은 흑백논리로 이분법적인 논리다. 그러나 중관논리는 이러한 우리들 인식논리를 비판한다. 연기에 근거하므로 연기의 논리학이며, 공사상을 논증하기에 공空의 논리학이며, 흑백논리가 아닌 중도의 논리학이다. 현대 논리학이 아닌 반反논리학이라 할 수 있다.

일반논리학은 우리들 사유를 '개념 → 판단 → 추론推論' 세 단계로 나누어 설명한다. '산' '바람' '사람' '높다' '분다' '죽는다'라는 낱낱 개념이 있으며, 이들 개념 둘 이상이 모여 '산이 높다.' '바람이 분다.' '사람이 죽는다.'하는 판단이 만들어진다. 그리고 이러한 판단들 셋 이상이 모여서 추론이 만들어진다.

가장 간단한 추론의 예로 다음과 같은 삼단논법을 들 수 있다.

대전제: 모든 사람은 죽는다.
소전제: 소크라테스는 사람이다.
결 론: 그러므로 소크라테스는 죽는다.

그러나 중관논리학에서는 이러한 '개념' '판단' '추론'을 낱낱이 비판한다. 논리학에서 말하는 개념의 실체성은 중관학에서는 연기緣起와 공空으로 비판하고, 판단의 사실성은 사구비판四句批判으로 비판하며, 추론의 타당성은 상반된 추론을 제시함으로써 비판한다.

	일반논리학	중관논리학
개념	실체가 있다.	연기(緣起)한 것이므로 공이다.
판단	사실과 일치한다.	사구(四句) 판단 모두 오류를 범한다.
추론	타당하다.	상반된 추론이 가능하다.

(1) 개념에 대한 비판

개념비판의 사상적 근거는 연기緣起와 공空이다. 모든 것은 조건에 의해 존재하며 상호의존적으로 발생하므로 실체가 없다. 일정한 길이의 막대기가 있다고 하자. 어떤 사람이 필요에 의해 막대기를 구해 달라고 해 막대기를 건네주면 자신이 필요한 길이보다 길면 "길다."라고 하고, 자신이 필요한 길이보다 짧으면 "짧다."라고 말한다. 동일한 막대기를 두고 사람마다 다른 대답을 한다. 길고 짧고는 처음부터 결정되어져 있는 게 아니라 긴 것에 비해 짧고, 짧은 것에 비해 길다고 한다. 그러므로 '이 막대기의 길이는 공空하다.' '이 막대기의 길이는 자성自性이 없다.'고 말할 수 있다.

우리가 현실에서 보고 듣고 하는 모든 존재가 이와 마찬가지다. 큰 방이 있으므로 작은 방이 있고 큰 방이 없으면 작은 방도 없다. 잘남이 있으므로 못남이 있고 잘남이 없으면 못남도 없다. 행복이 있으므로 불행이 있고 행복이 없다면 불행도 없다. 부자가 있으므로 거지가 있고 부자가 없다면 거지도 없다.

우리가 어떻게 보고 듣고 느끼느냐에 따라 잘생기고 못 생기고, 부유하고 가난하고, 현명하고 어리석고 하는 판단을 하게 된다. 개념은 독립적으로 실재하는 게 아니라 상대적이며 생각이 만들어 낸 허구다.

(2) 판단에 대한 비판

모든 판단은 오류에 빠진다. 불교에서는 어떤 상황은 다음과 같이 네 가지 판단[사구四句]으로 만들어질 수 있다고 보았다.

제1구: 그것은 A다.
제2구: 그것은 A가 아니다.
제3구: 그것은 A이면서 A가 아니다.
제4구: 그것은 A도 아니고 A가 아닌 것도 아니다.

이러한 질문에 붓다는 아무 답변을 하지 않았다. 그러나 중관학에서는 문장화된 판단 그 자체를 비판하는 게 아니라, 이런 어려운 문제를 떠오르게 하는 우리 일상의 사고방식에 문제가 있다는 점을 지적함으로써 형이상학적인 문제를 풀어나갔다.

예를 들어 '바람이 분다.'라는 판단에 위의 네 가지 판단을 적응하면 다음과 같다.

제1구: '부는 바람'이 분다.   – 의미중복
제2구: '불지 않는 바람'이 분다.   – 사실위배
제3구: '불면서 불지 않는 바람'이 분다.   – 상호모순
제4구: '불지도 않고 불지 않는 것도 아닌 바람'이 분다.   – 말장난

제1구의 경우 '분다'는 의미의 술어가 이미 '부는 바람'이라는 주어 속에 내포하고 있으므로 의미가 '중복되는 오류'를 범한다. 제2구의 경우 '분다'는 의미의 술어가 '불지 않는 바람'이라는 주어 속에 빠져 있으므로 '사실에 위배되는 오류'를 범한다. 제3구의 경우 '불면서 불지 않는 바람'이란 판단은 서로 모순이 있다. 제4구의 경우 '불지도 않고 불지 않는 것도 아닌 바람'이란 무의미한 말장난에 지나지 않는다.

이렇게 논리적인 오류가 있는 이유는 각 판단에 사용된 주어와 술어는 연기관계에 있기 때문이다. 바람이 없으면 불지 않고, 불지 않으면 바람이 없다. 바람과 분다는 것은 서로 상대방의 의미를 담고 있

기 때문이다.

(3) 추론에 대한 비판

추론에 따라 어떠한 주장을 하면, 이 추론이 모든 것을 보편화시킬 수 없으므로 이와 상반되는 추론이 가능하다.

냉병을 오랫동안 연구한 의사는 "질병의 증상은 질병의 원인과 같은 성질이다. 예를 들면 찬바람을 오랫동안 맞을 경우 냉병에 걸린다."고 말한다. 냉병의 증상은 추위를 느끼는 것이고 냉병의 원인도 찬바람의 추위 때문에 그렇다 주장한다.

반면 동상을 연구한 의사는 "질병의 증상은 질병의 원인과 다른 성질이다. 예를 들면 찬바람을 오랫동안 맞을 경우 동상에 걸린다."고 말한다. 동상의 증상은 뜨거움을 느끼는 것인데 동상의 원인은 찬바람의 추위 때문에 그렇게 주장한다. 찬바람에 의한 병에 대한 의사들의 추론은 각기 다르다.

○ 냉병치료 의사의 추론
주장: 질병의 증상은 질병의 원인과 같은 성질이다.
증거: 냉병 증상인 추위와 원인인 찬바람의 추위가 같은 성질이다.

○ 동상치료 의사의 추론
주장: 질병의 증상은 질병의 원인과 다른 성질이다.
증거: 동상 증상인 뜨거움과 원인인 찬바람의 추위는 다른 성질이다.

냉병을 치료하는 의사의 추론은 보편적이고 타당한 진리가 아닌 치우친 주장이므로 동상을 치료하는 의사는 이와 반대로 추론할 수가 있다. 이처럼 추론은 그에 상반되는 추론도 가능하므로 중관학에서는 추론을 비판한다.

4. 중관사상의 의미

중관사상은 분별심을 버리고 올바른 진리관을 갖게 하는 사상이다. 분별심이란 대상을 인식할 때 나와 내 것에 집착하는 마음을 가리키며, 치우친 생각과 잘못된 생각을 말한다. 중관이란 단순히 이것과 저것의 가운데를 관찰하라는 의미가 아니라 바르게 관찰하라는 말이다.

그러나 중관학을 잘못 이해하여 윤회와 열반이 다르지 않다며 열반을 추구하지 않거나, 중생과 붓다가 둘이 아니라며 자신이 붓다라는 교만에 빠지거나, 선과 악은 구분할 수 없다며 악을 행하고도 죄책감을 느끼지 않는다면, 이는 공에 집착하는 병[공병空病]에 빠진 것이다. 공병空病에 빠져 삿된 견해를 갖는 사람과 공의 이론을 올바로 이해한 사람을 『대지도론大智度論』에서는 다음과 같이 비교한다.

삿된 견해를 갖는 사람	공을 바르게 이해한 사람
죄도 없고 복도 없고 이 세상과 다음 세상이 없다고 하여, 악한 짓을 하고 좋은 일을 하지 않는다.	좋은 일도 짓지 않는데 어찌 악한 짓을 하겠는가.
모든 법을 파괴하여 공이 되게 한다.	모든 법이 참된 공이어서 파괴되어도 부서지지 않는다는 사실을 안다.
"모든 법이 다 공하여 소유(所有)하지 않는다."하면서 모든 법의 공한 모습을 가지고 말장난한다.	모든 법이 공함을 알고서 그 모습을 가지지 않고 말장난하지 않는다.
비록 입으로 모든 것이 공하다 하나 애착할 때는 애착하고, 화낼 때는 화내고, 교만할 때는 교만하고, 어리석을 때에는 어리석고, 스스로 자신을 기만한다.	진실로 공을 알아 마음이 흔들리지 않고 모든 번뇌가 일어나지 않는다. 마치 허공과 같아서 연기에 더럽혀지지 않고 큰비에도 젖지 않는다.
이 세상에 나쁜 사람이 되고 다음 세상에 지옥에 떨어진다.	이 세상에 명예를 얻고 다음 세상에 붓다가 된다.
공이 있으나 공공삼매(空空三昧)가 없다.	참된 공 가운데 공공삼매(空空三昧)가 있다.
기억하고 분별하고 삿된 마음으로 공을 가지고자 한다.	무량한 보시(布施)와 지계(持戒)와 선정(禪定)을 갖추어 그 마음이 유연하고 모든 번뇌를 약하게 한 후에 참된 공을 얻는다.

중관학에서는 '언어와 생각에 의해 구성된 모든 것은 논리적 모순에 빠진다.'고 주장한다. 그러나 중관학 역시 '언어와 생각'을 이용하여 공을 논증하기 때문에 '모든 것이 공이라면 모든 것이 공이라는

그 말도 공이다.'는 논리적 모순에 빠지게 된다. 또한 '모든 것이 공하다.'고 주장할 경우 삼보三寶도 부정하게 되고 네 가지 성스러운 진리도 부정하고 계율도 없고 남에게 베풀 필요도 없다고 잘못 판단하기 쉽다.

이는 마치 깨끗한 벽에 '낙서금지'라는 글씨를 써 놓았을 경우 그 '낙서금지'라는 글씨도 낙서이므로 자가당착에 빠지게 된다. 그러나 이때 '낙서금지'는 앞으로 다른 낙서를 금지하기 위해서며, 낙서가 사라지면 '낙서금지'라는 글씨도 지워진다.

붓다가 공의 진리를 말함은	대성설공법大聖說空法
온갖 견해에서 벗어나기 위함입니다.	위이제견고爲離諸見故
만일 공이 있다는 견해를 다시 갖는다면	약부견유공若復見有空
어떤 붓다도 [그런 자를] 교화하지 못합니다.	제불소불화諸佛所不化

-『중론』13

모든 존재는 실체가 있다고 착각하는 사람들에게 영원불멸하는 실체가 없다는 점을 깨우쳐주기 위해 공이란 표현을 쓰는 것이지 공을 주장하는 것이 아니다. 모든 것을 공으로 보는 사람을 위해서는 공조차 부정한다. 이를 '공도 또한 공하다.'는 의미로 공공空空이라고 한다. 『중론』을 저술한 동기는 마지막 게송에 잘 나타나 있다.

모든 것은 공하므로　　　　　　　　　　일체법공고一切法空故
세간은 항상 존재한다는 등의 견해를　　세간상등견世間常等見
어느 곳 어느 때　　　　　　　　　　　하처어하시何處於何時
누가 이러한 견해들을 일으켰는가.　　　수기시제견誰起是諸見

고따마, 위대하신 성인은　　　　　　　구담대성주瞿曇大聖主
불쌍히 여겨 이 진리를 말씀하시어　　　연민설시법憐愍說是法
모든 견해를 다 끊으시니　　　　　　　실단일체견悉斷一切見
내가 이제 머리 숙여 예배합니다.　　　아금계수례我今稽首禮

－『중론』4

여래장사상

1. 여래장이란 말뜻
2. 여래장사상의 기원과 전개
3. 여래장 경전
4. 여래장사상의 내용
5. 여래장사상의 의미

나가르주나의 공사상으로 정리된 대승불교는 이후 교리발달과 함께 공사상에 따라 깨달음의 주체인 마음을 논의했다.

마음이 바로 붓다라고 하는 이상적인 면에서 고찰한 것이 여래장사상이고 다른 하나는 마음의 현실적 기능을 분석하면서 출발한 것이 유식사상이다. 아무리 미혹하더라도 그 마음은 본래 깨끗해서 붓다의 마음과 같다는 견해가 여래장사상이고 미혹한 범부의 마음을 기본으로 해서 이론을 전개하는 게 유식사상이다. 여래장사상은 유식사상에서처럼 마음 자체를 전환하는 것이 아니라 마음 상태의 변화를 강조하는 것으로, 여래의 절대성과 여래에 대한 귀의를 강조한다.

　본래 여래장사상은 여래의 입장에 서서 번뇌에 오염된 중생들에게 여래의 성품을 본래 가지고 있음을 깨닫게 하고 스스로 정화하도록 하기 위해 성립된 사상이라 할 수 있다. 여래장사상은 불성佛性이란 용어와 함께 대승불교의 중요한 사상이 되었다.

　여래장사상은 유가행파 속에서 그 체계가 조직되었으며, 공사상의 방편설이라 간주된다. 여래장사상은 대승의 궁극적 진리인 공의 철학을 계승하면서 공의 긍정적인 면을 강조하는 사상체계라고 할 수 있다. 중관학파에서도 공사상은 긍정과 부정을 모두 포괄하고 있었지만, 실제는 긍정보다 부정적인 면에서 이해하는 경향이 있었다. 그러나 여래장사상은 공사상이 지닌 무無 보다 유有를 강하게 주장하는 근본적인 개혁이었다고 이해된다. 여래장사상은 현실적으로 번뇌에 쌓여 있는 중생도 그 본질에는 붓다와 동일하다는 점을 강조했으며, 이러한 점에서 우리는 여래장사상이 기본적으로 붓다의 자비를 계승하는 사상체계라는 점을 알 수 있다.

　인도불교에서 대승불교는 중관학파와 유가행파 두 종파에 한정하고 있었으며, 여래장사상은 독립된 학파를 형성하지 못했다. 여래장사상은 『열반경』이라는 대작의 경전을 성립했지만 중관학파와 유식학파에 흡수되었다. 그러나 중국에서는 불성佛性사상으로 되살아나 중관과 유식사상을 압도하면서 중국불교사상에 큰 영향을 주었다.

1. 여래장이란 말뜻

여래장如來藏, tathāgatagarbha이란 말 그대로 여래의 성품이 감추어져 있다는 의미다. 이는 가르바garbha를 한역하면서 장藏이라고 번역했기 때문이다. 그런데 산스끄리뜨로는 'tathāgata(여래)+garbha(태)'인데, 가르바garbha의 뜻은 어머니의 태胎나 태아胎兒의 뜻이다. 그러므로 여래장이란 '여래의 태아'란 의미다.

여기에는 두 가지 의미가 담겨져 있다. 첫째 여래의 태아는 그대로 성장하면 여래가 된다는 의미다. 그러므로 중생과 여래는 동질성을 가지고 있으며 본성은 같다. 여래는 깨달은 중생이요 중생은 깨닫지 못한 여래일 뿐이다. 둘째 여래의 태내에 중생이 들어가 있다는 의미로, 여래는 부모이고 중생은 그 자식이라는 의미다.

여래장은 불성佛性, buddha-dhātu의 의미와 같다. 불성은 '붓다의 본질' '붓다의 본성'이란 뜻으로 모든 중생에게 붓다와 같은 본성이 있으며, 모든 중생이 장차 붓다가 될 수 있다는 의미다.

> 모든 중생들은 여래를 항상 간직하고 있으며 변하지 않으나 다만 중생은 번뇌로 덮여있을 뿐입니다. 그러므로 여래가 이 세상에 나와 널리 설법을 해 번뇌를 없애고 모든 지혜를 맑게 합니다. 만약 보살이 이 법을 즐겨 믿으면서 열심히 수행하면 마침내 해탈을 얻습니다. -「대방등여래장경」

여래장사상을 정리한 『보성론寶性論』에서는 본래 성품이 보물과 허공과 깨끗한 물과 같아서 항상 깨끗하다고 했다. 그리고 '어떻게 모든 중생이 여래의 본성을 가졌다는 것을 알 수 있습니까?'하는 질문에 '모든 중생이 붓다의 지혜를 가지고 있어 맑고 더럽지 않으며, 본성과 실체가 둘이 아니기 때문이며, 모든 붓다와 진리의 본성이 평등하기 때문입니다.'고 했다.

본래 마음이 청정하다는 이론에서는 마음에 일어나는 번뇌는 바깥으로부터 잠시 찾아오는 손님과 같다고 하여 객진번뇌客塵煩惱라고 한다. 번뇌는 밖으로부터 잠시 찾아오는 것일 뿐 마음에 있거나 번뇌가 실재하고 있는 건 아니다. 본래 깨끗한 마음이 모든 존재의 진실을 알지 못하는 무명에 의해 더럽혀진다. 태양은 빛나고 있지만 구름이 지날 때면 가려져 잠시 어두우나 구름이 지나가면 태양은 다시 빛나는 거와 같다. 비가 내리고 눈이 올지라도 구름위의 태양은 언제나 빛나고 있다.

본래 성품이 청정하다는 것은 마치 금광석에 금이 다른 광물과 함께 섞여 있는 거와 같다. 금광석을 채석해 맥석을 골라내면 순금이 나오는데 이는 금광석에 순금이 원래부터 들어있었기 때문이다. 이 순금과 같은 것을 붓다의 성품[불성佛性]이라고 부를 수 있으며 모든 중생이 이를 갖추었다고 믿었다. 그리하여 모든 중생은 모두 붓다의 성품을 가졌다[일체중생 실유불성一切衆生 悉有佛性]는 사상이 나온다. 붓다의 성품이라는 용어보다 여래의 태아라는 용어가 더 적극적인 의미라 할 수 있다.

2. 여래장사상의 기원과 전개

1) 여래장사상의 기원

여래장사상의 기원은 초기경전에 나타나고 있는 '마음의 본래 상태는 깨끗하다[자성청정심自性淸淨心]'는 사상에서 비롯된다고 할 수 있다. 중생의 마음은 탐욕과 성냄과 어리석음으로 오염되어 있지만, 이 오염은 본래부터 마음에 있는 것이 아니며 마음 자체는 청정하다는 것이다.

비구들이여, 이 마음은 빛나고 있습니다. 그러나 그 마음은 객으로 온 오염원들에 의해 더렵혀졌습니다. - 『앙굿따라 니까야』「바르게 놓이지 않음 품(A1:5)」

초기경전인 『앙굴마라경』에는 '여래장의 뜻은 마음의 본래 상태는 깨끗하다는 것을 의미한다.'고 했으며, 모든 중생이 여래장을 가지고 있으며 모든 중생은 붓다가 될 수 있다고 했다. 『증일아함경增一阿含經』에는 여래장이란 단어가 55회나 등장하고 있어, 『증일아함경』은 대승불교도들이 받아들인 경전임을 알 수 있다.

『반야경』에서는 반야바라밀을 붓다의 어머니[불모佛母]로 표현하고 있으며, 『유마경』에서는 붓다의 씨앗[여래종如來種, 불종佛種]에 대한 내용이 있으며, 『법화경』에서는 중생을 붓다의 자식[불자佛子]으로 삼는다는 내용이 있고, 『화엄경』에서는 중생마다 붓다의 성품이 일어난다 [성기性起]고 했다.

이러한 대승경전의 사상들을 보살의 실천과 결부시킨 경전이 등장했으며, 여래장이란 명칭을 사용한 『여래장경』이 성립한다. 그리고 『열반경』에서는 여래장이 붓다와 본질적으로 일치한다고 하여 불성佛性이라고 부른다. 『대반열반경』에서는 초기불교경전에 나타난 붓다의 입멸을 바탕으로 진리의 붓다가 항상 존재하고 불변하다고 하며, 누구나 붓다의 성품을 가졌다고 말한다. 이 『대반열반경』은 뒷날 불성사상의 전개에 가장 큰 영향을 주고 있으며, 특히 불성이 없다는 이 찬띠까icchantika, 일천제一闡提에게도 끝내는 붓다가 될 수 있다고 했다.

2) 여래장사상의 전개

여래장과 불성사상이 인도에서는 대승불교의 중대한 한 갈래였으나 학파를 형성하지 못하고 유식사상이 일어나면서 붕괴되고 말았다. 이는 여래장사상이 학파를 형성하기 위해서는 독립적인 실체를 주장해야 하는데, 그렇게 되면 결국 인도 힌두교의 아뜨만사상과 동일하기 때문에 여래장사상은 더 이상 발전하지 못하고 유식학파의 한 부분으로 수용될 수밖에 없었다.

그러나 여래장사상은 중국을 중심으로 동아시아에서 발전한 거의 모든 불교사상에 절대적인 영향을 주었다. 중국불교에서는 여래장에 대한 명칭이 서서히 사라지고 불성佛性이라는 명칭을 널리 사용했다. 천태종의 교판에서는 법신法身이 상주한다는 점에서『열반경』을『법화경』과 같은 위치로 보아 법화열반시法華涅槃時에 두었으며, 화엄종에서도『능가경』과『대승기신론』을 대승종교大乘終敎로 보아 대승시교大乘始敎인 중관과 유식보다 더 높은 단계의 교설로 취급했다. 선종에서 말하는 공적영지심空寂靈知心이나 원효元曉, 617~686의 일심一心이나 지눌知訥, 1158~1210의 진심眞心도 이것과 다르지 않다. 그리고 그들이 다 같이 제창한 '근본으로 돌아가고 근원으로 돌아간다[반본환원返本還源]'고 하는 근본과 근원이 바로 이것이다.

중관과 유식은 인도에서 불교가 사라질 때까지 존속했지만, 중국에서는 같은 계통인 삼론종三論宗과 법상종法相宗은 50년도 채우지 못하고 여래장사상에게 그 자리를 내주고 만다. 이는 아마도 분석과 비판이라는 부정적인 입장을 취한 유식사상에 비해 지양(止揚)과 종합이라는 긍정적인 입장을 취한 여래장사상이 중국인의 성향에 적합했기 때문이라고 할 수 있다.

유식과 여래장사상을 통합한 경전으로는『능가경楞伽經』이 있으며, 이러한 경향은『대승기신론大乘起信論』에서 완결된다.『능가경』에서는 여래장과 아뢰야식을 동전의 양면으로 설명하여 아뢰야식의 참된 성질을 여래장이라고 했다. 여래장은 생멸·변화의 토대가 되는 상주불변의 원리고, 아뢰야식은 생멸·변화를 일으키는 작용이다. 여래장이 깨달음의 원리로서 무위법無爲法이라면 아뢰야식은 미혹의 원리로서 유위법有爲法이다.

『대승기신론』은 대승의 의미를 밝힘으로써 대승의 믿음을 일으키게 한다. 중생의 마음은 생멸 변화하는 현상계를 드러내기도 하지만, 불생불멸의 여래장을 바탕으로 하므로 세간과 출세간의 바탕이 된다. 이를 '마음이 일어나고 사라진다[심생멸문心生滅門].'고 하고 '마음이 참되고 한결같다[심진여문心眞如門].'고 했다. 『대승기신론』에서는 본래의 성품이 청정하다는 여래장과 더러움을 낳는다는 아뢰야식은 동일한 마음의 안과 밖이며, 서로 대립하면서도 결코 분리될 수 없다고 했다.

마음은 본래 청정하지만 미혹에 빠져 범부가 되기도 하고 깨달음에 이르러 붓다가 되기도 한다. 본래 청정한 마음을 '마음이 참되고 한결같다.'고 하고, 여래장을 바탕으로 일어나는 미혹한 마음을 '마음이 일어나고 사라진다.'고 한다.

3. 여래장 경전

여래장사상에 관한 경전은 나가르주나 이후에 편찬되었으며, 최초로 주장한 경전은 250년경에 성립된 『대방등여래장경大方等如來藏經』(이하『여래장경如來藏經』)이다. 그 외에 『앙굴마라경央掘魔羅經』, 『승만경勝鬘經』, 『대반열반경大般涅槃經』, 『부증불감경不增不減經』 등이 있다.

(1) 『대방등여래장경大方等如來藏經』

붓다바다라Buddhabhadara, 불타발다라佛馱跋陀羅가 번역했다.『여래장경如來藏經』에는 '만약 붓다가 이 땅에 오거나 오지 않아도 모든 중생의 여래장은 항상 머물러 변하지 않는다.'고 했다. 그리고 여래장으로서 그 상태를 아홉 가지로 비유한다.
① 시들고 색 바랜 연꽃잎 속에 붓다가 자리하듯이
② 수많은 꿀벌들 가운데 꿀이 감추어져 있듯이
③ 껍질 속에 열매가 들어 있듯이
④ 더러운 것에 싸인 순금과 같이
⑤ 가난한 집 지하에 매장된 보물과 같이
⑥ 아말라나무의 열매 안에 싹을 틔울 수 있는 씨앗이 간직되어 있듯이
⑦ 누더기에 덮여 길가에 버려진 불상과 같이
⑧ 미천한 여인이 전륜성왕의 아들을 임신하듯이
⑨ 거푸집 속의 들어있는 순금불상과 같이 모든 중생 안에 여래장이 존재한다고 설명한다.

번뇌에 물든 중생 속에는 영원히 더럽혀지지 않은 자신의 특징과 붓다와 차이가 없는 지혜와 여래의 인식, 여래의 신체가 숨겨져 있으며, 모든 중생의 여래장은 영원하고 불변하다고 한다. 그러면서 붓다는 중생들에게 자신을 열등하고 비천한 존재로 생각하지 말라고 했다.

(2)『승만경勝鬘經』

본래 이름은 『승만사자후일승대방편방광경勝鬘獅子吼一乘大方便方廣經』이다. 이 경은 여래장이 무엇인지 그리고 여래장과 불성의 관계는 무엇인지 더 정교하게 설명한다는 점에서 『여래장경』보다 후대에 이루어진 것으로 여겨진다.

구나바드라Guṇabhadra, 구나발다라求那跋陀羅가 436년에 번역했다. 이 경전의 주인공은 쉬리말라데위Śrīmālādevī, 승만勝鬘다. 그녀는 중인도 꼬살라Kosala국의 쁘라세나지뜨Prasenajit와 말리까Mallikā부인 사이에 공주로 태어나 아요디야Ayodhyā국 왕비가 되었다. 불교를 신앙하기를 바라는 부모의 편지를 받은 그녀는 붓다를 향해 붓다의 무량한 공덕을 찬미하고 열 가지 서원을 세우고 붓다가 가르친 바른 진리를 얻는 뜻을 찬탄해 읊고 마음으로 붓다를 생각했다. 이 때 붓다가 나타나 그 하나하나에 찬사를 보내며 승인하고 장래 이 여인은 붓다가 되리라는 수기授記를 한다는 내용이다.

항상 있으며 불변하는 법신法身이 번뇌에 덮여있는 상태를 여래장이라고 부르는데, 여래장 그 자체는 원래 자성이 청정하며 조작되거나[유위有爲]나 조작되지 않는[무위無爲] 모든 법과 윤회와 해탈의 모든 원동력이라고 했다.

(3) 『부증불감경不增不減經』

중생의 깨달음에 증감이 있음에도 불구하고 중생계와 법계는 증감이 없으며, 중생계와 법계는 동일한 세계다. 중생은 이를 알지 못하기 때문에 삿된 견해에 사로잡혀서 생사윤회의 바다에 빠진다. 여래의 경계가 곧 중생계고 여래장이며 여래의 법신이라는 것이다.

중생을 셋으로 나누어 부르는데, 여래장이 무량한 번뇌에 얽매여 있을 때는 중생이라고 부르고, 세간을 멀리 떠나서 깨달음의 행을 닦을 때는 보살이라고 부르고, 모든 번뇌의 더러움을 여의고 청정하게 되었을 때는 여래라고 부른다. 그리고 번뇌와 관계에서 여래장은 번뇌와 오랫동안 함께 있지만 본질적으로 그것과 섞인 건 아니라고 한다.

(4) 『대반열반경大般涅槃經』

담무참曇無讖이 421년에 번역했으며, 초기경전에도 같은 이름의 『대반열반경大般涅槃經』이 있어 구분하기 위해 『대승열반경大乘涅槃經』이라고도 한다.

이 경전은 붓다의 입멸을 그 무대로 하고 초기불교의 『열반경』 형식을 갖추고 있는데 붓다의 입멸은 방편이며 실제로 붓다는 항상 변함없이 머문다고 한다. 그리고 불성佛性이 모든 중생에게 있다는 것은 예전에는 설한 바가 없는 비밀스런 뜻이라 설한다.

이 경에서는 여래장이란 말 대신에 불성佛性이라는 말을 사용한다. 불성이라는 표현은 여래장사상에서 좀 더 발전한 형태라 볼 수 있으며 『대반열반경』에서 비로소 나타난다. '모든 중생은 모두 붓다의 성품을 가졌다'는 구절은 널리 알려져 있다. 그리고 이익을 탐하고 욕구를 끊지 못하여 붓다가 될 수 없다는 이찬띠까도 붓다가 될 수 있다고 한 점에 특색이 있다.

내가 모든 중생을 부처의 눈으로 보니, 비록 탐욕과 성냄과 어리석음의 번뇌에 덮여 있지만 그 가운데는 여래의 지혜와 부처의 인식과 부처의 신체가 확고하게 감추어져 있습니다.… 모든 중생들은 비록 모든 종류의 번뇌 속에 있다고 해도 본래 더럽혀지지 않고 나와 전혀 차이가 없는 특성으로 가득 차 있는 여래장을 갖고 있습니다. - 『대반열반경』

이외 여래장사상을 정리한 『보성론寶性論』과 『능가경楞伽經』등의 경론이 있다.

4. 여래장사상의 내용

1) 모든 중생이 붓다의 성품을 가짐

대승불교가 일어나면서 샤카무니붓다이외 시방세계에 수많은 붓다가 있으며, 중생들도 수행을 통해 깨달음을 얻을 수 있다는 사상이 발생했다. 중생이 붓다가 될 수 있다면 깨달을 수 있는 능력이 수행하는 사람 내부에 있다고 생각할 수 있다. 볍씨가 자라 벼가 되는 건 벼가 될 능력이 볍씨에 있기 때문이다. 그리하여 중생의 마음에 여래가 될 수 있는 가능성이 있고, 이것을 여래장如來藏이나 불성佛性이라고 했다. 그리고 화엄교학에서 붓다의 성품[불성佛性]사상은 성기性起사상으로 나타난다. 모든 만물은 서로 연기에 의해 존재하나 그 본래의 본성은 존재한다는 의미다. 또한 선사상에서는 삼계가 모두 마음[삼계유심三界唯心]이며, 마음이 곧 붓다[즉심시불卽心是佛]라는 사상으로 이어진다.

2) 믿음의 강조

모든 중생에게 여래장이 있다고 말하는 것은 붓다의 입장에서 중생에게 가르친 사상으로, 일반인이 분별하고 사유해 알 수 있는 내용이 아니므로 오로지 믿고 따라야 한다고 주장한다. 여래장사상은 중생에게도 불성이 있다고 굳게 믿는 것으로부터 시작한다. 이는 붓다의 가르침 즉 진리를 믿음으로써 마음이 정화되고 지혜가 생겨나기 때문이다.

> 그렇습니다. 그렇습니다. 마음의 본래 성품이 청정하나 번뇌로 오염되어 있다는 것을 완전히 알기가 어렵습니다. 이 두 가지는 그대와 크게 진리를 깨달은 보살만 받아들일 수 있으며 나머지 성문들은 오직 부처님의 말을 믿어야 합니다. - 『승만경』 13장

> 불성佛性이란 대신심大信心이라고 합니다. 왜냐하면 신심이 있으므로 보살이 보시바라밀 내지 반야바라밀을 갖출 수 있기 때문입니다. 모든 중생은 반드시 대신심을 얻으므로 모든 중생이 다 불성을 가졌다고 합니다. 대신심이 곧 불성佛性이고, 불성佛性이 곧 여래如來입니다. - 『대반열반경』

3) 정토신앙의 실천

중생이 붓다의 성품을 가지고 있으나 번뇌와 망상으로 붓다의 성품을 가리고 있으므로 수행으로 번뇌를 제거해야만 한다. 여래장사상이 붓다의 가르침을 믿기를 강조하는 점에서 정토교의 실천 원리와 밀접하다고 할 수 있다. 그리하여 여래장경전인 『대승기신론』에서는 염불왕생이 설해져 있으며, 『보성론』에서도 마지막 회향게에 왕생을 발원한다.

> 선남자 선여인이여, 서방극락세계 아미타불을 오로지 생각하십시오. 모든 좋은 공덕을 회향하여 태어나기를 발원하면 반드시 태어납니다. 항상 부처님을 보고 믿음을 깊게 가져 물러서지 않고, 법문을 듣고 진리의 부처님을 관찰하며 점차 수행하면 깨달음에 들어갑니다. – 『대승기신론』

> 이러한 모든 공덕으로 원컨대 목숨이 다할 때 가없는 공덕의 무량수불을 뵙고, 저와 믿음을 가진 자가 부처님을 보고서 번뇌를 떠난 안목을 얻어 무상의 깨달음을 얻게 하소서. – 『보성론』

4) 여래장사상의 한계

윤회를 믿고 따르는 인도 민중들은 윤회하는 주체로서 실체가 없다는 붓다의 가르침을 이해하기 어려웠다. 그리하여 윤회와 해탈의 주체 문제에 대한 하나의 대안을 만들어 낸 것이 여래장이라 하여 '여래장은 붓다의 가르침이 아니다.'는 학자도 있다. 태어나면서부터 여래의 본질을 자기 내부에 가졌다는 여래장사상은 인도 우빠니샤드 철학의 아뜨만 사상과 다르지 않다는 것이다.

마츠모또松本는 본래 마음이 청정하다고 할 때 그 '마음'이라는 용어는 단지 아뜨만Ātman이라는 말을 대신했을 뿐으로, 실제로는 아뜨만이 갖는 '영원의 실재성'이라는 본질적인 성질을 완전하게 갖췄다고 했다.

이러한 문제는 당시 인도불교계에서도 많은 논란이 있었던 것으로 보이며, 이는 『승만경』의 「자성청정장自性淸淨章」에서 여래장은 아뜨만이 아니라고 말하고 있는 점으로 짐작할 수 있다.

> 여래장은 나ātman도 아니고 중생衆生, sattva도 아니고 명命, jīva도 아니고 인人, pudgala도 아닙니다. 여래장은 몸이 있다는 생각에 떨어진 중생, 잘못된 생각을 하는 중생, 공空의 의미를 어지럽히는 중생들의 경계가 아닙니다. – 『승만경』 13장

대승불교에서 여래장은 이러한 불교 내부의 비판을 받으면서도 인도에서는 여래장 경전과 사상이 널리 유행했으나, 끝내 독자적인 학파를 형성하지 못하고 인도불교사에서 사라지게 되었다.

5. 여래장사상의 의미

학자들 사이에는 여래장은 붓다의 가르침이 아니라고 주장하는 학자들도 많다. 본래 청정한 마음이 처음부터 중생의 내부에 있다고 한다면 이는 인도 우빠니샤드철학에서 말하는 윤회나 해탈의 주체로서 아뜨만과 다르지 않으며, 붓다가 주장한 무아無我사상에 모순이 된다고 했다. 이러한 비판에도 불구하고 여래장사상은 우리들에게 다음과 같이 많은 의미를 준다.

첫째 인간은 무한한 가능성을 가진 존재임을 깨달아야 한다. 모든 중생이 불성을 가졌다는 내용은 여타 다른 종교에서는 볼 수 없는 신앙형태. 모든 것은 신의 뜻에 의해 만들어지고 유지되고 사라진다는 사상[신의론神意論]이나, 타고난 숙명에 의해 모든 것이 이미 결정되어 있다는 사상[숙명론宿命論]이나, 모든 것은 우연에 의해 이루어질 뿐이라는 사상[우연론偶然論]이 널리 신앙된다. 이러한 사상들은 한결같이 인간의 의지를 무시한 채 인간은 나약한 존재며, 신이나 운명이나 우연에 의해 이끌려 가는 존재라고 주장한다. 이에 비해 여래장사상은 인간은 붓다의 성품을 가진 존재로 수행에 의해 붓다가 될 수 있다는 인간의 무한한 가능성을 일깨워주는 사상이다.

둘째 인간은 소중하고 귀한 존재임을 알아야 한다. 여래장의 여러 경전에는 '본래의 성품은 청정한 마음이나 외부로부터 들어온 번뇌로 더럽혀져 있다[자성청정심 객진번뇌염自性淸淨心 客塵煩惱染]'고 했다. 번뇌는 외부로부터 들어온 손님과 같다고 했으며, 본래 청정한 마음을 훼손하거나 파괴할 수 없다. 그러므로 비록 번뇌와 망상에 사로잡힌 중생들이라 할지라도, 아무리 악한 짓을 한 중생이라 할지라도 그는 소중하고 고귀한 존재다. 붓다가 이 땅에 와서 "하늘 위 하늘 아래 오직 나는 존귀하다[천상천하 유아독존天上天下 唯我獨尊]."고 한 내용은 바로 이를 뜻한다.

셋째 모든 중생은 본질적으로 평등함을 일깨워준다. 지위가 높고 낮고, 재산이 많고 적고, 남성과 여성, 어른과 어린이, 출가자와 재가자로 차별하는 것이 오늘날 현실이다. 그리하여 지위가 높은 자, 재산이 많은 자, 남성, 어른, 출가자 등이 상대적으로 지위가 낮고, 재산이 적고, 여성, 아이, 재가자들을 무시하고 얕보기도 한다.

붓다는 세속 모든 것들은 무상無常하고 고통苦痛이며 무아無我라고 했으며, 이러한 외형의 조건들에 대한 분별과 집착을 끊으라고 가르쳤다. 대승불교의 사상은 '둘이 아니다'와 '모든 존재는 본래의 성품이 비어있다'는 내용이다. 그리고 인간의 본래 성품은 청정하다는 사상은 여래의 성품을 가졌다는 여래장사상을 낳았고, '모든 중생은 붓다의 성품을 가졌다'는 불성사상으로 나아간다. 모든 중생은 본래 붓다의 성품을 가진 존재이므로 본질적으로는 평등하다.

넷째 인간은 교정과 지도에 의해 새롭게 탄생할 수 있다. 인간의 마음은 본래 청정하나 외부로부터 들어온 번뇌로 인해 어리석은 생각을 하고 나쁜 짓을 하게 된다. 그러므로 교육과 지도편달로 어리석은 생각과 그릇된 생각을 바꾸게 하면 지혜가 생기고 좋은 행동을 하게 된다. 자비로운 마음으로 보살의 여러 수행을 하면 본래 내 마음에 간직한 붓다의 성품은 드러난다. 마치 달이 구름에 가려져 어두우나 구름이 걷히면 달은 다시 밝게 비추는 거와 같다.

선남자여, 만일 어떤 보살이 [모든 중생에게 여래의 성품이 갖추어져 있다는] 이러한 가르침을 기쁘게 믿으며, 오로지 마음으로 배우고 닦는다면 반드시 해탈을 얻습니다. - 『여래장경』

유식사상

1. 유식학파의 성립과 전개
2. 유식경전
3. 유식사상의 내용
4. 유가수행

중관사상에서 살펴본 공空사상을 잘못 이해하면 '모든 것은 공空이다.' 하여 세상 모든 것은 허무하고 가치 없다고 보는 부정적인 생각을 갖는다. 그리하여 붓다와 붓다의 가르침과 승가마저도 부정하는 공견空見 또는 공병空病에 빠질 위험성이 있다.

> 부파불교도들의 실재론적 불교관을 시정하기 위해 나가르주나와 그 제자인 아랴데와는 대승경전에서 추출한 공의 교리를 펴게 되었는데, 시간이 흐르자 오히려 이런 공의 교리로 많은 사람들이 공견空見에 빠지게 되었습니다. -「유가사지론석(瑜伽師地論釋)」

유식학에서는 이러한 허무주의적 세계관을 비판하면서 인간의 현실적인 행동과 삶을 우리 인식에 근거를 두고 설명한다. 그리고 여래장사상에서 모든 중생이 붓다의 성품을 가졌다고 주장하나, 현실에서는 사람들마다 이해능력이 다르고 착하고 나쁜 행동을 하는 게 다르다. 유식唯識사상은 불교사상 중에서도 우리들이 소유하고 있는 마음을 자세하게 분석하고 있는 불교심리학이라 할 수 있다. 그리고 마음의 구조와 그 심리작용 등을 잘 인식하고서 활동하면 궁극적인 목적인 성불成佛의 단계에까지 이를 수 있다는 원리와 그 수행을 강조한다.

우리가 인식하는 그대로 유식唯識이라는 게 아니라, 나에 대한 집착과 번뇌를 없앨 때 비로소 참다운 유식의 세계가 실현된다. '이 세상의 모든 것은 오직 마음이다[만법유식萬法唯識].'하는 교리를 통해 아비다르마교학의 '있다'는 견해[유견有見]를 중관의 '없다'는 견해[무견無見]을 떠난 중도적인 가르침을 편다.

물론 마음[심心, citta]과 생각[의意, manas]과 의식[식識, mano-vijñāna]을 중요시하는 내용은 초기불교와 부파불교에서도 있었으나, 이 셋을 대체로 하나로 보았다. 이에 비해 유식학파에서는 이를 더 자세히 분석하고 설명했으며, 유가瑜伽, yoga의 실천을 통해 '오직 마음[유식唯識]'임을 깊이 체험하고자 했다. 이들을 유가행파瑜伽行派, Yogācāra라고 부르며 나가르주나에 의해 만들어진 중관학파와 더불어 인도의 대승불교철학을 대표하는 학파다.

1. 유식학파의 성립과 전개

1) 인도의 유식학파

유식학파를 연 사람은 마이뜨레야Maitreya, 미륵彌勒, 270~350다. 이 마이뜨레야를 예로부터 도솔천에 있는 미륵보살과 같은 인물로 보아 미륵보살이 밤마다 내려와 설법을 하고 아상가Asaṅga, 무착無着, 310~390가 이를 편집했다고 했다. 그러나 오늘날 학자들은 마이뜨레야를 주로 아요디야Ayodhya에서 활약한 실존 인물로 본다.

아상가가 편집한 책은 『유가사지론瑜伽師地論』·『분별유가론分別瑜伽論』·『대승장엄경론송大乘莊嚴經論頌』·『변중변론송辯中邊論頌』·『금강반야바라밀경론金剛般若波羅蜜經論』인데 이를 마이뜨레야의 저술로 보며 유식학을 연구하는데 가장 필요한 다섯 교리서라 하여 오대부론五大部論이라고 한다.

마이뜨레야의 학설을 바탕으로 유식설을 조직하고 체계화한 사람은 아상가와 동생인 와수반두Vasubandhu, 세친世親, 320~420다. 아상가는 『섭대승론攝大乘論』, 유가사상의 내용을 조직한 『현양성교론顯揚聖教論』과 『대승아비달마집론大乘阿毘達磨集論』, 나가르주나의 중론사상을 담은 『순중론順中論』을 지었다. 와수반두는 『유식30송唯識三十頌』과 『유식20론唯識二十論』을 지어 유식사상을 정밀한 체계로 정리했으며, 『십지경론十地經論』·『법화경론法華經論』·『정토론淨土論』을 지어 중국 대승불교교리 발전에 기초를 다졌다.

와수반두이후 5~6세기 날란다대학을 중심으로 많은 논사를 배출하면서 유가행파는 구아마띠Guamati, 덕혜德慧와 스티라마띠 Sthiramati, 안혜安慧를 중심으로 하는 무상無相유식파와 디그나가 Dignāga, 420~500, 진나陳那를 중심으로 하는 유상有相유식파로 나뉘게 된다.

디그나가는 5세기 후반에 불교의 논리학을 확립했다. 이전의 오분 작법五分作法을 주장명제[종宗]·이유명제[인因]·실례[유喻] 삼지작법三 支作法으로 확립해 이를 신인명新因明이라고 한다. 디그나가의 학설은 인도철학중의 논리학파인 니야야Nyāya, 정리파正理派학파에 큰 영향을 주었다.

유상유식파를 크게 일으킨 인물은 다르마빨라Dharmapāla, 530~561, 호법護法로 와수반두의 『유식삼십송唯識三十頌』에 대한 주석서인 『성유 식론成唯識論』을 저술했으며, 7세기 중엽에 다르마끼르띠Dharmakirti, 법칭法稱는 디그나가의 사상을 계승했다.

마이뜨레야	– 아상가	– 와수반두	┌ 구아마띠, … 스티라마띠
(270~350)	(310~390)	(320~420)	
			└ 디그나가, … 다르마빨라
			(420~500)

2) 중국의 유식학파

유식학은 중국에 세 차례 들어오면서 지론종地論宗·섭론종攝論宗·법상종法相宗이라는 각기 다른 종파를 형성했다.

①지론종地論宗; 보리류지菩提流支가 508년에 『십지경론十地經論』을 번역함으로써 이룬 학파다. 식식識을 안식眼識·이식耳識·비식鼻識·설식舌識·신식身識·의식意識·말나식末那識·아리야식阿梨耶識 여덟으로 나누었으며, 앞의 일곱 가지 식은 번뇌가 있는 거짓 인식[망식妄識]이고 여덟째인 아리야식이 깨끗하고 참된 마음이라고 했다.

②섭론종攝論宗; 진제眞諦가 563년에 『섭대승론攝大乘論』을 번역함으로써 이룬 학파다. 식식識을 안식眼識·이식耳識·비식鼻識·설식舌識·신식身識·의식意識·아다나식阿陀那識·아리야식阿梨耶識·아마라식阿摩羅識의 아홉으로 나누었다. 이 가운데 앞의 여덟 식은 번뇌가 있는 거짓 인식[망식妄識]이며 아홉째의 아마라식은 깨끗하고 참된 마음으로 진여성眞如性에 해당한다고 했다.

③법상종法相宗; 현장玄奘이 인도에서 유학하고 645년에 『유식30송唯識三十頌』의 주석서를 가져와 『성유식론成唯識論』을 번역함으로써 이룬 학파다. 식식識을 안식眼識·이식耳識·비식鼻識·설식舌識·신식身識·의식意識·말나식末那識·아뢰야식阿賴耶識 여덟으로 나누었다. 앞의 일곱 식은 거짓 인식[망식妄識]이고, 여덟째 아뢰야식은 그 자체로 번뇌를 일으키지 않지만 말나식에 의해 집착

된 상태이므로 거짓 인식이라고 했다.

이 가운데 법상종의 사상은 기基, 632~682가 정리하고 널리 보급했으며, 기가 자은사慈恩寺에서 거주했으므로 자은종慈恩宗이라고도 한다.

신라의 원측圓測, 613~696은 중국에 들어가 현장의 강의를 듣고 여러 유식학설을 종합적으로 연구해 크게 발전시켰다. 원광圓光·자장慈藏·원효元曉·의상義湘·태현太賢 등이 유식에 대한 공부를 했으며, 신라 유식학은 일본으로 전래되어 일본 유식학의 기초를 이루었다.

2. 유식경전

유식계통 경전으로는 『해심밀경解深密經』·『유가사지론瑜伽師地論』·『대승아비달마경大乘阿毘達磨經』·『대승아비달마집론大乘阿毘達磨集論』·『섭대승론攝大乘論』·『유식삼십송唯識三十頌』 등이 있으며, 이 경전들은 이론이 매우 정연하고 조직화되어 있다.

(1) 『해심밀경解深密經』

'붓다의 깊고 은밀한 가르침을 해석한 경'이란 의미로 유식사상의 이론적 전거典據가 되는 경전이며 현장玄奘이 647년에 번역했다. 유가행파의 사상이 뚜렷이 나타나는 최초 경전으로 이전부터 부분으로 존재하고 있던 내용들을 통합했다. 범부의 현실을 보면 사람마다 능력에 차별이 있고 좋은 사람과 나쁜 사람이 있으므로, 각기 성품이 다르다.

(2) 『유가사지론瑜伽師地論』

요가행자의 실천단계라는 의미로 마이뜨레야Maitreya, 미륵彌勒가 저술했으며 현장이 648년에 번역했다. 분량이 많으며 성립과정이 복잡하고 교리로 보아 발전한 흔적이 보이므로 한 번에 성립되었다고 믿기는 어렵다.

(3) 『대승아비달마경大乘阿毘達磨經』

경전이름에서 보이듯 아비달마의 전통을 계승하고 있음을 알 수 있다. 이 경전은 현존하지는 않지만 『섭대승론』등에서 인용하고 있으며, 아상가무착無着가 지은 『대승아비달마집론大乘阿毘達磨集論』은 이 경에 기초해 만들어졌다고 언급한다. 인용된 부분은 '모든 것은 아뢰야식을 의지처로 해 존재하고 아뢰야식에 숨겨지지만 동시에 아뢰야식도 모든 것 속에 숨겨진다. 모든 것과 아뢰야식은 서로 원인이 되기도 하고 결과가 되기도 한다.'이다.

(4) 『섭대승론攝大乘論』

아상가의 저술로 대승공관에 기초해 유식사상을 정립한 대승교학의 개설서라 할 수 있다. 아뢰야식의 성격을 밝히고, 아뢰야식이 생사의 주체임을 이론적으로 증명하고 있으며, 인식에는 세 가지가 있음을 밝힌다. 그리고 육바라밀의 수행과 계戒·정定·혜慧 삼학三學의 실천, 붓다의 모습을 세 가지로 밝히는 등 발전된 교리를 보여준다.

(5) 『유식삼십송唯識三十頌』

와수반두세친世親가 지었으며 유식학설 전반을 30송으로 간추려 후대 유식사상의 기초를 이루었다. 우리들이 경험하는 세계가 식識에 의해 나타남을 아뢰야식연기로 정교하게 조직하고, 유식의 사상과 실천수행을 30게송으로 정리했다.

(6) 『성유식론成唯識論』

다르마빨라Dharmapāla, 530~561, 호법護法가 지었으며 와수반두의 『유식삼십송唯識三十頌』에 대한 주석서다.

3. 유식사상의 내용

앞서 우리는 붓다의 근본 가르침에서 모든 존재는 여섯 감각기능 [육근六根]이 여섯 감각대상[육경六境]을 통해 인식할 때 이루어진다는 내용을 배웠다. 그리고 여섯 감각기능 가운데 의意는 앞의 다섯 기능들을 종합해 분석하는 능력으로 보았다. 또한 여섯째 의식意識과 다섯 무더기 가운데 마지막 식별[식識]에 특별히 중요한 의미를 부여하고 이 인식을 마음으로 보았다.

마음은 여러 가지 번뇌를 일으켜 업을 짓게 하고 그 과보로 윤회를 계속하게 하지만, 한편으로는 진리를 듣고 붓다의 가르침을 따라 수행해 점차 번뇌를 버리고 착한 마음과 지혜를 가져 깨달음을 얻게도 한다.

태어나서 죽을 때까지 마음이 일정한 조건에 따라 찰나 찰나에 일어나고 사라짐을 계속하면서 이어간다[심상속心相續]고 한다. 이 세상에 존재하는 모든 것은 존재하는 그 자체에 가치의 기준이 있는 게 아니라 그것을 인식하는 자기 마음에 달려있다는 것이다[만법유식萬法唯識].

사람마다 스트라디바리우스Antonio Stradivarius가 제작한 바이올린을 바라보는 시각이 다르다. 연주가는 이런 훌륭한 악기로 평생에 한 번이라도 연주할 수 있다면 더 이상 소원이 없겠다고 하지만, 보통 사람들은 그저 엄청나게 비싼 악기라고 알 뿐이고, 아무 것도 모르는 사람은 "다 낡은 악기인데 뭐가 저리 비싸냐."고 한다.

우리가 인식하고 있는 세계는 실재하는 게 아니라 마치 눈병을 앓는 이에게 나타난 아지랑이나 신기루 또는 꿈과 같다. 이는 나와 나를 둘러싼 세계는 오직 인식에 의해 이루어진 망상이기 때문이다. 지금 내 앞을 지나가는 여인을 보고 아름답다고 생각할 때 아름다운 여인을 인식하는 게 아니라 내 의식 속에 아름답다고 생각하는 여인을 인식하는 것이다. 이러한 생각은 두말할 필요도 없이 내 마음에 따른 것이므로 나는 아름답다고 하지만 다른 사람은 그렇게 생각하지 않을 수 있다.

안에서 분별이 일어날 때 비슷한 바깥 대상이 나타납니다. 이는 마치 현기증이 있거나 눈에 백태가 낀 자가 터럭이나 파리가 아른거리는 걸 보는 거와 같으니 여기에는 어떤 참된 뜻이 없습니다. -「유식이십론」

1) 5위位 100법法

부파불교 설일체유부 교학을 정리한 와수반두의 『구사론俱舍論』에서는 모든 존재를 5위 75법으로, 남방불교 상좌부에서는 5위 82법으로 분류했으며, 유식학에서는 이를 5위 100법으로 분석했다. 5위는 마음[심왕법心王法]·마음작용[심소법心所法]·물질[색법色法]·마음과 함께 일어나지 않는 작용[심불상응행법心不相應行法]·조작함이 없음[무위법無爲法]을 말한다.

	오위(五位)	유부	상좌부	유식	비 고
유위법(有爲法)	심왕(心王)	1	1	8	마음
	심소(心所)	46	52	51	마음작용
	색법(色法)	11	18	11	물질
	심불상응행법(心不相應行法)	14		24	마음도 아니고 물질도 아님
무위법(無爲法)	무위(無爲)	3	1	6	
	계	75	82	100	

(1) 마음[심왕법心王法]

사물을 인식하는 마음을 뜻하며 안식·이식·비식·설식·신식·의식·말나식·아뢰야식의 여덟 가지 마음이 있다.

초기불교에서는 모든 존재를 열여덟 요소[십팔계十八界]로 파악했다. 눈·귀·코·혀·몸·생각 여섯 감각기능[육근六根]을 통해 모양과 빛깔·소리·냄새·맛·감촉·법法의 여섯 감각대상[육경六境]을 받아들여 인식하는 주체를 안식眼識·이식耳識·비식鼻識·설식舌識·신식身識·의식意識의 여섯 인식작용[육식六識]으로 분류했다.

앞의 다섯 인식작용은 각자 감각기능을 통해 감각대상을 인식하지만 여섯째 의식은 앞의 다섯 인식작용들과 함께 인식한다. 그리고 의식은 현재 존재하는 대상을 있는 그대로 인식하고[자성분별自性分別], 과거를 회상하고 미래를 계획하고[수념분별隨念分別], 과거로부터 보고 들은 사실을 통해 착각과 오류를 범하기도 한다[계탁분별計度分別].

부파불교교학을 정리한 『구사론俱舍論』에서는 마음과 생각과 의식을 마음작용 상태에 따라 각각 달리 부를 뿐 실체는 하나[심체일설心體一說]라고 했다. 그리고 그 내용과 작용을 매우 자세하게 설명한다. 곧 마음心, citta은 여러 가지 정신활동을 하고 몸과 입과 생각으로 어떤 행위를 하도록 하며, 생각[意, manas]은 생각하고 행동하도록 하고 본성을 잘못 이해해 집착하면서 번뇌를 일으키는 작용을 하며, 식識, vijñāna은 모든 대상을 식별하고 좋다 나쁘다 등으로 인식하도록 한다고 했다.

유식학에서는 여섯째 식인 의식을 더욱 세분하여 의식意識, mano-vijñāna과 말나식末那識, manas와 아뢰야식阿賴耶識, ālaya-vijñāna으로 설명했다. 그리고 이 셋은 실체가 각각 다르다[심체별설心體別說]고 했다. 말나식을 제7식이라 하고 아뢰야식을 제8식이라고 한다.

『구사론』	〈유식학〉
심체일설(心體一說)	심체별설(心體別說)
식(識, vijñāna)	의식(意識, mano-vijñāna)
의(意, manas)	말나식(末那識, manas)
심(心, citta)	아뢰야식(阿賴耶識, ālaya-vijñāna)

가. 의식意識, mano-vijñāna

앞의 다섯 인식작용[전오식前五識]은 각기 자신의 영역에서 인식할 뿐이나 지성과 감정 의지와 상상력 등으로 앞의 다섯 인식작용을 종합적으로 인식하는 것은 의식이다. 의식은 앞의 다섯 인식과 함께 작용하거나 다섯 인식과 관계없이 홀로 작용하는 의식으로 구분한다.

①오구의식五俱意識

앞의 다섯 인식작용과 함께 작용하는 의식으로, 완전히 다섯 인식작용과 함께 작용하는 의식[오동연의식五同緣意識]과 다섯 인식을 근거로 하면서도 다른 것과 함께 작용하는 의식[부동연의식不同緣意識]으로 나눈다.

a.오동연의식五同緣意識; 다섯 인식작용으로 받아들인 어떤 대상을 판단하는 작용이다. 눈으로 붉은 색을 한 물체를 바라보면서 꽃이라 판단하는 경우다.

b.부동연의식不同緣意識; 다섯 인식작용으로 어떤 대상을 받아들이면서 다른 것을 생각하는 작용이다. 눈으로 장미를 보면서 옛 추억을 생각하는 경우다.

②불구의식不俱意識

다섯 인식작용과 관계없이 작용하는 의식을 말하며, 다섯 인식작용을 받아들인 후에 일어나는 의식[오후의식五後意識]과 다섯 인식에 의지하지 않고 독자적으로 일어나는 의식[독두의식獨頭意識]이 있다.

a.오후의식五後意識; 다섯 인식작용으로 받아들인 후 그것을 여러 가지로 생각하거나 연상하는 의식작용을 말한다. 좋은 음악을 듣고서 아무런 말도 없이 묵묵히 집으로 돌아갈 때 계속해서 진한 감동을 느끼는 경우다.

b.독두의식獨頭意識; 다섯 인식작용과 관계없이 독자적으로 의식하는 경우이다. 이러한 의식은 셋이 있는데 첫째 좌선坐禪할 때 의식활동인 정중의식定中意識이 있다. 선정에 들면 의식이 정지된다고 하지만 머릿속에는 여러 가지 상념들이 출몰하기도 한다. 둘째 어떤 대상도 없이 단독으로 실체가 없는 이름이나 모양을 대상으로 작용하는 독산의식獨散意識이 있다. 이는 공상空想과 망상妄想과 환상幻想과 같은 의식작용을 말한다. 셋째 꿈속에서 의식이 활동하는 몽중의식夢中意識이 있다. 꿈에서 보고 듣고 이야기하는 의식작용이다.

제육의식 (第六意識)	오구의식 (五俱意識)	오동연의식(五同緣意識)
		부동연의식(不同緣意識)
	불구의식 (不俱意識)	오후의식(五後意識)
		독두의식(獨頭意識) — 정중의식(定中意識)
		독두의식(獨頭意識) — 독산의식(獨散意識)
		독두의식(獨頭意識) — 몽중의식(夢中意識)

③ 다섯 가지 마음작용[오심五心]

어떤 대상을 인식할 때 인식대상을 향해 일어나는 마음작용[심리작용]을 살펴보면 다섯 가지 마음이 차례로 일어난다.

a. 솔이심率爾心; 어떤 대상을 인식하려할 때 먼저 어떠한 분별이나 판단이 없이 대상인 물질과 순수하게 접촉하는 찰나의 마음이다.

b. 심구심尋求心; 대상과의 접촉이 일어난 다음 단계에 그것이 무엇인가 파악하려는 마음이다.

c. 결정심決定心; 어떠한 분별력도 없이 거의 직관적으로 대상이 무엇이라고 결정하는 마음이다.

d. 염정심染淨心; 대상에 대해 원한이 있는 것에는 좋지 않은 감정[고수苦受]을 내고, 친숙한 것에는 좋은 감정[낙수樂受]을 내고, 그저 그런 것에는 아무런 감정도 내지 않는[불고불락수不苦不樂受] 마음이다.

e. 등류심等流心; 분별심을 내어 감정을 일으키게 되면 그 인식 세

력들은 마음 가운데 저장되어 마치 흐르는 물처럼 시시각각으로 계속해 흐르는 마음이다.

빛나는 빨간 물체를 처음 보고[솔이심], 저게 무엇인가하고 살피게 되고[심구심], "아, 이건 루비다."하고 판단하고[결정심], '참 좋다.'생각하고[염정심], 집에 돌아와서도 생각이 난다[등류심].

솔이심과 심구심과 결정심은 아직 선善도 불선不善도 아니다. 염정심으로 선과 불선에 따른 증오나 사랑 따위의 번뇌가 일어난다. 다섯 인식작용은 의식에 이끌려 선악이 된다.

④인식과정의 네 단계[사분설四分說]

현상계의 모든 존재는 오직 우리가 가진 인식으로부터 드러난다는 원리를 밝힌다. 이는 인식주체를 깊이 분석한 이론으로, 인식하는 주체의 심리상태를 밝히고 인식하는 과정을 네 단계로 나눈다.

a.상분相分; 인식은 무엇인가 대상이 있어야 하는데 그 대상을 말한다. 대상을 인식할 때 겉으로 드러난 사물을 그대로 인식하는 게 아니고, 인식대상을 일단 마음속에 그리고 난 후에 이를 인식하는데 이는 대상이 있더라도 인식할 수 있는 범위에 들어오지 않으면 인식할 수 없기 때문이다. 이때 마음속에 그려진 것을 상분相分, 객관客觀이라고 한다.

b.견분見分; 마음속에 그려진 대상에 작용하는 인식주체를 말한다. 상분을 드러냄과 동시에 그것을 인식하는 작용이 생기는

데 이 인식작용에 해당하는 것을 견분見分, 주관主觀이라고 한다. 바깥 경계를 대상으로 하므로 순수한 마음의 분체는 되지 못한다.

c.자증분自證分; 견분의 깊은 곳에 있으면서 견분이 상분을 인식할 때 그 인식적인 판단을 착오 없이 잘 하는가 등을 주관하는 마음을 말한다.

d.증자증분證自證分; 자증분을 아는 작용이다. '증자증분이 없다면 자증분이 무엇으로 존립할 수 있는가?'하는 의문이 생길 수 있으므로 그 해결을 위해서도 증자증분의 존재는 인정된다.

붉은 꽃을 보고 있는 자신을 자각할 때 붉은 꽃은 상분이고, 보고 있는 것은 견분이고, 붉은 꽃을 보고 있는 자신을 아는 것이 자증분이고, 붉은 꽃을 보고 있는 자신을 알고 있는 자신을 증자증분이라고 한다.

상분과 견분은 바깥 경계만을 대상으로 하며, 자증분과 증자증분은 마음 깊은 곳을 향해 작용을 한다. 원효는 증자분이 필요하지 않다고 주장했다. 디그나가진나陳那와 찬드라빨라Chandrapāla, 호월護月논사는 상분·견분·자증분이 모두 일어나야만 올바른 인식이 이루어질 수 있다고 주장했다.

⑤인식대상의 세 종류[삼류경설三類境說]

앞의 사분四分 가운데 인식하려는 객관계인 상분相分에 관해서 자세히 설명해 인식대상의 종류와 성질을 셋으로 나누었다.

a.성경性境; 다섯 의식이 대면하든 대면 안하든 그대로 의연하게 존재하는 대상을 말한다. 본질을 갖고 있는 것으로 실재성[본질本質]을 갖는다. 꽃은 좋아하든 싫어하든 사람의 인식과 관계없이 존재한다.

b.독영경獨影境; 본질이 아니고 분별력 등에 의해 잘못된 영상이 나타나는 대상을 말한다. 실재성을 갖지 못한 환각幻覺이나 의식이 단독으로 나타난 환영幻影과 같은 것으로 오직 견분見分만을 따른다.

c.대질경帶質境; 성경性境과 독영경獨影境의 중간적인 존재로 본질을 가지고 있으나 본질과는 거리가 있는 대상을 말한다. 대상에 자신의 의미가 반영되거나 멋대로 해석이 부여되는 착각과 착시현상 등과 같은 것이다. 예를 들어 새끼줄을 뱀으로 볼 때 새끼줄인 본질은 있으나 잘못 인식한 뱀은 없다. 이때 뱀은 대질경이 된다.

⑥세 가지 판단[삼량三量]

대상을 인식할 때 어떻게 판단하는가를 세 종류로 나눈다.

a.현량現量; 대상의 명칭이나 성질 등에 의한 인식을 떠나 대상의 본래 모습을 있는 그대로 헤아리는 판단이다. 경험·판단·추리를 거치지 않고 대상을 직접 판단하는 직관直觀이라 할

수 있다. 장미를 보는 순간 장미라는 판단하기 이전에 직감적으로 인식하는 것을 말한다.
b.비량比量; 명확하게 드러나지 않는 대상을 여러 가지로 비교해 판단하고 유추해 헤아리는 판단이다. 아는 걸 바탕으로 헤아리는 추리推理라 할 수 있다. 어떤 대상을 보고 그걸 표현하기 위해 언어를 사용하면 비량이다. 연기가 피어오르는 것을 보고 거기에 불이 있다고 인식하는 것을 말한다. 올바른 판단을 내릴 때도 있지만 그릇된 판단을 할 수도 있다.
c.비량非量; 산란한 마음으로 대상을 착각하고 망상하여 잘못한 판단이다. 먼 산에 안개가 피어오르는 것을 연기로 잘못 보고 산불이 일어났다고 잘못된 판단을 하는 경우와 같다.

⑦세 가지 분별[삼분별三分別]
대상을 식별하는 정신작용을 셋으로 나누어 설명한다.
a.자성분별自性分別; 모든 대상의 본래 모습을 어떠한 사려분별이나 선입견 없이 직관적으로 인지하는 정신작용이다.
b.수념분별隨念分別; 일찍이 경험한 일이 있는 기억이나 인상과 함께 분별하는 정신작용이다.
c.계탁분별計度分別; 과거나 현재, 더 나아가 미래에 경험하지도 않고 나타난 적도 없는 어떤 대상을 자기 마음대로 떠올려 추측하고 상상하는 정신작용이다.

⑧세 가지 성질[삼자성설三自性說]

유식학에서는 이 세상에 존재하는 모든 것들을 성립된 성질에 따라 두루 분별한 성질[변계소집성遍計所執性], 다른 것에 의존한 성질[의타기성依他起性], 올바르게 이루어진 성질[원성실성圓成實性]로 분류했다.

a.변계소집성遍計所執性; 두루 분별한 성질로, 올바르지 못한 견해 등으로 실체가 없는 것을 마치 실체가 있는 것으로 착각하는 모든 존재를 말한다. 합리적·이성적이지 못하고 편견과 선입견과 감정적으로 판단하는 환상이나 착각과 같은 존재들이다.

b.의타기성依他起性; 다른 것에 의존한 성질로, 여러 조건들과 서로 의지하고 관련하여 생성된 모든 존재를 말한다. 이 세상에 존재하는 모든 것들은 혼자서 존재하는 게 아니라 어떠한 것들과 인연이 되어서 생성된다고 한다. 붓다의 근본 가르침인 연기緣起사상과 같다.

c.원성실성圓成實性; 올바르게 이루어진 성질로, 위의 두 가지 잘못된 성질들을 벗어난 진실하고 올바른 실체를 말한다. 모든 존재는 서로 의지하고 관계하며 존재하고 있으며, 우리들의 인식 또한 무수한 요소들이 작용한다고 자각하고 인식해서 그대로 받아들이는 것이다.

의식의 세 가지 성질을 비유로 설명해 보자. 어떤 사람이 저녁에 길을 가다가 뱀을 보고 깜작 놀랐다. 그러나 자세히 보니 그것은 새끼줄이었다. 새끼줄인 줄 알기 전에는 공포를 느꼈으며 뱀인 줄 알았으나 새끼줄임을 알았을 때 뱀은 헛것이었고 실재하지 않았다. 이때 뱀은 두루 분별한 성질에 의한 것이었다. 평소 얼룩진 물체가 꼬여있으면 뱀이라고 생각하고 있었기 때문에 꼬인 물체를 보고 뱀이라 생각한 것이다. 그러면 새끼줄은 실재하는가? 새끼줄 역시 실제로는 짚으로 꼬아서 만든 것으로 다른 것에 의존한 성질이다. 뱀도 아니고 새끼줄 또한 짚으로 꼬인 것일 뿐 실재하지 않는다는 사실을 바로 인식하는 것이 올바르게 이루어진 성질이다.

　범부의 인식과 붓다의 인식은 질적으로 다르다. 범부가 붓다가 되기 위해서는 인식의 질적인 변화가 필요하다. 다른 것에 의존한 성질[의타기성依他起性]이 번뇌로 물들어 있기 때문에 두루 분별한 성질[변계소집성遍計所執性]이 일어나게 되므로, 다른 것에 의존한 성질이 없어지면 두루 분별한 성질이 사라지고 올바르게 이루어진 성질[원성실성圓成實性]을 얻게 된다. 이는 나에 대한 집착[아집我執]과 모든 존재에 대한 집착[법집法執]을 버리고 번뇌를 끊음으로써 이루어진다. 즉 모든 것이 공임을 깨닫지 못하면 분별의 세계[변계소집성遍計所執性]가 되고, 모든 것이 공임을 깨달으면 참다운 세계[원성실성圓成實性]가 열린다.

깨닫지 못한 중생	의타기성 = 변계소집성, 나와 법을 집착
깨달은 붓다	의타기성 = 원성실성,　모든 게 공임을 깨달음

⑨세 가지 무자성설[삼무자성설三無自性說]

현상계를 그 성질에 따라 셋으로 나누어 살펴본 것이 앞의 삼자성설三自性說이라면, 모든 사물의 원리와 법칙 등으로 일컬어지는 본체계를 살펴본 것이 세 가지 무자성설이다.

a.상무자성설相無自性說; 모든 존재의 모습은 그 자체의 형상이 고정된 것이 아니라 변하므로 고정불변의 모습은 없다는 내용이다. 변계소집성에 대한 관찰이다.

b.생무자성설生無自性說; 모든 존재는 여러 가지 인연에 따라 일시적으로 성립된 것이므로 본래부터 생성된 것이 아니라는 내용이다. 의타기성에 대한 관찰이다.

c.승의무자성설勝義無自性說; 모든 존재의 근본원리는 아무런 모양이나 색깔 등이 없다는 내용이다. 원성실성에 대한 관찰이다.

나. 말나식manas, 末那識

마나스manas는 √man(생각한다)에서 생긴 말로 분별식分別識이라고도 하는데, 이는 감각 기관을 통해 감각 대상을 받아들이고 분별하여 어리석음, 착각, 교만, 애착 등을 일으키기 때문이다. 또한 '생각하고 헤아린다.'고 하여 사량식思量識이라고도 한다.

말나식은 자아의식과 이기심의 근원이라 할 수 있으며, 의식이 의지하는 곳이면서 아뢰야식에 의지해 활동한다. 이 식은 평등하고 지혜로운 무아無我의 마음을 착각하여 나에 대한 집착과 법에 대한 집착 등의 근본번뇌를 일으킨다. 그리하여 안으로 마음이 혼탁해지고, 참 나를 망각하기도 하고[아치我痴], 나에 대한 편견을 일으키기도 하고[아견我見], 자기 자신만 제일이라는 생각을 하고[아만我慢], 자신에 대한 애착으로 배타적인 차별심을 내는[아애我愛] 네 가지 근본번뇌를 일으킨다.

말나식은 선과 악의 마음작용을 끊임없이 일으키고 많은 업을 짓도록 해서 윤회하는 원동력이 된다.

다. 아뢰야식阿賴耶識, ālaya-vijñāna

아뢰야식은 말나식의 뿌리와 같은 역할을 하므로 근본식根本識이라고 한다. 그리고 저장식貯藏識이라고도 하는데, 감각기관을 통해 감각대상을 받아들여 분별해 저장하기 때문이다. 어떤 인식기능이 있으면 다음 찰나의 작용을 일으키는 힘이 있게 되는데 이를 식물에 비유하여 종자bīja라고 한다. 식물의 종자는 땅 속에 묻혀 인간의 눈에는 보이지 않지만 적당한 온도나 물과 햇빛 등의 조건을 갖추면 싹을 틔우고 잎을 내고 꽃을 피우고 열매를 맺는 것처럼, 인간은 자신의 경험을 보존하고 있다가 조건이 맞으면 행위로 나타낸다. 종자를 습기習氣라고도 부른다. 습기란 어떤 작용이 있었을 때 뒤에 남은 힘이다. 습기가 행위 뒤에 남아서 다른 것에 영향을 주는 것을 훈습熏習이라고 한다. 이는 향을 피워 옷에 스며들게 하면 옷에서 향냄새가 나는 것을 비유해서 만들어진 용어다.

현재 생명체로서 현실을 전개하는 주체가 되는 동시에 윤회의 주체가 되며, 단절되지 않고 과보를 받는다는 의미에서 과보식果報識이라고도 한다. 전생과 현생 그리고 내생으로 윤회하면서 다른 과보를 받게 하는 기능을 가지고 있으므로 이숙식異熟識이라고도 한다. 아뢰야식은 과거 모든 경험과 현재와 미래를 만들어내는 에너지다.

부파불교에서 생겨난 여러 사상이 대승불교로 이어져 인식주체 속에 잠재의식과 무의식의 영역이 설정되고 그곳에 종자가 저장되어 있다는 사상으로 확립되었다. 우리가 선업을 행하든 악업을 행하든 이 아뢰야식에 수용될 때에는 선善도 아니고 악惡도 아닌 무기성無記性으로 저장된다.

우리들의 모든 행위는 씨앗[종자種子]이 되어 아뢰야식에 저장되고, 계속적으로 새로 짓는 업에 의해 싹터 자라고 성숙하게 된다. 그리고 열매가 완전히 성숙하면 과보가 되어 다시 우리가 체험하게 되는 것이다.

우리가 지은 업이 아뢰야식에 저장되었다가 길흉화복으로 다시 나타난다는 내용으로 업과 과보를 설명한 것이 바로 아뢰야식연기론阿賴耶識緣起論이다.

안식(眼識)			
이식(耳識)			
비식(鼻識)	전오식(前五識)	감각	표층심리
설식(舌識)			
신식(身識)			
의식(意識)	육식(六識)	지각	
말나식(末那識)	칠식(七識)	자기집착심	심층심리
아뢰야식(阿賴耶識)	팔식(八識)	근본마음	

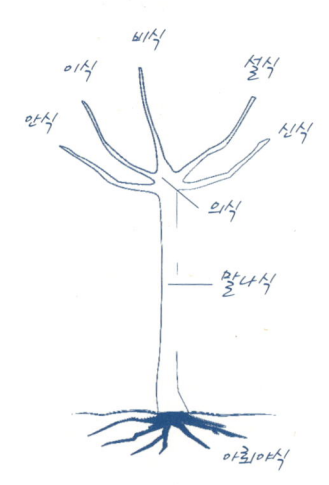

마음을 나무에 비유하면 다섯 인식작용은 나뭇가지고, 의식은 나뭇가지가 모인 곳이고, 말나식은 나무줄기고, 아뢰야식은 나무뿌리다.

(2) 마음작용[심소법心所法]

위의 여덟 가지 마음에 의해 일어나는 정신작용으로 분노·느낌·질투·집중·탐욕·우울·믿음 등 쉰한 가지로 분류한다. 마음에 소유

되어 활동하는 심리작용으로 마음에 따라 일어나고, 상응해 일어나므로, 마음을 떠나서 존재할 수 없다.

가. 마음작용의 내용

①변행심소법遍行心所法

모든 대상에 두루 나타나 마음과 반드시 함께 상응해 일어나는 다섯 가지 심리작용이다.

  a.접촉[촉觸, sparśa]; 감각기능[근根]과 감각대상[경境]과 인식작용[식識]이 서로 화합하는 걸 말한다. 우리가 어떤 것을 인식하는 일은 감각기능과 감각대상과 인식작용이 서로 만남으로써 가능하며, 이 셋 중 어느 하나라도 결여되면 인식할 수 없다.

  b.작의作意, manaskāra; 특정한 방향을 향해 집중하는 마음작용이나 동일한 대상에 언제나 반복해서 마음을 고정하는 작용이다. 잠자고 있는 마음에 자극을 주어 마음을 환기시키고 자각시키는 마음작용이다. 그러므로 알려고 하는 능동적인 마음이 일어나지 않으면 어떤 것도 볼 수 없으며, 들어도 들리지 않는다.

  c.느낌[수受, vedanā]; 특정한 방향으로 마음을 집중하여 대상을 받아들이는 작용 곧 감수작용을 말한다. 우리는 외부로부터 대상을 있는 그대로 객관적으로 받아들이지 못하고 자기 주관적인 감각이나 감정을 가지고 받아들인다.

  육체적으로 괴롭다[고苦], 즐겁다[락樂], 괴롭지도 즐겁지도 않다[사捨, 불고불락不苦不樂] 셋으로 나누고, 여기에 정신적으로 좋다[호好], 싫다[오惡]를 더해 다섯으로 나누기도 한다.

d.관념[상想, saṃjñā]; 받아들인 대상을 구별하는 식별작용을 말한다. 감각기능을 통해 얻어진 대상을 표현하기 위해서는 언어가 필요하다. 대상을 단지 정리하면서 이해할 뿐만 아니라 동시에 그 대상에 언어를 부여해 간다. 앞의 느낌이 감정적인 심리작용의 근본이라면, 관념은 이성적인 심리작용의 근본이라 할 수 있다.

e.갈망[사思, cetana]; 대상에 구체적인 행동을 하게하는 의지적인 마음작용을 말한다. 선한 의지로 마음이 작용하면 선업이 생기고, 악한 의지로 마음이 작용하면 악업이 생긴다.

여기서 ⇔는 상호작용관계를 말하며, 표층의 외부 자극으로부터 활성화될 수도 있고[in-put], 심층의 잠재의식이 표출될 수도 있다[out-put].

②별경심소법別境心所法
속성에 따라 각각의 다른 경우에 하나 내지 다섯 가지가 함께

일어나는 심리작용이다. 바람[욕欲]·뛰어난 견해[승해勝解]·기억[념念]·선정[정定]·지혜[혜慧].

③선심소법善心所法

선한 마음 가운데 일어나는 열한 가지 심리작용이다.

믿음[신信]·뉘우침[참慚]·부끄러움[괴愧]·탐내지 않음[무탐無貪]·성내지 않음[무진無瞋]·어리석지 않음[무치無痴]·노력함[근勤]·마음이 쾌적하고 편함[경안輕安]·부지런함[불방일不放逸]·평등심을 가짐[행사行捨]·해치지 않음[불해不害].

④번뇌심소법煩惱心所法

항상 일어나 마음을 어지럽히거나 혼탁케 하며, 이로 말미암아 생사를 윤회하게 하는 여섯 가지 심리작용이다.

탐욕[탐貪]·성냄[진瞋]·어리석음[치痴]·자만심[만慢]·의심[의疑]·나쁜 견해[악견惡見].

⑤수번뇌심소법首煩惱心所法

근본번뇌가 일어날 때에 함께 따라서 일어나는 스무 가지 심리작용이다.

화냄[분忿]·원한[한恨]·가림[복覆]·고뇌[뇌惱]·질투[질嫉]·아낌[간慳]·속임[광誑]·아첨[첨諂]·해침[해害]·교만[만憍]·뉘우침이 없음[무참無慚]·부끄러움이 없음[무괴無愧]·들뜸[도거掉擧]·혼침惛沈·불신不信·게으름[나태懶怠]·방탕[방일放逸]·건망증[실념失念]·산란散亂·바른 것을 모름[부정지不正知].

⑥부정심소법不定心所法

결정된 성품이 없어 선善·악惡·무기無記의 어떤 마음과 마음작용과도 상응해 결정된 성품이 없는 네 가지 심리작용이다.

후회[회悔]·수면[면眠]·찾음[심尋]·살핌[사伺].

(3) 물질[색법色法]

　물질이나 형상을 뜻하며 우리의 감각기능인 오근五根과 감각대상인 오경五境 그리고 생각의 영역에 속하는 물질 열한 가지로 분류한다.

　①다섯 감각기능[오근五根];다섯 감각기능인 눈·귀·코·혀·몸을 말한다. 감각기관에 '뿌리' '근본' '바탕'을 의미하는 '근根'을 붙인 이유는 인식활동이 감각기능을 통해 이루어지기 때문이다.

　②다섯 감각대상[오경五境]; 다섯 인식기능이 각각 인식하는 대상으로 형상과 색깔·소리·냄새·맛·감촉을 말한다.

　③무표색無表色; 우리 생각 속에 관념상 존재하는 것으로 비록 형상 등은 없으나 어떤 개념이나 명칭 등으로 인식되는 대상을 말한다. 물질만 물질이 아니라 기억하거나 상상하는 대상과 같이 무형적인 것까지도 존재로 여긴다.

(4) 마음과 함께 일어나지 않는 작용[심불상응행법心不相應行法]

　마음이나 물질도 아닌 존재로서, 물질과 마음작용에 일시적으로 이름을 세운 것을 말한다. 이에는 득得·명근命根·시時·수數·방方·문장 등과 같이 의식의 대상으로 스물네 가지로 분류한다. 예를 들면 무정물인 책에 문장이 쓰여 있을 수 있고, 무정물인 번개가 발생할 수도 있는데 이는 마음과 함께 하는 것이 아니다.

(5) 조작함이 없음[무위법無爲法]
현상계에서 생멸변화하는 유위법이 아닌 독립적으로 스스로 존재하거나 상주불변하는 것을 말한다.
　①허공虛空; 다른 것에 의해 장애되지도 않고, 또 다른 것을 장애하지도 않으면서 모든 것을 포용해 자유자재하고 상주불변하는 공간을 말한다.
　②택멸擇滅; 택擇이란 간택揀擇의 뜻으로 바르게 변별하여 판단하는 무루無漏의 지혜를 말하며, 멸滅이란 적멸寂滅의 뜻으로 모든 번뇌의 속박을 벗어난 열반의 상태를 말한다.
　③비택멸非擇滅; 현상계의 유위법은 연緣과 화합해 생겨나고 연緣과 화합하지 못하면 생겨나지 않는데 이러한 것은 우리 지혜가 필요하지 않으므로 비택멸非擇滅이라 한다.
　④부동不動; 마음이 산란한 상태를 벗어나 오직 평등한 마음에 머물러 있으므로 부동심이라고 하며, 이는 진리의 세계에 있는 것과 다름이 없다.
　⑤상수멸想受滅; 대상을 마음으로 받아들이고, 상상하는 정신작용과 괴롭고 즐거움 등을 느끼는 마음이 없을 때 나타나는 진여와 같은 경지를 말한다.
　⑥진여眞如; 진眞이란 '진실해 허망하지 않음', 여如는 '변화하지 않

음'을 뜻하며, 진실은 어느 곳에서나 항상 그 본성에 머물러 있기 때문에 진여라고 한다.

인연이 모여 형성된 법인 유위법有爲法은 앞의 넷이며, 인연 따라 형성된 법이 아닌 것은 무위법無爲法이라고 한다. 세상의 모든 존재는 위의 백 가지 법들 가운데 몇몇이 서로 얽혀서 전개되고 있는 것이다.

예를 들어 내가 아름다운 여인을 바라보며 환희심을 갖는 것은 마음 가운데 안식과 의식과 말나식과 아뢰야식이 작용하고, 마음작용 가운데서는 접촉, 작의, 느낌, 관념, 갈망, 집중 등이 작용하고 있는 것이다.

유식학에서 5위 100법으로 분류한 것은 우리 체험을 분석한 후 번뇌나 착하지 못한 마음[불선不善]에 해당하는 것들을 하나하나 제거해 나감으로써 우리 인격을 향상하여 마침내 깨달음에 이르기 위해서다.

4. 유가수행

유식학에서는 번뇌로 오염되어 그릇되게 인식하고 있는 것들을 수행의 힘으로 정화하고 전환해 참다운 지혜를 얻어가는 과정이 수행의 과정이다.

1) 인식을 전환해 참다운 지혜를 얻는다[전식득지轉識得智]

유식사상에서 인간은 본래의 청정한 마음과 지혜의 실천을 방해하는 번뇌도 함께 가졌다고 한다. 그러나 번뇌는 물거품과 같은 일시적인 현상이므로 이를 정화하면 청정한 마음을 회복할 수 있다고 한다.

중생은 모든 존재를 자신의 의식과 말나식을 통해 분별해 받아들임으로써 진리를 올바로 관찰하지 못한다. 중생은 청정한 본성을 가지고 있으나 번뇌에 의해 가려져 있으므로 번뇌를 제거하는 수행으로 오염된 의식을 제거하면 지혜를 얻을 수 있다고 한다. 그러므로 유식사상의 핵심은 유식 수행을 통해 구경위究竟位에 도달하고 식을 전환하여 지혜를 얻도록 하는 것[전식득지轉識得智]이다.

그렇게 하면 안식·이식·비식·설식·신식 다섯 인식작용은 성소작지成所作智가 되고, 제6식인 의식은 묘관찰지妙觀察智가 되고, 제7식인 말나식은 차별이 없는 평등성지平等性智가 되고, 제8식인 아뢰야식은 대원경지大圓鏡智가 된다.

①성소작지成所作智; 모두 이루게 되는 지혜로 모든 사람에게 이익을 주기 위해 변화를 드러내 보이는 지혜다. 원력으로 마땅히 이루어야 할 일을 스스로 알게 된다.

②묘관찰지妙觀察智; 잘 관찰하는 지혜로 모든 존재의 참된 모습을

그대로 관찰하는 지혜다. 모든 것이 공空함을 깨달음으로써 생기게 된다.

③평등성지平等性智; 차별이 없는 평등한 지혜로 나와 남을 평등하게 보는 지혜. 말나식은 자신에 대한 집착과 함께 생기므로 평등한 대비심을 일으킬 수 없다. 인식의 질적인 변화를 통해 나에 대한 집착을 끊고 모든 존재가 평등하다는 진리를 깨달을 때 나와 남이 평등하다고 볼 수 있다.

④대원경지大圓鏡智; 있는 그대로 아는 지혜로 거울과 같이 무심하게 대상을 비추는 지혜. 대상을 알려고 하는 집착 때문에 분별이 생긴다. 깨달은 자가 가진 지혜는 있는 그대로 아는 지혜로써 거울과 같은 지혜다.

전오식前五識	→	성소작지成所作智
의식意識	→	묘관찰지妙觀察智
말나식末那識	→	평등성지平等性智
아뢰야식阿賴耶識	→	대원경지大圓鏡智

이렇게 번뇌로 더렵혀진 식을 수행을 통해 정화하고 전환해 지혜를 얻게 되는 식을 따로 아마라식Amala-vijñāna, 阿摩羅識이라고도 하며, 이를 번역해 더러움이 없는 식[무구식無垢識]이라고도 한다.

2) 수행의 단계

유식학에서도 사마타śamatha, 지止와 위빠사나vipaśyanā, 관觀를 수행하는데 사마타는 산란하고 부질없는 마음을 한 곳에 집중하는 수행[지심止心]이며, 위빠사나는 지극한 마음으로 주의 깊게 관찰觀察하는 수행[관심觀心]이다.

유식을 수행하는 자를 '유가를 실천하는 사람[유가사瑜伽師]'라 불렀으며, 이들 학파를 유가행파瑜伽行派라고 했다. 마음을 집중하여 관찰하는 지관 수행은 불교의 공통적인 수행이지만 유식학파에서는 이로써 대승보살도의 체계를 세웠다. 『대승장엄경론大乘莊嚴經論』에는 다음과 같은 유식수행의 단계로 발전시켰다.

① 붓다의 가르침인 경전을 독송하거나 스승에게서 잘 듣고 이해하며
② 붓다의 가르침을 더 철저하게 이해하기 위해 스스로 체험을 하도록 하며
③ 그리하여 번뇌의 근원이 끊어지고 번뇌가 없는 세계가 열리게 됨으로써 마음이 현상이나 주관에 사로잡히지 않게 되고
④ 이 세상에 존재하는 모든 존재나 현상은 영원불변하는 것이 아니라는 걸 확실하게 관찰하고
⑤ 참다운 진리를 깨달음으로써 자신과 남을 구별하지 않고 중생과 평등한 입장에 서서 번뇌를 완전히 벗어난다.

수행방법은 보살의 수행으로서 먼저 십주十住·십행十行·십회향十廻向 세 현인[삼현三賢]의 단계를 밟아야 한다. 그리고 십지十地의 수행을 닦아야만 원만한 수행과정을 마칠 수 있다고 한다. 이와 같은

수행은 대승불교의 전형적인 수행론이며 점진적으로 나아가는 점을 중요하게 여긴다.

3) 다섯 수행단계[오위五位]

깨달음으로 나아가는 유가의 수행과정을 양식을 준비하는 단계, 더욱 수행하는 단계, 통달한 단계, 닦고 익히는 단계, 마침내 이른 단계로 구분한다.

가. 양식을 준비하는 단계[자량위資糧位]

자량資糧이란 '재물과 식량'이란 뜻으로, 수행의 첫 걸음이다. 먼 길을 가기 위해서는 교통비와 식량이 필요하다. 『성유식론』에서는 유식의 수행을 위해서는 네 가지 힘을 가져야만 한다고 했다.

①우리가 본래 소유하고 있는 깨달음으로 향하고자 하는 힘[인력因力]이 있어야한다. 붓다의 가르침을 믿고 이해하는 것을 우선해야 한다는 것이다.

②좋은 벗을 만나야 한다[선우력善友力].

③지혜를 얻고자 하는 굳은 의지가 필요하다[작의력作意力].

④자신을 계속 향상하여 가는데 있어 필요한 지혜와 복덕을 충분히 갖추어야 한다[자량력資糧力].

이 단계를 수행하는 중에 세 가지 물러서고자하는 마음이 일어난다고 한다. 첫째 진리가 깊고 넓어서 깨달음에 이르기까지 오랜 세월이 소요되므로 불가능하다고 생각해 물러서고자 하는 마음이다. 이때는 '이미 깨달음을 얻었으며, 지금도 깨달아 있는 붓다가 실제로 존재한다. 그들도 본래 범부였으니 나도 할 수 있다.'고 스스로 다짐해야 한다.

둘째는 바라밀의 수행이 너무 힘들다고 물러서고자 하는 마음이다. 이때는 '스스로 반성해 본심을 끝까지 추궁해 들어가 보리심을 확고히 하고, 보시 등을 실행하는 일이 가능하다.'는 마음을 이끌어내야 한다.

셋째는 모든 것이 원만한 붓다와 같이 되는 일은 극히 어렵다고 물러서고자 하는 마음이다. 이때는 '좋은 행위를 하게 되면 죽은 뒤 자신이 원하는 세계에 태어나는 일이 가능하다. 우리에게 아무런 장애가 없고 훌륭하고 좋은 수행을 하면 언젠가는 원하는 일이 이루어지지 않겠는가? 깨달음을 얻는 일은 결코 꿈이 아니다.'는 마음을 확고히 해야 한다.

이 단계에서는 지엽적인 번뇌는 정화할 수 있으나 근본적인 번뇌는 아직 정화하지 못해 망령되고 분별하는 마음이 일어난다. 그러므로 지혜를 얻으려는 수행[지혜행智慧行]과 더불어 복덕을 쌓으려는 수행[복덕행福德行]도 함께 닦아야 한다.

나. 더욱 수행이 깊어지는 단계[가행위加行位]

대상이 존재하지 않음을 알고 그것을 받아들이는 마음도 역시 존재하지 않는다는 것을 깨달아서 번뇌가 없는 세계로 나아가는 수행이 깊어지는 단계다. 이처럼 붓다의 가르침을 체험하는 수행을 하면 자연히 몸과 마음이 경쾌해지고 신심은 더욱 굳어지고 여러 신비한 일들을 겪게 된다. 그리고 난煖·정頂·인忍·세제일법世第一法 네 가지 선근善根이 차례로 생겨난다.

 ① 바깥 대상에 부여된 명칭은 다만 거짓으로 이루어진 것일 뿐 진실한 실체는 없다는 걸 알며[난煖]
 ② 대상은 환상과 같이 주관에 따라 거짓으로 이루어진 걸 알며[정頂]
 ③ 바깥 대상에 대한 집착을 완전히 끊어버리고[인忍]
 ④ 대상을 받아들이는 마음도 없다고 깨닫게 된다[세제일법世第一法].

다. 통달하는 단계[통달위通達位]

도를 보는 지위[견도위見道位]라고도 한다. 앞의 두 위치를 거치면서 진리에 대한 확실한 믿음이 생겨나 모든 존재의 성품과 형상을 바르게 볼 수 있는 경지를 말한다. 이처럼 진리를 바르게 보고 몸소 체득한 경지이므로 기쁨에 찬 지위[환희지歡喜地]라고도 한다. 그러나 이 경지에서도 우리 자신에게 남아있는 번뇌는 항복되기도 하지만 다시 일어나기도 하므로 수행을 계속해야 한다.

라. 닦고 익히는 단계[수습위修習位]

통달한 단계에서 정화하지 못한 부분을 마저 정화하기 위해 끊임없이 수행하는 단계다. 긴 기간에 걸쳐 끊임없이 수행해 몸소 체득한 무분별지로 아뢰야식에 있는 나머지 번뇌를 없애기 위해 수행하는 단계다.

마. 마침내 이른 단계[구경위究竟位]

오랜 기간을 통해 수행을 한 결과 마침내 깨달음을 얻어 열반의 경지에 머무는 단계다. 그리하여 전5식은 성소작지로, 제6의식은 묘관찰지로, 제7말나식은 평등성지로, 제8아뢰야식은 대원경지로 전환된다. 그리하여 8식이 모두 붓다의 지혜로 바뀌게 된다.

다섯 수행단계를 대승보살의 수행단계와 대조하면 다음과 같다.

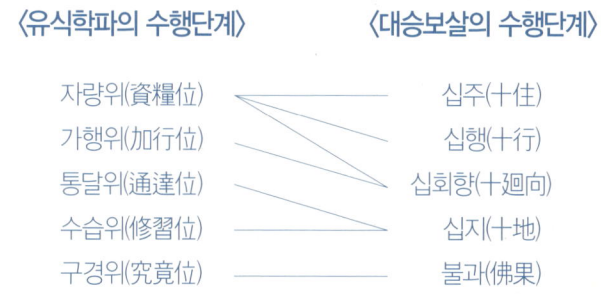

유식사상의 의미는 먼저 잘못된 생각에 빠진 우리들 각자의 마음을 알고, 자신의 본래 성품이 진리 그대로라는 걸 깨닫게 하기 위해서다. 그리하여 스스로 잘못된 생각을 정화하고 본래 성품에 도달해 마침내 깨달음을 얻도록 하기 위해서다.

05 밀교密敎사상

1. 밀교의 성립과 전개
2. 교상판석-현교顯敎와 밀교密敎
3. 밀교경전
4. 밀교의 특징
5. 밀교사상의 내용
6. 밀교 수행

밀교란 '비밀불교秘密佛敎'를 줄여 부른 말인데, 드러나지 않은 비밀스러운 가르침이라는 의미다. 밀교를 가리키는 일반적인 용어는 금강승金剛乘, Vajra-yāna이며, 서양에서는 에서테릭 부디즘Esoteric Buddhism, 딴뜨릭 부디즘Tantric Buddhism이라고 한다.

너무나 어려운 아비다르마교학을 비판하면서 새로운 신앙운동으로 일어난 대승불교가 시간이 흐르면서 아비다르마불교로 되돌아가자 4세기경 민중들은 다시 새로운 불교를 찾았다. 그리하여 당시 인도인들에게 큰 지지를 받고 있는 힌두교의 주술적인 요소와 신비성, 그리고 의례적인 요소를 받아들여 밀교라는 새로운 불교가 탄생했다.

  7세기이후에는 『대일경大日經』과 『금강정경金剛頂經』과 같은 밀교경전이 성립되고 점차 독립적인 교리체계와 수행체계를 이루었다. 밀교는 중생의 세계에서 깨달음의 세계를 향해 나아가는 과정보다 깨달음의 세계에서 모든 교리와 사상을 펼쳐 보인다.

  이슬람의 탄압으로 인도에서 불교가 사라지면서 밀교는 티벳으로 들어가 티벳불교의 주요 사상으로 자리를 잡았다.

  인도 힌두교와 혼합해 변질된 불교라는 부정적인 평가를 받아왔던 밀교는 1920년경부터 산스끄리뜨 교정본이 출판되고 본격적인 연구를 통해 불교의 새로운 사상으로 인정받았다. 그리고 인간내면의 무한한 잠재력과 불교문화와 예술에 대한 연구가 활발해지면서 밀교에 대한 관심이 높아졌다. 특히 제14대 달라이 라마Dalai Lama가 이끄는 티벳불교의 세계적인 성황으로 20세기말부터 밀교는 더욱 많은 사람들의 관심을 끌었다.

1. 밀교의 성립과 전개

  출가수행자를 중심으로 이루어진 전문적인 불교교리와 개인 수행에만 몰두하던 부파불교를 비판하면서 재가신자들이 중심이 되어 새로운 신앙운동으로 일어난 것이 대승불교이다. 대승불교는 현실의 고통으로부터 벗어나 소망과 염원을 성취하려는 불교였다.

4세기전반 인도 대부분을 통일한 굽따왕조시대 다양한 신과 의례를 가진 토속신앙을 받아들인 힌두교는 교세가 대단히 확대되었다. 이에 자극을 받은 불교도들은 힌두교의 주술과 각종 의례를 받아들여 민중들의 종교적 욕구를 만족시키고자 했다. 그리하여 대승경전의 성립과 함께 경전 내용을 축약한 진언眞言과 다라니陀羅尼가 등장하게 되었으며 이를 통해 중생구호라는 불교의 본래적 정신을 구현하려고 했다.

밀교는 4~5세기경 힌두교 영향을 받아 탄생한 종파다. 힌두교 웨다veda와 밀교경전을 비교해 보면, 웨다의 제사의식이 밀교 호마법과 공양법 등의 기원이 되었다. 웨다에 나타난 질병과 자연재앙을 피하고 전쟁에서 적을 물리치거나 악귀를 쫓거나 풍년과 재산을 늘리는 방법 등이 밀교의 세간적 소망을 이루기 위한 기도법으로 받아들여졌다. 그리고 웨다에서 옴Oṃ 이나 스와하Svāha 등을 염송하는 법은 밀교수행의 모태가 되었다.

초기불교에서는 세속의 주술과 비법秘法의식들을 부정하는 입장을 취했다. 율장에 '세속의 주술과 비법을 행하면 바일제를 범한다.'고 했으며, '세속의 주술과 비법은 축생畜生의 학문이다.'고 하여 금지했다. 그러나 승가에서도 이러한 주문을 외우고 비밀법을 행하는 자가 점차 늘어가게 되었다. 그리하여 『십송율十誦律』과 『사분율四分律』과 같은 율장에서는 수양을 하는데 도움이 되는 독을 치료하는 주문과 복통을 치료하는 주문 같은 주문은 해도 좋다는 승인을 했다.

이후 민간비법과 힌두교의 주문법을 받아들이거나, 불교 특유의 진언을 창안해 내기 시작했다. 대승불교경전에 서서히 등장하던 밀교적 요소들이 4~5세기경부터 점차 증가되었다. 대승불교가 밀교화의 길을 걷게 된 것은 고통스런 현실의 삶에서 벗어나고 중생들을 깨달음으로 인도하기 위한 불교의 근본정신에서 비롯되었다고 할 수 있다.

인도 밀교역사를 초기·중기·후기로 나눌 수 있다. 초기밀교는 대승불교내에 밀교요소가 많아지고 정비된 시기며, 중기밀교는 『대일경 大日經』과 『금강정경 金剛頂經』이 성립되고 밀교사상과 의례가 체계를 갖춘 시기며, 후기밀교는 신비체험이 극대화되고 일반적으로 많은 오해를 받고 있는 성적性的인 요소를 갖고 있는 시기다.

1) 인도 밀교

(1) 초기밀교

4~5세기경으로 인도에서 유행한 힌두교의 신앙형태를 받아들여 밀교가 형성되기 시작하는 시기다. 다라니 독송과 함께 의례 집행을 통해 자기 목적을 달성하려했으며 병 치료, 부귀 획득, 수명 연장, 재앙 소멸 등 현세 이익에 집중되었다. 이 시기 밀교는 다라니를 중심으로 하고 체계가 잡히지 않은 밀교로서 대승경전 가운데 밀교 요소를 첨가하여 자리 잡는다.

(2) 중기밀교

6~7세기경으로 7세기 중엽에서 후반에 걸쳐 성립되었다고 생각되는 『대일경』과 『금강정경』을 기반으로 하는 밀교. 이 두 경전에서는 잡다한 초기 밀교경전에 비해 밀교사상과 실천이 한층 정비되고 질적으로 향상했다. 중기 밀교경전에서는 재난을 구호하고 복을 부르는 종교행위를 포함해 깨달음을 얻는 문제를 중심으로 조직적인 의례와 수행방법의 체계를 갖춘다. 이 시기 특징을 살펴보면 다음과 같다.

① 현세 이익을 위한 수행이 깨달음을 얻기 위한 수행으로 바뀌었다.
② 수행법이 조직화되고 삼밀三密수행이 결합된 형태로 나타난다.
③ 중관·유식·여래장사상 등 대승불교 교리를 적극 받아들인다.
④ 다양한 붓다와 보살을 체계화한 만다라로 정리하여 표현한다.
⑤ 경전의 본존이 샤카무니붓다에서 대일大日여래로 바뀌었다.

(3) 후기밀교

7세기이후로 수행방법을 중심으로 인도에서 성립한 딴뜨리즘의 전개와 함께 성립한 밀교로 딴뜨라밀교라고도 한다. 딴뜨라밀교의 교리와 수행 가운데는 성적·생리적인 부분이 있어서, 송宋나라 때 경전이 번역되기는 했으나 동양윤리관에 젖어있는 중국사회에서 수용되지 못했다.

구분	초기밀교	중기밀교	후기밀교
시대	4~5세기	6~7세기	7세기 이후
경전	대승경전	『대일경』『금강정경』	금강정경계 경전들
본존(本尊)	석가모니불	대일여래	아촉불 또는 본초불
삼밀(三密) 수행	미완성 (진언 위주)	삼밀(三密)의 완성	성(性)유가 등 비밀행법
분류	잡밀(雜密)	순밀(純密)	

2) 동북아시아 밀교

인도에서 성립한 밀교경전이 중국에 전래되면서 진언과 다라니 같은 밀교 소재가 대승경전에 섞인 채로 전해졌으나, 8~9세기경에 이르면 정비된 의궤儀軌와 함께 체계화된 밀교가 당唐나라에 전해지게 된다.

인도의 선무외善無畏, 637~735가 중앙아시아를 거쳐 당나라에 들어와 밀교의 근본성전인 『대일경大日經』을 번역함으로써 밀교는 대승불교의 여러 사상을 종합 정비한 철학으로 자리하게 되었다.

인도에서 바닷길로 당나라에 들어온 금강지金剛智, 669~714는 『금강정경金剛頂經』계통의 경전과 의궤를 번역했다. 밀교의 두 대가인 선무외와 금강지에 의해 중국에 밀교사상이 유행했다.

금강지의 제자인 불공不空, 705~774은 밀교의 깊은 이치를 깨달았고 인도에 가서 많은 밀교경전을 가져와 번역했으며, 밀교의 근본성전인 『금강정경金剛頂經』을 번역했다. 당나라 때 밀교가 가장 전승기를 누리게 된 데는 불공의 힘이 컸다고 할 수 있다.

선무외의 법을 전해 받은 일행一行, 673~727은 『대일경大日經』의 번역을 도왔으며, 『대일경소』를 찬술했다. 금강지와 불공이 직접 인도 밀교를 널리 전했다면 일행一行은 중국 천태교학을 기반으로 새롭게 중국밀교를 전개했다.

티벳은 745년 티손데첸왕재위 754~797때 인도에서 샨따락쉬따Śāntarakṣita,적호寂護와 빠드마 삼바와Padma Saṃbhava, 연화생蓮花生가 들어와 무상유가밀교無上瑜伽密敎를 전해졌다. 그들의 가르침은 티벳 토착종교인 뵌교Bön와 융합해 오늘날 티벳불교의 중심을 이루었다.

한반도에는 명랑明朗이 당나라에 들어가 밀교를 배우고 돌아왔으며 당나라가 670년 신라에 쳐들어올 때 문두루비법文豆婁秘法을 행해 물리쳤다는 기록이 있다. 그리고 밀본密本과 혜통惠通 같은 밀교승이 활약했다. 밀교는 전래될 때 치병과 호국 등의 방편을 보임으로써 불교를 영험한 종교로 인정받는데 기여했으며, 한국불교의 신앙과 수행 그리고 문화를 형성하는 데 많은 영향을 주었다.

동북아시아 불교에서는 밀교교학과 별도 경전이 만들어지기 전의 밀교를 잡밀雜密이라고 하고, 대일여래를 중심으로 밀교의 구체적인 교리와 실천수행법이 이루어진 이후를 순밀純密이라고 구분한다.

중국·한국·일본은 『대일경大日經』과 『금강정경金剛頂經』을 중심으로 한 밀교의 교학과 수행체계가 유행하게 되었으며, 인도와 티벳에서는 딴뜨라tantra를 중심으로 한 인도 후기밀교가 크게 유행했다.

2. 교상판석

불공不空. 705~774은 불교를 드러낸 가르침[현교顯敎]과 비밀스런 가르침[밀교密敎]으로 나누었다. 그러므로 비밀스런 가르침이 아닌 모든 가르침은 드러낸 가르침이며, 시대로도 초기불교와 부파불교 그리고 대승불교를 지나 밀교가 탄생했다.

드러낸 가르침은 붓다가 중생의 이해 능력을 알고, 그에 맞추어 드러나게 설하신 가르침이므로, 중생의 이해 능력에 따라 차별이 있다. 그러나 비밀스런 가르침은 붓다가 스스로 증득한 절대적 경계를 그대로 나타낸 가르침으로 차별이 없다. 그리하여 오랜 세월동안 어려운 수행과 고행을 하지 않고서도 붓다의 세 가지 비밀[삼밀三密]에 따르는 수행에 의지해 신속히 깨달음을 얻을 수 있다고 했다.

드러낸 가르침의 교주敎主는 중생교화의 방편으로 나타난 화신의 붓다[화신불化身佛]인 석가모니불이고, 비밀스런 가르침의 교주敎主는 수단과 방편을 여읜 진리의 붓다[법신불法身佛]인 대일여래大日如來라 한다.

구분	밀교(密敎)	현교(顯敎)
본존(本尊)	대일여래(大日如來)	석가모니불
설주(說主)	진리 자체[법신法身]	석가모니불[화신化身]
성불(成佛)기간	일생(一生)	3대겁(大劫)
수행	자신의 뜻에 의해 열어 보인 가르침	다른 사람에 의해 설명된 가르침

수행법	삼밀(三密)수행	선정(禪定), 지관(止觀)
깨달음의 표현	깨달음의 세계를 말로 나타낼 수 있다	깨달음의 세계를 말로 표현할 수 없다.

3. 밀교 경전

(1) 초기 밀교경전

신비적인 다라니의 힘으로 여러 가지 바람을 실현하고자 하는 것을 중심사상으로 하는 경전에는 『다라니집경多羅尼集經』·『공작명왕경孔雀明王經』·『일자불정륜왕경一字佛頂輪王經』·『불공견삭신변진언경不空羂索神變眞言經』·『금광명경金光明經』등이 있다.

① 『다라니집경多羅尼集經』; 많은 불보살의 단을 꾸미는 법과 진언·인계印契·공양법을 설한다.

② 『공작명왕경孔雀明王經』; 공작명왕다라니의 공적을 설하며 예로부터 호국을 위한 의식에서 중요시해 온 경전이다.

③ 『일자불정륜왕경一字佛頂輪王經』; 태장계의 다섯 붓다 가운데 보당불寶幢佛·개부화왕불開敷華王佛·무량수불無量壽佛·부동불不動佛 네 붓다를 설명한다.

④ 『불공견삭신변진언경不空羂索神變眞言經』; 금강계 다섯 붓다의 원시형태인 아촉불阿閦佛·보생불寶生佛·관자재불觀自在佛·불공성취불不空成就佛 네 붓다가 나타난다.

⑤ 『금광명경金光明經』; 담무참曇無讖이 412~433년 사이에 번역했

는데 밀교적인 요소가 많은 경전이다. 네 방향에 각각 붓다가 있다[사방불四方佛]고 하여 동방 아촉불阿閦佛·남방 보상불(寶相佛·서방 무량수불無量壽佛·북방 미묘성불微妙聲佛을 밝힌다.

이러한 경전들은 밀교의 만다라 성립에 영향을 주었으나 중앙의 대일여래에 관해서는 아무런 언급이 없다.

(2) 『대일경大日經』

경의 본래 이름은 『대비로자나성불신변가지경大毘盧遮那成佛神變加持經』이다. 724년 인도에서 온 선무외善無畏삼장과 그의 제자 일행一行이 한문으로 번역했다.

대일여래의 깨달음과 초인적인 힘에 의한 불가사의한 작용을 말하고 이것이 중생을 보호하며 모든 사람은 현세 이 몸 그대로 깨달음을 실현할 수 있다고 말한다. 보리심을 원인으로 하고 대비를 근본으로 하며 방편을 중요시한다.

여래의 지혜는 보리심을 원인으로 삼고, 대비심을 근본으로 삼으며, 방편을 구경으로 삼습니다. 비밀주여, 왜냐하면 보살이 되면 진실로 자기 마음을 알게 됩니다. - 『대일경』

'붓다의 지혜는 모든 분별과 무분별을 떠난 허공계에 비유해 자성自性이 없으므로 공空하다.'하여 중관사상에서 바라본다. 그리고 깨달음은 곧 자기 마음에서 찾아야 함을 강조함에는 유식사상의 입장이며, 자기 마음은 본성이 청정하다고 하여 여래장사상으로 설명한다. 이러한 내용은 중관과 유식과 여래장의 사상을 종합하여 밀교에서 받아들이고 있음을 나타낸다.

이 경전에서 나온 만다라를 '대비태장생大悲胎藏生만다라'라 하고 줄여서 '태장계胎藏界만다라'라고 한다. 태장계만다라는 중생이 본래 가진 맑은 본성을 강조하며 '이理만다라'라고도 한다.

(3) 『금강정경金剛頂經』

경의 본래 이름은 『금강정일체여래진실섭대승현증대교왕경金剛頂一切如來眞實大乘顯證大敎王經』이다. 금강지金剛智와 불공不空이 번역했다.

이 경전은 밀교교학을 구체적인 상징으로 나타낸 것으로 깨달음의 세계를 체득하기 위해 관상하는 방법과 실제 수행하는 방법을 나타낸다.

이 경전에서 나온 만다라는 '금강계金剛界 만다라'다. 금강계만다라는 무명에서 보리심을 깨닫기까지 수행 공덕을 그리며 '지智만다라'라고도 한다.

이 경은 앞서 유통되었던 『대일경』을 능가해 인도밀교를 대표하게 되었고 이후 인도 후기밀교의 성립기반이 되었다. 『대일경』과 『금강정경』을 비교하면 다음과 같은 공통점과 차이점이 있다.

	『대일경』	『금강정경』
공통점	본존이 대일여래(大日如來)다. 삼밀(三密)유가를 말한다. 만다라를 말한다.	
차이점 — 오불(五佛)의 내용	동;보당불(寶幢佛) 남;개부화왕불(開敷華王佛) 중;대일여래(大日如來) 서;무량수불(無量壽佛) 북;천고뇌음불(天高雷音佛)	동;아촉불(阿閦佛) 남;보생불(寶生佛) 중;대일여래(大日如來) 서;아미타불(阿彌陀佛) 북;허공장성취불(虛空藏成就佛)
차이점 — 삼밀(三密)의 관법	아자관(阿字觀) 오자엄신관(五字嚴身觀)	월륜관(月輪觀) 오상성신관(五相成身觀)
차이점 — 부족(部族)	불부(佛部) 연화부(蓮華部) 금강부(金剛部)	불부(佛部) 연화부(蓮華部) 금강부(金剛部) 보부(寶部) 갈마부(羯磨部)
차이점 — 만다라	태장계만다라 이(理)의 세계	금강계만다라 지(智)의 세계

4. 밀교의 특징

비밀스런 가르침이란 명칭이 주는 신비한 이미지와 같이 밀교는 교리나 실제 수행에서 다음 특징을 살펴볼 수 있다.

첫째 신비적인 요소가 강하다. 신비적인 요소는 주술呪術적인 면과 절대자와 합일이라는 두 가지다. 주술적인 면은 신이나 운명 또는 자연현상 등 우리들의 행·불행에 큰 영향을 미친다고 생각되는 대상에 대해 진언과 다라니를 외워서 소망하는 바를 이루고 깨달음에 이르고자 한다. 진언과 다라니를 외우고 불을 지피는 데서부터 각종 신비성을 가진 의식을 행한다. 그리하여 마음을 한 곳에 집중하여 자신과 절대자가 하나가 되는 경지를 체험하려고 한다. 이러한 종교적 황홀경에 빠져들어 신비의 세계로 몰입하게 된다.

둘째 상징적인 요소가 강하다. 모든 존재는 대일여래의 참모습이 드러난 것이지만 인간이 이해하지 못할 뿐이다. 그리하여 깨달음의 경지를 여러 상징으로 표현한다. 밀교에서는 다수의 명왕明王·천신天神·신장神將·성자聖者들을 대일여래의 화신 또는 대일여래를 경호하는 인물로 간주하고 이들을 모두 모아 만다라曼多羅, maṇḍala로 표현한다. 이러한 상징들은 수행을 통해 최고 경지에 들어갈 때 관찰하게 되는 현상을 구체화한 것으로 만다라 외에 금강저金剛杵나 오륜탑五輪塔 등이 있다.

셋째 의례적인 요소가 많다. 밀교경전은 의례에 관한 내용이 대단히 많다. 특히 중기밀교에서 후기밀교에 이르면 만다라와 의식을 빼놓고 경전이 성립되지 않을 정도로 의례가 중심이 된다. 수행 목적을 성취하기 위해 경전 내용에 따른 의식을 행해야 하는데 한 치 어긋남이 없이 엄격하게 진행해야 한다.

넷째 현실긍정의 정신을 가진다. 현실 밖에 진리가 따로 없고 지금 구제 없이 미래 구제란 있을 수 없으며, 이 몸을 떠나 깨달음을 이룰 수 없다. 따라서 밀교는 지금 이 몸 그대로 붓다가 되는[즉신성불卽身成佛] 수행법을 가르치는 현실 긍정의 가르침이다. 이론적이고 추상적이 아니라 구체적이고 현실적으로 표현한 그림이나 음악 등의 예술작품은 신비성과 함께 현실 긍정의 정신을 표현한다.

다섯째 자기 마음이 곧 붓다라는 사상이다. 밀교가 현교와 다른 점은 그 출발점을 현재 나는 중생이 아닌 붓다 확신하는 데 있다. 자기 마음[자심自心]을 아는 것이 붓다의 마음[불심佛心]을 아는 것이며 붓다의 마음을 아는 것이 곧 중생의 마음[중생심衆生心]을 아는 것이다. 곧 세 마음이 평등함을 아는 것을 크게 깨닫는다[대각大覺]고 한다.

5. 밀교의 사상

1) 3대三大

밀교에서는 모든 존재를 체體·상相·용用의 3대로 나누어 각각 여섯 원소, 네 만다라, 세 비밀로 설명한다.

(1) 여섯 원소[육대六大]

초기불교에서는 모든 존재의 근원을 흙·물·불·바람 네 원소[사대四大]로 설명했으며, 이후 공空을 더해 다섯 원소[오대五大]로, 다시 식

識을 더해 여섯 원소[육대六大]로 점차 발전했다. 대승불교 반야사상에서는 현상계 모든 존재를 공이라 했으므로 이러한 여섯 원소 또한 공으로 보았다.

밀교에서는 이 여섯 원소를 우주의 본체라고 관찰한다. 곧 모든 존재와 모든 현상 속에 진리가 들어있어, 모든 존재와 현상이 그대로 법신인 대일여래라고 본다.

여섯 원소란 항상 견고하고 부동한 성질로 만물을 유지하는 지대地大, 습기를 머물러 만물을 흡수하는 수대水大, 따뜻한 성질을 가져 만물을 성숙하게 하는 화대火大, 움직이는 성질을 가져 만물을 자라게 하는 풍대風大, 막히는 바가 없어 모든 것을 포용하는 공대空大, 잘 알아서 결단하고 판단하는 식대識大로 나눈다. 앞의 다섯 원소는 물질세계의 작용을, 식대識大는 정신세계의 작용을 상징한다. 이러한 여섯 원소는 각자 여섯 원소가 서로 연기해 현상계의 모습으로 나타난다.

육대 (六大)	성덕 (性德)	업용 (業用)	형태 (形態)	색 (色)	종자 (種字)	자의 (字意)
지(地)	견(堅)	지(持)	사각형	황(黃)	A	근원(根源) =중도(中道)
수(水)	습(濕)	섭(攝)	원형	백(白)	Va	만물을 길러냄 [이락利樂]
화(火)	난(煖)	숙(熟)	삼각형	적(赤)	Ra	더러움을 태움 [청정淸淨]
풍(風)	동(動)	장양(長養)	반월형	흑(黑)	Ha	더러움을 날려버림 [제진除塵]
공(空)	무애(無碍)	부장(不障)	보주형	청(靑)	Kha	모든 분별을 버림 [평등平等]
식(識)	요별(了別)	결단(決斷)	여러 형태	여러 색	Hūṃ	번뇌무명을 깸 [최파摧破]

(2) 네 만다라[사만四曼]

세상 모든 존재는 여섯 원소로 이루어지고, 여섯 원소의 연기에 따라 형성된 모든 존재의 모습을 다시 네 만다라로 나타낸다.

만다라maṇḍala는 'maṇḍa(본질)+la(소유)'로 '본질이 갖춰진 것' 본질이 그려진 것'이란 의미다. 곧 깨달음의 세계를 특정한 모습을 갖추어 상징적으로 표현한 것이다. 현상계의 모든 존재들은 참다운 법신의 세계를 상징으로 표현한 것이라는 점에서 사용된 용어다.

① 대만다라大曼多羅, Mahā-maṇḍala; 모든 존재의 보편성을 나타내어 불보살의 상호구족한 몸, 조각, 회화, 주조된 불상 전체를 상징하는 만다라다.

② 삼매야만다라三昧耶曼多羅, Samaya-maṇḍala; 붓다 본래의 서원과 의미를 말하며, 모든 존재의 존재이유를 상징으로 표현해 불보살이 지닌 물건[지물持物]이나 손 모양[인계印契] 등을 통해 개별성을 표현하는 만다라다.

③ 법만다라法曼多羅, Darma-maṇḍala; 모든 존재의 모습은 문자에 의해 나타나므로 모든 언어·음성·문자·명칭 등을 통괄한 만다라다.

④ 갈마만다라羯磨曼多羅, Karma-maṇḍala; 작업, 행위를 비롯한 모든 사물의 활동작용을 말한다.

이상 네 만다라를 넓은 의미에서 살펴보면 이 세상에 존재하는 모든 존재는 그것이 생물이든 무생물이든 간에 모두 만다라의 모습이라 할 수 있다.

(3) 세 비밀[삼밀三密]

인간의 행위를 밀교에서는 몸의 비밀[신밀身密], 입의 비밀[구밀口密], 생각의 비밀[의밀意密] 세 비밀로 나눈다. 그리고 붓다가 중생에게 보인 세 비밀을 말한다. 몸의 비밀은 붓다의 신체 비밀인 32길상吉相과 80종호種好와 함께 보살·수호신들의 형태와 색깔·장신구·수인手印 등을 말한다. 입의 비밀은 붓다의 언어 비밀로 진언眞言·다라니陀羅尼·종자種字 등을 가리킨다. 생각의 비밀은 붓다의 마음 비밀로 붓다께서 깨달으신 지혜와 삼매三昧를 의미한다.

밀교는 진언과 다라니를 비롯하여 다양한 불보살의 형태와 수인手印, 그리고 만다라와 불교의식 등을 포함한 것들을 방편으로 삼아 깨달음과 중생구제라는 불교의 근본적인 목적을 실현한다.

중생의 입장에서 무명에 따라 저지르는 인간행위의 부정적인 면을 삼업三業이라고 하고, 법신 붓다의 입장에서 깊고 미묘하여 쉽게 중생에게 개방되지 않으므로 세 가지 비밀이라고 한다.

3대(三大)	내 용	설 명
체대(体大); 육대(六大)	지(地)·수(水)·화(火)·풍(風)·공(空)·식(識)	대일여래의 내적 본질
상대(相大); 사만(四曼)	대만다라(大曼茶羅): 법계의 보편적 모습. 삼매야만다라(三昧耶曼茶羅): 법계에 있는 사물들의 차별상. 법만다라(法曼茶羅): 법계 중의 모든 음성·언어·문자. 갈마만다라(羯磨曼茶羅): 법계 중의 모든 사물들의 행위·동작·기능·작용.	대일여래의 외적 차별모습
용대(用大); 삼밀(三密)	신밀(身密): 수인(手印, mudrā) 어밀(語密): 진언(眞言, mantra) 의밀(意密): 만다라(曼茶羅, maṇḍala)	대일여래의 색신(色身)·언어·마음을 상징

2) 두 만다라

앞에서 살펴본 『대일경』에 나타난 태장계만다라와 『금강정경』에 나타난 금강계만다라를 말한다. 이 두 만다라는 중국·한국·일본에서는 중요시하고 있으나 인도와 티벳에서는 그다지 중요하게 여기지 않는다. 이는 밀교 발달사에서 보면 인도와 티벳은 후기밀교의 영향을 강하게 받았기 때문이다.

(1) 태장계만다라胎藏界曼茶羅, Garbhakośa-dhātu maṇḍala

'태장胎藏'이란 '모태, 자궁'이란 뜻이며, 태아가 어머니 자궁에서 점차 성장하다 탄생하는 과정을 비유한다. 중생의 보리심이 자궁에 의지하고, 대비심에 의해 점차 자라나 탄생하고, 방편의 활동을 통해 유아가 성장하는 과정을 의미한다.

태장계만다라는 중대팔엽원中臺八葉院을 중심으로 네 겹의 동심방형同心方形으로 둘러싸인 형태이다. 그림 중앙에는 8개 잎사귀가 만개한 연꽃이 피어있고, 꽃 중심에 대일여래를, 각 꽃잎 위에는 4부처보생불, 아미타불, 불공성취불, 아촉불와 4보살보현보살, 문수보살, 관음보살, 미륵보살을 배치하고 그 밖으로는 신중神衆과 천신天神들을 그렸다.

대비大悲에 의해 대일여래가 깨달음의 경지에서 일어나 중생을 구제하기 위해 스스로 깨달음의 경지를 드러낸 만다라로 '이理만다라'라고 하며, 중대팔엽원中臺八葉院을 중심으로 13원院으로 구성되었다 하여 '13원 만다라'라고도 한다.

〈태장계만다라 그림〉; 총지종 제공

(2) 금강계 만다라金剛界曼茶羅, Vajra-dhātu maṇḍala

산스끄리뜨 와즈라vajra는 '벼락'을 뜻하며, '금강金剛'이란 파괴되지 않는 견고한 성질을 의미한다. 번뇌를 파괴하고 없애 깨달음에 이르는 과정을 비유한다. 금강계金剛界만다라는 방형方形으로 구획된 9개의 작은 만다라가 모여서 전체를 이룬다. 9개의 사각형 중심에 있는 성신회成身會만다라는 대일여래가 대우주의 진리를 상징하여 공간의 중심에 자리 잡고 있으며, 네 부처보생불·아미타불·불공성취불·아촉불가 대일여래를 둘러싸며, 다섯 부처는 다시 네 보살들이 둘러싼다.

금강계만다라는 중생들이 관찰을 통해 자신을 향상하여 깨달음에 도달하는 과정을 그려낸 만다라로 '지(智)만다라'라고 한다.

오불(五佛)	오지(五智)와 의미
대일여래(大日如來)	법계체성지(法界體性智); 오지(五智)의 총체적인 지(智)
아촉불(阿閦佛)	대원경지(大圓鏡智); 모든 법의 광대·원만·무애를 상징
보생불(寶生佛)	평등성지(平等性智); 모든 법의 존귀성·보편성을 상징
아미타불(阿彌陀佛)	묘관찰지(妙觀察智); 모든 법의 특수성·개별성을 상징
불공성취불(不空成就佛)	성소작지(成所作智); 모든 생명이 불성(佛性)을 가짐을 상징

〈금강계만다라〉; 총지종 제공

두 만다라는 각각 대립하는 두 원리인 '여성원리=반야般若'와 '남성원리=방편方便'의 양면을 그림으로 나타냈으나, 반야와 방편은 본질적으로 하나이며, 반야와 방편이 하나가 된 경지가 붓다의 경지다. 밀교는 두 종류의 만다라를 내세워 교리체계를 세우고 있지만 본체本體가 서로 같으므로 하나다.

태장계만다라	금강계만다라
중관(中觀)사상을 계승	유식(唯識)사상을 계승
대우주; 인식객체(지·수·화·풍·공의 다섯 원소로 구성) – 물질의 세계	소우주; 인식주체(다섯 가지 지혜로 구성) – 정신의 세계
이법신(理法身)	지법신(智法身)
여성원리=반야(般若), 평등의 세계	남성원리=방편(方便), 차별의 세계

6. 밀교 수행

1) 세 가지 비밀수행[삼밀수행三密修行]

밀교수행은 세 가지 비밀 수행이라 하여 손으로 결인結印을 하고, 입으로 진언眞言을 외우고, 마음을 한 곳에 모아 산란하지 않도록 한다.

(1) 몸으로 하는 비밀수행[신밀행身密行]

손으로 짓는 표시를 수인手印이라고 하며 줄여서 인印, mudrā이라고 한다. 산스끄리뜨 무드라mudrā는 '도장, 표식'이라는 뜻이다. 손만을 사용해 인을 맺는 것을 수인手印이나 결인結印이라고 하며, 연꽃·염주·금강저와 같은 물건을 사용해 인을 맺는 것을 계인契印이나 상인相印이라고 한다. 수인과 계인을 합쳐 인계印契라고 하며, 인상印相이나 밀인密印이라 부르기도 한다.

인계(印契)=인상(印相)=밀인(密印)	수인(手印)=결인(結印)
	계인(契印)=상인(相印)

밀교의 인계는 불상의 손이나 손가락의 형태와 불보살이 손에 쥐고 있는 여러 가지 물건으로 이루어진다. 예로부터 인도무용에서는 대사를 외우는 대신 손놀림으로 기쁨이나 슬픔, 사랑이나 미움과 같은 감정을 표현했다. 이러한 손놀림의 영향을 받아 인계가 성립했으며, 다양한 손 모양들을 점차 정형화하여 밀교의 인계로 발전했다고 생각된다. 불상은 1세기 후반경 간다라와 마투라지역에서 나타나게 되는데, 불상에는 두려움을 없애주는 손 모양[시무외인施無畏印], 선정에 든 손 모양[선정인禪定印], 악마의 무리들을 항복받는 손 모양[항마촉지인降魔觸地印], 설법을 하는 손 모양[전법륜인轉法輪印, 설법인說法印], 소원하는 바를 이루게 해주는 손 모양[여원인與願印]등을 하고 있다.

항마촉지인(降魔觸地印)

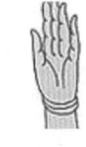
시무외인(施無畏印)

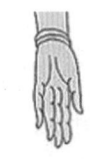
여원인(與願印)

전법륜인(轉法輪印)

지권인(智拳印)

법계정인(法界定印)

〈각종 수인〉

(2) 입으로 하는 비밀수행[구밀행口密行]

　입으로 진언眞言, mantra을 외우는데 산스끄리뜨 만뜨라mantra는 'man(사유하다, 생각하다)+tra(담는 그릇)'로 '생각을 담는 그릇' 곧 문자나 말을 의미한다. 다라니陀羅尼는 산스끄리뜨 다라니dhārani를 소리대로 옮긴 말로 '지持' '총지摠持'라고 번역한다. 정신을 통일하고 마음을 한 곳에 집중해 흐트러지지 않게 한다는 의미다. 주呪는 산스끄리뜨 위디야vidya를 번역한 것으로 '명明' '명주明呪'라고도 한다. 인도 브라만교의 성전인 웨다veda에서 신에 대한 주술적인 종교의례를 할 때 사용되던 주문을 불교 수행법으로 받아들여 교리적으로 정리했다. 다라니 수행은 대승불교 안에서 점차 다양한 방법으로 확대되기 시작했다. 그리하여 초기대승경전에 나타나는 다라니의 경우에는 외도外道의 주술呪術과 완전히 구분되며 불교의 진리를 상징하는 위대한 주가 된다. 대표적인 대승경전인 『반야심경』에서는 '큰 진언, 큰 밝힘의 진언, 최상의 진언, 동등함이 없는 진언이다.'고 하면서 '가떼 가떼 빠라가떼 빠라상가떼 보디 스와하.'하고 외운다.

만뜨라(mantra)	진언(眞言)
다라니(dhāraṇī)	총지(摠持), 지(持)
위디야(vidya)	명주(明呪), 주(呪)

(3) 마음으로 하는 비밀수행[意密行]

마음이 한 곳에 머물러 모든 삿됨과 어지러움을 떠난 것을 삼마지 三摩地라고 한다. 삼마지란 산스끄리뜨 사마디samādhi를 소리대로 번역한 말로 '한 곳에 놓는다'는 의미며 삼매三昧라고도 한다.

밀교의 삼마지가 다른 정신집중이나 명상 수행과 다른 점은 여러 가지 상징적인 방법을 동원해 한결 수월하게 삼매에 이르도록 했다. 그리고 거기에 철학적 의미를 더해 우주의 본질을 깨닫고 법신불과 자신이 하나임을 스스로 느낄 수 있도록 했다는 점이다.

수행방법으로는 아자관阿字觀·월륜관月輪觀·오자엄신관五字嚴身觀·오상성신관五相成身觀 등 밀교 특유의 여러 삼마지 수행법이 있으며, 대개는 몸의 비밀수행과 입의 비밀수행과 함께 어울려 세 가지 비밀수행으로 그 효과를 증대한다.

가. 아자관阿字觀

삼마지의 대상으로 하는 '아a'자를 종교적 실재로서 그리고 법신의 상징으로 승화해 우주의 실체를 드러내는 방편문으로 삼는다. 아$_a$는 산스끄리뜨 가장 첫 글자이면서 모든 산스끄리뜨의 음은 아$_a$음을 포함한다. 그러므로 아$_a$는 모든 문자의 어머니며 모든 진언의 근본이라 할 수 있다. 우주의 진리 바로 그것이기 때문에 수행자가 아$_a$자와 하나가 되는 건 유한한 인간이 무한한 절대 존재와 하나가 된다는 걸 의미한다.

나. 월륜관月輪觀, 정보리심관淨菩提心觀

　보리심을 보름달로 상징하여 마음을 보름달에 머물게 함으로써 내가 달이 되고 달이 내가 되는 경지를 얻는 관법이다. 달은 둥글고 깨끗하고 밝기 때문에 이것으로 우리들 마음의 진실한 성품이나 모든 법의 참다운 모습을 상징한다. 구름에 가린 달이 구름이 물러가면 밝아지듯 마음에 끼인 무명을 제거하면 원만한 불성은 드러난다.

다. 오자엄신관五字嚴身觀

　태장계법의 핵심이 되는 것으로 소우주인 육체를 대우주와 하나가 되기 위한 수행법이다. 『대일경』에서는 이 세계가 지地·수水·화火·풍風·공空 다섯 원소로 되어있다고 했다. 대일여래도 이러한 다섯 속성을 갖는데 이 5대가 아$_a$·와$_{va}$·라$_{ra}$·하$_{ha}$·카$_{kha}$이다. 또한 이 다섯은 본불생本不生, a·언어vac·티끌rajas·인연hetu·허공kha의 머리글자이다.

　대일여래는 본래부터 생멸하지 않는 존재로서, 언어로 표현할 수 없으며, 모든 티끌 곧 번뇌가 없으며, 인연 따라 생기는 것이 아니며, 허공과 같이 차별이 없이 평등하며 걸림이 없이 무한정이다. 한편 인간의 몸에 대응하여 요도에 지륜地輪, 배꼽에 수륜水輪, 가슴에 화륜火輪, 미간에 풍륜風輪, 이마에 공륜空輪을 해당하고, 각기 사각형·원형·삼각형·반월형·단團형 모양으로, 황색·백색·적색·흑색·청색을 배치하여 관하는 수행법이다.

5대	신체	5자	의미	모양	색
지륜(地輪)	요도	아(a)	본불생(本不生, a)	사각	노란색
수륜(水輪)	배꼽	와(va)	언어(vac)	원	흰색
화륜(火輪)	가슴	라(ra)	티끌(rajas)	삼각	붉은색
풍륜(風輪)	미간	하(ha)	인연(hetu)	반월	검정색
공륜(空輪)	이마	카(kha)	허공(kha)	단(團)	푸른색

다섯 원소의 모양인 방方, 원圓, 삼각, 반월, 단團으로 탑을 쌓은 것을 오륜탑五輪塔이라고 한다.

〈오륜탑 사진〉

라. 오상성신관五相成身觀

　금강계법의 핵심이 되는 수행법으로 오법성신관五法成身觀이라고도 한다. 수행자가 자신의 오염된 마음을 차례로 정화하는 다섯 관찰법을 수행하여 마침내 대일여래와 한 몸이 되어 완전한 성불을 하게 된다.

　①중생이 본래 갖추고 있는 보리심菩提心을 관찰한다[통달보리심관通達菩提心觀].
　②마음의 자성에 광명이 있음을 관찰한다[수보리심관修菩提心觀].
　③보리심이 점점 견고해지고 마음속에 본존의 경지를 관찰한다[성금강심관成金剛心觀].
　④자신이 금강불괴金剛不壞의 몸이 되어 법계가 내 마음에 있음을 관찰한다[증금강심관證金剛心觀].
　⑤자신이 본존 대일여래가 되고, 자신이 금강金剛이 된다[불신원만佛身圓滿].

　밀교의 삼밀수행법은 인간의 몸과 입과 생각 세 가지 작용을 동시에 통제하여 가장 빠른 시간에 삼매에 들게 함으로써 신비의 진리세계를 자신의 몸으로 체득할 수 있게 한다. 이러한 수행법은 몸과 입과 생각 어느 한 방면에만 치우치기 쉬운 불교의 다른 수행법보다 현저한 효과를 낼 수 있다.

　본질적인 입장에서 보면 중생과 붓다가 체體와 상相과 용用은 다르지 않고 평등하나, 현실적으로는 결코 붓다와 중생이 같은 존재가 아니다. 그러므로 이러한 삼밀수행으로 법신불法身佛의 삼밀과 상응하는 상태에 도달함으로써 이 몸 그대로 깨달음을 이루게[즉신성불卽身成佛] 된다.

제3장

중국의 대승불교 사상

제1절 천태사상
제2절 화엄사상
제3절 정토사상
제4절 선사상

"

원하옵건대 지금 이 공덕이
모든 이에게 널리 나누어져서
나와 더불어 모든 중생들이
모두 함께 극락세계에 태어나게 하옵소서.

원이차공덕願以此功德
보급어일체普及於一切
아등여중생我等與衆生
당생극락국當生極樂國

「법화경」

"

천태사상 天台思想

1. 천태교학의 성립과 전개
2. 교상판석-오시팔교五時八教
3. 『묘법연화경妙法蓮華經』
4. 천태교학의 내용
5. 천태 수행

　　　　　　　　　　　　천태사상은 천태지의天台智顗, 538~597선사가 남악혜사南嶽慧思, 515~577에게 나아가 법화삼매法華三昧를 얻고 『묘법연화경』을 근본으로 『열반경』·『대지도론』·『대품반야경』등을 합하여 조직한 사상이다. 그러므로 반야의 공사상에 기초를 두고, 남북조의 불교사상을 통일한 중국 제일의 불교철학이라 할 수 있다. 지의가 저술한 『묘법연화경문구妙法蓮華經文句』·『묘법연화경현의妙法蓮華經玄義』·『마하지관摩訶止觀』을 천태 3대부라 한다.

　천태학은 붓다의 수행에 따라 네 가지 성스러운 진리를 수행하는 성문聲聞과 십이연기를 닦는 연각緣覺과 육바라밀을 행하는 보살菩薩

세 부류가 있으나 이는 모두 붓다가 되기 위한 것으로 차별이 없다고 했다. 그리고 붓다의 가르침에 대한 이해와 진리에 대한 체험, 곧 이론과 수행이 함께 이루어져야 함을 강조했다. 천태사상은 다양한 불교경전과 교리를 분석하여 종합 정리했다. 인도불교를 중국의 토양 위에 가장 먼저 꽃을 피운 것이 천태교학이며, 이후 많은 종파들은 천태교학의 영향을 받아 성립되었다.

1. 천태교학의 성립과 전개

꾸마라지와구마라집鳩摩羅什를 비롯한 승려들의 활발한 번역활동으로 불교 연구가 가속화되고 중국불교는 점차로 발전하게 된다. 당시 나가르주나용수龍樹계의 중관사상과 와수반두세친世親계의 유식사상이 각광을 받기 시작하면서 서로 대립하는 모습을 보였으나 천태지의天台智顗, 538~597는 두 사상은 서로 통한다며 자신의 주관적 입장을 밝혔다. 남악혜사南嶽慧思, 515~577에게 법화삼매法華三昧를 얻은 후, 이론과 실천을 겸비한 지의의 교화에 왕으로부터 일반 백성에 이르기까지 많은 사람들이 감화를 받았다.

지의가 활동한 남북조 후반은 여러 왕조가 흥망하던 혼란기였으며, 두 차례 법난으로 불교계도 매우 혼란한 시기였다. 전쟁의 소용돌이와 경제적 어려움을 피해 출가함에 따라 출가교단이 질적으로 떨어지고 윤리·도덕적으로 타락했을 뿐만 아니라 국가에 대한 반란을 일으키기도 했다. 지의智顗는 남조의 경전연구에 힘쓴 이론적 불교와 북조의 좌선을 중시하는 실천적 불교를 융합해 천태교학을 이루었다. 경전연구만의 교학은 이론에 그치기 쉽고, 좌선만의 수행은 식識이 어두워져 한 곳에 국한되는 폐해를 면치 못하므로 선정禪定과 지혜智慧를 함께 갖출 것을 주장하며 지관止觀 선법禪法을 펼쳤다. 지의는 여산廬山 혜원慧遠, 334~416의 영향을 받아 제법실상諸法實相의 정토관을 세웠으며, 임종에는 『무량수경無量壽經』을 들으면서 아미타불과 관세음보살의 인도를 염원했다.

지의가 입적한 후 천태 3대부를 결집하고 천태사상을 계승한 자는 장안관정章安灌頂, 561~632이다. 탁월한 기억력과 유려한 문장력으로 스승의 강의를 정리하고 편찬하여 지의의 가르침이 오늘날까지 전승하게 했다. 장안이 입적한 후 제6조 형계담연荊溪湛然, 711~782이 나타나기 이전 약 100년간은 천태종의 암흑시대라 할 수 있다. 천태교학을 하나의 종파로 발전시킨 이가 바로 형계 담연이다. 천태교학의 깊은 뜻을 연구하여 천태 3대부에 주석을 달고 많은 저술을 했으며 수많은 제자들을 양성했다. 이후 다시 당唐 말기의 난세와 5대五代의 난 때문에 약 200년간 불교계는 암흑기에 들어가며 이를 천태종에서는 제2 암흑시대라 한다.

오늘날과 같은 모습으로 천태종이 정착된 것은 송宋대 사명지례四明知禮, 960~1028가 천태종을 부흥한 이후라고 할 수 있다. 불교가 천태교의를 널리 수용하게 된 계기는 고려의 제관諦觀이 저술한 『천태사교의天台四敎儀』를 본격적으로 연구하면서부터라고 할 수 있다.

한국에서는 백제의 현광玄光이 남악혜사慧思, 515~577로부터 『법화경』의 안락행安樂行 법문을 은밀히 받아 수행 정진하고 법화삼매法華三昧를 얻어 귀국했으며 이후 국내에 많은 천태학자들이 있었다. 의통義通, 927~988은 일찍이 중국으로 들어가 천태교관天台敎觀을 크게 일으키고 천태종의 16조가 되었다.

중국 오월왕 전숙錢俶이 고려에 천태학 서적을 구하자 제관諦觀이 광종 11년960경 천태관련 서적을 가지고 들어가 중국불교의 부흥에 도움을 주었다. 제관은 천태산에서 세상을 떠났으며『천태사교의天台四敎儀』를 남겼다.

고려초 대각국사 의천義天, 1055~1101은 송宋에 들어갔다가 돌아와 국내 최초로 천태종을 열었으며, 고려중기 요세了世, 1153~1245는 만덕사 보현도량에서 백련결사白蓮結社를 했다.

2. 교상판석-오시팔교五時八敎

인도에서는 불교가 오랜 세월 자연스럽게 발달해 왔고 불교사상에 따라 경전도 성립했다. 그러나 중국에서는 초기경전과 대승경전이 한꺼번에 들어와 번역되었으므로 교리를 정립하는데 많은 혼란이 있었다. 그리하여 경전과 붓다의 가르침 가운데 다양성과 차별성을 이해할 수 있도록 판별하고 해석해야만 했다. 이를 교상판석敎相判釋이라 하고 줄여서 교판敎判이라 한다. 천태종에서는 『법화경』이 최고 경전임을 내세우며 오시팔교의 교판을 세웠다.

1) 오시팔교五時八敎

(1) 오시五時

천태교학에서는 붓다의 교화 과정을 다섯 시기로 나누어 설명했다. 붓다가 깨달음을 얻은 후 최초 3주간 『화엄경華嚴經』을 설했으나 중생들이 내용을 알아듣지 못하자, 『아함경阿含經』을 12년 동안 설하고, 다음으로 초기대승경전인 『유마경維摩經』·『능가경(楞伽經)』·『승만경勝鬘經』등을 8년 동안 설하고, 이어서 『반야경般若經』을 21년 동안 설하고, 마지막으로 『법화경法華經』과 『열반경涅槃經』을 8년 동안 설했다고 주장했다.

①화엄시華嚴時; 붓다가 보리수 아래에서 깨달음을 이룬 뒤 21일간 『화엄경』을 설했으나 큰 보살이외 성문제자 등은 귀머거리와 벙어리와 같이 알아듣지를 못했다.

②아함시阿含時, 녹원시鹿苑時; 화엄시에서 알아듣지 못하는 대중을 위해 방편으로 점진적인 가르침을 펼치는 첫 단계로 12년간 『아함경』을 설한 시기다.

③방등시方等時; 아함부 경전을 가르친 이후 소승과 대승을 비교해 소승을 비판하고 대승을 찬탄하며 8년간 『유마경維摩經』·『능가경楞伽經』·『승만경勝鬘經』등을 설한 시기다.

④반야시般若時; 공空사상으로 대승과 소승이 다르다는 오해를 제

거하고 모든 법이 대승이라는 경지에 들도록 21년간 반야부 경전을 설한 시기다.

⑤법화열반시法華涅槃時; 붓다가 입멸하기 이전 8년 동안 『법화경法華經』을 설하고 입멸에 이르러 『열반경涅槃經』을 설한 시기다.

먼저 삼칠일간 『화엄경』을 설하시고	선설화엄삼칠일先說華嚴三七日
『아함경』을 십이 년 『방등경』을 팔 년	아함십이방등팔阿含十二方等八
이십일 년간 『반야경』을 연설하시고	이십일재연반야二十一載演般若
끝으로 팔 년간 『법화경』을 설하셨다.	종담팔년묘법화終談八年妙法華

이 다섯 시기를 『열반경涅槃經』의 다섯 가지 맛[오미五味]에 비유해 유미乳味, 낙미酪味, 생소미生酥味, 숙소미熟酥味, 제호미醍醐味라 했다.

(2) 팔교八敎

붓다의 가르침을 교화방법에 따라 넷으로 분류하여 네 가지 교화방법[화의사교化儀四敎]이라 하고, 그 교화내용에 따라 넷으로 분류하여 네 가지 교화내용[화법사교化法四敎]이라 했다.

가. 네 가지 교화방법[화의사교化儀四敎]

①돈교頓敎; 중생들의 이해능력에 구애받지 않고 아무런 방편을 쓰지 않고 직접 진리에 이르도록 교화함을 말한다.

②점교漸教; 붓다가 깨달은 진리를 쉬운 이론으로 설명하면서 점차적으로 진리에 접근하도록 교화함을 말한다.

③비밀교秘密教; 붓다가 비밀스런 대상과 내용을 숨기고서 신身·구口·의意 삼밀三密을 가지고 은밀히 교화함을 말한다.

④부정교不定教; 붓다의 설법을 돈점頓漸의 방법을 정하지 않고 듣는 이의 이해능력에 따라 각각 달리 교화함을 말한다.

나. 네 가지 교화내용[화법사교化法四教]

①장교藏教; 부파불교의 경·율·론 삼장에 의한 가르침이라는 의미다. 생사의 세계에 빠져있는 중생들에게 이 세상이 고통의 세계라는 사실을 자각시키며, 모든 존재의 실체는 없으나 법은 존재한다[아공법유我空法有]고 주장한다.

②통교通教; 부파의 성문聲聞·연각緣覺과 초기대승 보살菩薩·삼승三乘에 공통하며, 대승의 첫 관문으로 앞의 장교에도 통하고 뒤의 별교別教나 원교圓教에도 통한다는 의미다. 모든 것은 공空이므로 존재의 실체도 없고 법 또한 존재하지 않는다[아공법공我空法空]고 주장한다.

③별교別教; 만물의 근본 존재[본체本體]에 대한 내용이 확실한 가르침으로, 앞의 두 교와 다르고 뒤의 원교와도 그 내용이 각기 다르다는 의미다. 보살이 수행하여 단계적인 깨달음을 거쳐 가는 가르침으로, 여래장·불성佛性·중도中道·실상實相 등이 주장된다.

④원교圓敎; 원만하다는 의미로 붓다의 가르침 가운데 가장 수승하고 완전한 가르침이라는 의미다. 차별이나 대립 그리고 고립이나 단절을 인정하지 않고, 공空과 유有는 물론 현상과 실상도 모두 중도실상의 원만한 존재라는 교법과 경전을 말한다.

⟨오시(五時)⟩		⟨팔교(八敎)⟩	
		⟨화의사교⟩	⟨화법사교⟩
화엄시	3·7일		
아함시	12년	돈교(頓敎)	장교(藏敎)
방등시	8년	점교(漸敎)	통교(通敎)
반야시	21년	비밀교(秘密敎)	별교(別敎)
법화열반시	8년	부정교(不定敎)	원교(圓敎)

3. 『묘법연화경妙法蓮華經』

1) 경의 성립成立과 한역漢譯

『법화경』은 빠르면 기원전 1세기경 늦으면 기원후 50년경으로부터 기원후 150년경에 이르러 서북인도에서 성립되었다고 한다. 처음부터 오늘날과 같은 모습으로 성립된 게 아니라 오랜 시기에 걸쳐 대승불교의 신봉자들에 의해 첨가되면서 이루어졌다. 대승불교교단은 붓다의 사리탑을 중심으로 불교를 신앙하는 재가보살집단과 이들을 지지하는 출가보살들이 모여 성립되고 발전했으며, 이들에 의해 『법화경』이 성립되었다고 본다.

산스끄리뜨로 삿다르마 뿐다리까 수뜨람saddharma-puṇḍarīka-sūtram을 꾸마라지와鳩摩羅什가 『묘법연화경妙法蓮華經』이라 번역했다. 이는 'sad(바른)+dharma(법)+puṇḍarīka(하얀 연꽃)+sūtram(경)'으로 '무엇보다 바른 하얀 연꽃과 같은 가르침'이란 뜻이다.

흰 연꽃은 매우 하얗고 분명하며, 꽃이 피면서 열매를 나타낸다. 연꽃은 흙탕물에 있으면서도 향기롭고 순백하여 아름답다. 이 꽃은 꽃잎이 넓고 연뿌리가 깊을 뿐만 아니라 물방울이 묻지 않고 흙탕물에 물들지 않는다.

중앙아시아를 거쳐 중국에 전해진 『법화경』은 여섯 번에 걸쳐 한역되었으나 현존하는 번역본은 축법호竺法護가 286년에 번역한 『정법화경正法華經』, 꾸마라지와가 406년에 번역한 『묘법연화경妙法蓮華經』, 사나굴다闍那堀多·달마급다達摩笈多가 601년에 번역한 『첨품묘법연화경添品妙法蓮華經』이며, 현재 가장 널리 독송되고 있는 것은 꾸마라지와가 번역한 『묘법연화경妙法蓮華經』이다.

2) 구성과 내용

꾸마라지와가 번역한 『법화경』은 28품으로 구성되어 있으나 산스끄리뜨본과 다른 두 번역본은 모두 27품이다. 그리고 꾸마라지와 번역본은 일부 번역이 빠진 부분이 있고 후반 부분이 서로 바뀌어 있다.

『법화경』28품 가운데 앞의 14품을 적문迹門, 뒤의 14품을 본문本門이라 나누어 설명한다.

① 적문迹門; 이 땅에 항상 머물며 사라지지 않는 존재인 법신불法身佛이 중생을 구제하기 위해 응신불應身佛인 석가모니불로 이 세상에 출현해 법을 설한 내용이다.

② 본문本門; 시간으로 제법諸法의 영원성을 말하고 붓다의 과거세 온갖 행적들을 밝힌 내용이다.

『법화경』에서는 붓다가 이 땅에 온 까닭은 자신이 깨달은 바를 열어 보이고[개시開示] 중생들로 하여금 깨달아 들어오게[오입悟入] 하기 위해서라고 밝힌다. 그리고 제자들에게 미래에 붓다가 될 것을 예언[수기授記]한다. 붓다의 이름과 그 나라와 그 시대를 밝히면서 모든 불교신자들은 누구나 장차 붓다가 될 것이며, 붓다가 된 사람은 사회를 정화하여 바른 법이 널리 행해지는 이상적인 복지국가[불국토佛國土]를 건설하지 않으면 안 된다고 했다.

『법화경』은 인간 누구나 평등하게 불성佛性을 갖추고 있으므로 자기 스스로 실천하여 성불하도록 일깨운다. 곧 불성을 발견하고 자기개발을 위해 선행하라고 장려한다. 제바달다提婆達多와 같은 악인도 성불하며, 여인도 성불한다. 이는 모든 중생을 남김없이 성불시키고자하는 크나큰 발원을 나타낸다.

붓다의 가르침을 잘 이행하는 출가자집단을 성문聲聞이라 하고, 홀로 철학적 사색에 빠져있는 출가자를 연각緣覺이라 하고, 대승불교의 이상적인 인물을 보살菩薩이라 한다. 이들의 수행은 모두 부처로 들어가는 수행이므로 논란하거나 대립할 조건이 될 수 없다고 했다. 이처럼 『법화경』의 내용은 기존 부파불교교단과 새로운 대승불교교단의 대립과 갈등을 벗어나 포용과 화합을 실천하고자 했다.

『법화경』은 대승불교의 사상과 여러 가지 비유를 포괄적으로 담고 있을 뿐만 아니라 경전으로서 문학적 가치도 높다.

4. 천태사상의 내용

1) 삼승三乘이 일불승一佛乘으로 나아간다[회삼귀일會三歸一]

붓다는 자신이 진리를 깨달은 후, 그 깨달음을 향해 점차적으로 나아가는 방법[방편方便]으로 중생들을 교화했다. 그리하여 붓다는 깨달음에 이르는 하나의 길[일불승一佛乘]을 성문의 길[성문승聲聞乘], 연각의 길[연각승緣覺乘], 보살의 길[보살승菩薩乘] 세 길로 나누어 가르쳤다. 성문승은 네 가지 성스러운 진리를 닦아 열반을 얻는 길이며, 연각승은 십이연기를 닦아 모든 법의 인연을 잘 아는 길이며, 보살승은 육바라밀을 닦아 깨달음을 구하는 길이다. 『법화경』은 모든 붓다는 오직 하나의 불승一佛乘에서 방편으로 삼승三乘을 가르쳤으니, 삼승三乘은 방편[권權]이요 일승一乘은 진실[실實]이라는 것이다. 이를 설명하기 위해 『법화경』에는 불타는 집[화택火宅]의 비유를 든다.

한 부잣집에 불이 났는데, 집안에는 어린 자식들이 놀이에 빠져 집 밖으로 나올 줄을 몰랐습니다. 그러자 부자는 아이들에게 이렇게 외쳤습니다. "너희들이 좋아하는 장난감이 양이 끄는 수레, 사슴이 끄는 수레, 소가 끄는 수레에 가득 담겨있으니 나오너라." 그러자 장난감을 좋아하는 아이들은 앞 다투어 집문 밖으로 달려 나왔습니다. 이 때 부자는 애들이 모두 불난 집을 빠져나온 것을 확인하고는 그들에게 흰 소가 끄는 큰 수레에 장난감을 가득 담아 주었습니다. - 「법화경」권3 「비유품」의 내용

여기에서 양이 끄는 수레·사슴이 끄는 수레·소가 끄는 수레는 각각 성문승聲聞乘·연각승緣覺乘·보살승菩薩乘에 해당하고, 흰 소가 끄는 큰 수레는 일불승一佛乘에 해당한다. 원래 일불승 밖에 없으나 성문승·연각승·보살승 셋으로 구분한 것은 중생을 교화하기 위해서며 삼승이라 하더라도 일불승과 다르지 않다는 가르침이다. 이를 '삼승으로 유인해서 일승에 들게 한다[회삼귀일會三歸一]' '삼승을 열어 일승을 나타낸다[개삼현일開三顯一]', '방편을 열어 진실을 드러낸다[개권현실開權顯實]'고 한다.

2) 존재하는 그대로 참모습이다[제법실상諸法實相]

모든 만물이 존재하는 그대로 절대며 실재라는 곧 제법이 실상이라는 것이다. 이는 삼라만상의 모습은 그대로 현상차별現象差別의 모습이며, 현상차별의 모습 그대로 본체本體의 평등상이라는 것이다.

평등한 가운데 차별을 받아들이고, 차별이 있는 가운데 평등을 받아들이는 게 천태불교의 특색이라 할 수 있다.

존재하는 모든 만물은 있는 그대로 법성法性의 표현이면서 전체의 한 부분으로 존재한다고 고찰한다. 제법실상의 사상을 구체적으로 나타낸 것이 바로 삼제원융三諦圓融이다.

3) 한 마음으로 셋을 관찰함[일심삼관一心三觀=삼제원융三諦圓融]

모든 존재의 참된 모습은 세 가지 면이 있다고 관찰한다.

첫째 모든 존재의 본체는 이름도 없고 형상도 없는 공이라 관찰한다[공관空觀]. 모든 것의 존재를 부정하고 그 부정에서 모든 것을 동일하게 본다. 이를 공의 진리[공제空諦]라고도 한다. 그러나 이러한 관찰은 인간으로 하여금 허무적이고 소극적인 삶을 살게 한다.

둘째 모든 존재는 한 생각이 움직임에 따라 존재하는 거짓이라고 관찰한다[가관假觀]. 모든 존재의 본체는 이름도 없고 형상도 없지만, 일단 현실에 존재하고 있는 것을 긍정한다. 이를 가假의 진리[가제假諦]라고 한다. 이러한 관찰은 다시 현실의 전면적인 긍정에 머무는 삶을 살게 한다.

셋째 공空과 가假가 둘이 아님을 관찰하는 것을 중관中觀이라고 한다. 공空에 빠져 현실을 부정하지 않고, 가假의 현실세계에 빠져들지도 않는, 중中의 의미를 강조한 것이다. 이를 중中의 진리[중제中諦]

라고 한다.

특히 가假를 강조한 점에서 중국인들의 현실주의를 엿볼 수 있다. 이러한 공관·가관·중관을 각각 서로 구분하는 별개의 관으로 보아 차례로 행한다[차제삼관次第三觀]. 그러나 지의는 이처럼 순차적으로 구별해 이해하지 않고 함께 수행하는 것[원융삼관圓融三觀]이 더 원만한 가르침이라고 했다. 이는 한 마음의 관점에서 공空·가假·중中 셋을 하나로 융합하므로 이를 한 마음으로 셋을 관찰한다[일심삼관一心三觀]고 한다. 이는 한 마음으로 공空·가假·중中의 의미를 관찰하라는 것으로, 모든 존재가 있는 그대로 진실한 모습[실상實相]의 진리라고 관찰하는 사상의 근거가 여기에 있다.

한 마음으로 셋을 하나로 관찰한다는 내용의 근원은 나가르주나의 『대지도론』과 『중론』에서 비롯한다.

여러 인연이 화합해 생긴 법을	중인연생법衆因緣生法
나는 무라고 말하며	아설즉시무我說卽是無
또한 거짓 이름이라고 하며	역위시가명亦爲是假名
또한 중도의 뜻이라고 합니다.	역시중도의亦是中道義 – 『중론』권4

위의 게송을 삼시게三是偈라고 한다. 닐라네뜨라청목靑目는 '나는 이를 무라고 말합니다.'를 설명하면서 '나는 이를 공이라 말합니다.'고 했다. 그리고 '사물은 여러 인연이 화합해 생겨나므로 자성自性이 없고 자성이 없으므로 공空입니다. 공空 또한 공空입니다. 다만 중생들

을 인도하기 위해 거짓 이름으로 말합니다.'고 했다. 여기서 공空·가假·중中의 관찰이 이루어진다.

아설즉시무(我說卽是無)	공제(空諦)=공관(空觀)	
역위시가명(亦爲是假名)	가제(假諦)=가관(假觀)	원융삼관(圓融三觀) =일심삼관(一心三觀)
역시중도의(亦是中道義)	중제(中諦)=중관(中觀)	

4) 한 생각에 삼천 세계가 있음[일념삼천一念三千]

우리들의 한 순간 생각에 삼천 세계를 갖춘다는 뜻이다. 곧 순간적인 마음에 우주 삼라만상이 갖추어져 있다는 의미다. 공空·가假·중中이 원융圓融하여 하나라는 입장에 있는 지의는 구체적 현실이나 다양한 현상 안에 이미 절대평등의 진리가 갖추어져 있으며, 절대평등의 진리 안에 이미 차별적 현상이 갖추어져 있다고 주장한다.

(1) 십계十界가 서로 갖춘다[십계호구설十界互具說]

십계十界란 윤회하는 세계인 지옥地獄·아귀餓鬼·축생畜生·아수라阿修羅·인간人間·천상天上세계와, 깨달음으로 나아가는 성문聲聞·연각緣覺·보살菩薩세계와 완전한 깨달음에 이른 붓다세계를 말한다. 이 각각 세계 안에 다시 십계가 갖추어 있다고 했다. 곧 지옥에도 붓다세계가 있으며, 붓다에게도 지옥세계가 있다는 것이다. 이렇게 하여 백 세계가 된다.

지옥중생도 붓다의 마음이 있어야 자기반성과 함께 깨달음으로 나아가겠다는 마음을 가질 수 있기 때문이다. 그리고 붓다에게도 지옥세계가 있어야 지옥중생에 대한 연민과 자비를 방편을 통해 구원할 수 있기 때문이다. 상대방 마음을 모르면서 내미는 자비와 구원의 손길은 자칫 방해가 되기도 한다.

(2) 각기 다른 성품을 갖춘다[성구설성性具說].
 앞에서 십계 안에 다시 십계가 갖추어져 있다고 했다. 이는 붓다세계에도 지옥세계가 존재한다는 말이다. 이는 붓다에게 본성으로서 악이 존재한다는 사상[성악설性惡說]으로 발전한다. 지의는 현실 세계에서 도피하여 홀로 적정만을 즐기는 붓다는 진정한 붓다가 아니고, 사바세계를 중심으로 적극 활동하는 붓다야 말로 진정한 붓다라고 여겼다.
 아무리 훌륭한 사람이라 할지라도 착한 마음과 함께 나쁜 마음도 존재하고, 아무리 악랄한 사람이라 할지라도 나쁜 마음과 함께 착한 마음도 존재한다. 그렇다고 해서 현실적으로 완전히 같다는 말은 아니다. 현실에서 어떻게 마음을 내느냐에 따라 다른 사람이 되기 때문이다. 우리는 불쌍한 사람을 보면서 붓다 마음을 갖기도 하지만, 음식과 성性, sex에 대한 탐욕으로 아귀 마음을 갖기도 하고, 권력과 명예를 위해 아수라 마음을 갖기도 한다. 그렇기 때문에 어느 한 세계의 존재는 각기 다른 세계의 성품을 갖춘다[성구설性具說]고 했다.
 각 세계마다 『법화경』에 나타난 열 가지 이러함[십여시十如是]을 갖추어 일천 세계가 된다.

(3) 열 가지 이러함[십여시十如是]

모든 법의 진실한 모습[실상實相]은 도저히 말로 표현할 수 없어 '이러한[여시如是]'이라고 하며 다음과 같이 열 가지로 설명한 내용이다.

①여시상如是相; 이러한 모습, 바깥의 형색形色을 의미한다.

②여시성如是性; 이러한 성질, 내면의 본성本性을 의미한다.

③여시체如是体; 이러한 본질, 사물의 주체를 의미한다. 성性만으로 주체적인 면이 드러나지 않는다고 보아 주체를 강조했다.

④여시력如是力; 이러한 능력, 잠재적인 힘과 작용을 의미한다.

⑤여시작如是作; 이러한 작용, 드러난 힘과 작용을 의미한다. 학생이 공부에 대한 잠재능력이 있는데 성적이 좋지 않다면 력力이 있는데 작作이 드러나지 않는다고 할 수 있다.

⑥여시인如是因; 이러한 원인, 직접적인 원인을 의미한다.

⑦여시연如是緣; 이러한 반연, 간접적인 원인 곧 조건을 의미한다. 씨앗[인因]이 있어도 환경[연緣]이 맞아야 싹을 틔우는 거와 같다.

⑧여시과如是果; 이러한 결과, 직접적인 원인의 결과를 의미한다.

⑨여시보如是報; 이러한 과보, 간접적인 원인의 결과를 의미한다. 씨앗이 결실을 맺을 때 모양은 과果라 할 수 있으며, 크기와 맛과 향은 보報라 할 수 있다.

⑩여시본말구경如是本末究竟; 이러한 본말구경, 처음 모습[상相]으로

부터 과보[보報]에 이르는 관계가 평등하다는 걸 의미한다.
　이 열 가지는 만물이 갖추고 있는 실상이며 이에 대한 구명究明은 오직 붓다만 가능하다고 한다. 천태의 해석에 의하면 '여시如是'는 특수하면서도 보편적이라는 의미다.

(4) 세 가지 세간[삼종세간三種世間]
　『대지도론』에 나타난 세 가지 세간을 말한다.
　①현상계를 구성하는 요소인 물질세계[오음세간五陰世間]
　②모든 중생이 사는 중생세간衆生世間
　③중생이 머물러 살고 있는 환경[국토세간國土世間, 기세간器世間].

　열 가지 세계가 열 가지 세계를 서로 갖추고 있으므로 일백 세계가 되고, 여기에 열 가지 그러함을 곱하니 일천 세계가 되고, 다시 세 가지 세간을 곱하니 삼천 세계가 된다.

　10계(界) × 10계(界) × 10여시(如是) × 3세간(世間) = 3000세계(世界)

　이러한 삼천 세계는 오직 인간의 한 순간 생각 속에 존재하므로 우리는 한 순간의 마음을 어떻게 가지느냐에 따라 모든 것이 달라진다. 곧 천태의 일념삼천一念三千은 사람의 한 마음에 삼천 가지 가능성이 있다는 것으로 우리가 잘 관찰해야할 대상이다.

5. 천태 수행

1) 지관법止觀法

지관이란 사마타와 위빠사나를 번역한 말이다. 지止, samātha란 마음이 산란하고 동요하는 걸 멈추는 것이고, 관觀, vipaśyana이란 그곳으로부터 모든 현상을 전체적·객관적으로 관찰하고, 정확하게 판단을 내려 대처해 가는 것이다.

지止에는 세 가지로 구분할 수 있는데 마음을 코끝이나 배꼽 사이 등에 집중해 마음이 흩이지 않도록 하는 계연수경지繫緣守境止, 마음이 일어나면 곧 제압해 마음이 흩이지 않게 하는 제심지制心止, 인식의 대상이 되는 모든 대상은 인연에 의해 생긴 것이므로 자성自性이 없는 줄 알아서 마음속에 집착하지 않는 체진지體眞止가 있다.

관觀은 두 가지로 구분할 수 있는데 탐욕과 성냄과 어리석음 등을 다스리기 위한 대치관對治觀과 보는 주체나 보는 대상이 모두 인연으로 생긴 존재로 공空임을 깨닫는 정관正觀이 있다. 대치관에는 다시 세 가지가 있는데 탐욕이 많은 사람에게는 몸은 깨끗하지 못하다는 걸 관찰하는 부정관不淨觀을 닦도록 하고, 성냄이 많은 사람에게는 자비로운 마음을 일으켜 관찰하는 자심관慈心觀을 닦도록 하고, 자아에 대한 집착이 많은 사람에게는 참다운 이치를 관찰하는 계분별관界分別觀을 닦도록 한다.

지의는 지관법을 단계적으로 수행해 나가는 수행법, 낮은 단계의 수행을 하고 높은 단계로 비약하는 수행법, 처음부터 완성된 경지와 만나는 수행법의 세 가지로 설명했다.

(1) 단계적으로 수행해 나가는 수행법[점차지관漸次止觀]
낮은 곳에서 높은 곳으로, 얕은 곳에서 깊은 곳으로 차례로 나아가는 수행방법이다. 『석선바라밀차제선문釋禪波羅蜜次第禪門』에 나타나 있으며 호흡[식息]과 대상[색色]과 마음[심心]에 따라 관찰하는 방법이다. 호흡에 따르는 방법은 들이쉬고 내쉬는 호흡을 세어 마음을 안정면서 호흡 그 자체의 모습을 살펴나가는 방법이다. 대상에 따르는 방법이란 자기의 몸에서부터 넓게는 객관적 세계의 모든 것을 관찰하는 방법이다. 마음에 따라 관찰하는 방법이란 자기 마음의 근본을 찾아가는 방법이다. 호흡 → 대상 → 마음을 차례로 관찰하는 수행법을 말한다.

(2) 낮은 단계의 수행을 하고 높은 단계로 비약하는 수행법[부정지관不定止觀]
이에 대한 설명은 『육묘법문六妙法門』에 여섯 가지 수행법으로 나타나 있다.
①수數; 수식관數息觀으로 호흡을 헤아림으로써 마음이 흩이지 않게 하는 수행이다.
②수隨; 수식관隨息觀으로 들이 쉬고 내 쉬는 호흡을 따라 마음이 머물러 분산된 생각이 없게 하는 수행이다.

③지止; 마음을 고요하게 유지하는 수행이다.
④관觀; 거둬들여 모아진 마음으로 모든 것이 공하다고 관찰하는 수행이다.
⑤환還; 공임을 깨달은 마음 그 자체는 어떤 존재인가를 다시 관하는 수행이다. 그리하여 그 마음 또한 자성이 없는 공이라는 것이다.
⑥정淨; 대상과 인식주체의 분별, 생사와 열반의 분별마저도 뛰어넘어 본래 무분별한 청정을 깨닫는 수행이다.

바깥의 모든 것을 관찰하는 걸 관觀이라 하고, 안의 모든 것을 관찰하는 걸 환還이라 하고, 바깥도 아니고 안도 아닌 모든 것을 관찰하는 걸 정淨이라 합니다. -「육묘법문(六妙法門)」

여섯 단계의 수행법[육묘六妙]은 일반적으로는 낮은 단계에서 높은 단계로 비약하는 수행법[부정지관不定止觀]을 대표하는 것으로 알려져 있지만 단계적으로 수행해 나가는 수행법[점차지관漸次止觀]과 처음부터 완성된 경지와 만나는 수행법[원돈지관圓頓止觀]의 내용도 소개하고 있다.

(3) 처음부터 완성된 경지와 만나는 수행법[원돈지관圓頓止觀]

가. 여섯 단계

지의는 『마하지관摩訶止觀』에서 처음부터 완성된 경지와 만나는 수행법을 여섯 단계로 나누어 설명했다.

① 가르침을 듣는다[원법圓法]; 생사生死가 바로 진리의 몸인 법신이며, 번뇌가 바로 반야般若며, 업을 짓는 것이 바로 해탈解脫이라는 가르침을 듣는다.

② 믿음을 내고[원신圓信]; 모든 존재가 바로 공空·가假·중中이며, 한 생각에 삼천세계가 존재한다는 천태사상을 믿는다.

③ 실천에 옮기고[원행圓行]; 삼제三諦가 원융함을 믿고 실천한다.

④ 수행에 상응하는 수준에 오르고[원위圓位]; 모두 경지에 있으며 모두 청정하며 모두 자재한데 깨닫지 못했으나, 마음이 청정하면 비로소 대상도 청정하게 나타난다.

⑤ 자기와 대상에 대해 집착하지 않는 대자유를 얻고[원자재장엄圓自在莊嚴]; 삼매에 들어가게 되면 자기 몸과 대상에 집착하지 않고 자유자재로 활용하게 된다.

⑥ 중생들을 깨달음의 길로 인도한다[원력용건립중생圓力用建立衆生]; 대자유의 경지에 이르면 일상생활의 모든 행위가 자연스레 중생을 교화하게 된다.

나. 스물다섯 가지 방편[이십오방편二十五方便]

수행을 위한 예비 훈련으로 스물다섯 가지 방편을 제시한다.

① 다섯 인연을 갖춘다[구오연구五緣].

    a. 계율을 청정히 지키고[지계청정持戒淸淨]; 삼귀의계三歸依戒, 오

계五戒, 보살계菩薩戒 등을 잘 지킨다.
  b. 의복과 음식을 갖추고[의식구족衣食具足]; 생존을 위한 최소한의 의복과 음식을 갖춘다.
  c. 고요한 곳에 한가롭게 머물며[한거정처閑居靜處]; 깊은 산 속이나, 세속과 어느 정도 거리를 두어 번뇌를 일으키지 않는 곳에 머문다.
  d. 일상생활에서 벌어지는 모든 헛된 일을 그만두며[식제연무息諸緣務]; 집안을 다스림과 살아가는 방도에 골몰하거나[생활연무生活緣務], 경조사 등으로 사람들과 왕래하거나[인사연무人事緣務], 경론經論을 독송하고 문답하여 승부를 가리는 일[학문연무學問緣務] 등을 그만두어야 한다.
  e. 도를 닦는 것을 도와주는 사람을 얻는다[득선지식得善知識]; 공부하는 데 필요한 것을 보급해주는 사람[외호선지식外護善知識]과 함께 공부하는 사람[동행선지식同行善知識]과 진리를 가르쳐주는 사람[교수선지식敎授善知識]을 만나야 한다.
② 다섯 욕망을 경계한다[가오욕呵五欲].
  a. 아름답고 좋은 형태와 빛깔을 보고자 하는 욕망[색욕色欲]
  b. 아름다운 소리를 듣고자 하는 욕망[성욕聲欲]
  c. 향기로운 냄새를 맡으려는 욕망[향욕香欲]
  d. 맛있는 음식을 먹으려는 욕망[미욕味欲]
  e. 부드러운 촉감을 느끼려는 욕망[촉욕觸欲]을 경계한다.
③ 다섯 장애를 버린다[기오개棄五蓋].

a.감각적인 욕망[탐욕貪欲]
　　b.성냄과 미워함[진에瞋恚]
　　c.마음을 어둡게 해 적극적으로 작용하지 못하게 하는 잠[수면睡眠]
　　d.마음이 들뜨거나 근심걱정을 하며 후회하는 것[도회掉悔]
　　e.회의나 의심하는 것[의疑]. 자신은 도를 이룰 수 있는 재목이 아니라고 의심하거나[의자疑自], 스승이 자신의 마음에 맞지 않으니 깊은 선정과 좋은 지혜를 가질 수 없다고 의심하거나[의사疑師], 받은 법이 이치에 맞지 않을 것이라고 의심한다[의법疑法].
　④다섯 일을 조절한다[조오사調五事].
　　a.음식을 많지도 적지도 않게 조절하고[조식調食]; 병과 수면과 번뇌를 일으키는 음식은 먹지 말아야 하고, 몸을 편안히 하고 질병을 고쳐주는 음식을 먹어야 한다.
　　b.잠을 너무 많게나 적지 않게 조절하고[조면調眠]; 수면이 너무 적으면 건강을 해치고, 많이 자면 몸과 마음이 느슨해져 번뇌를 증진하게 된다.
　　c.몸을 느슨하게도 팽팽하게도 하지 않게 조절하고[조신調身]
　　d.호흡이 자연스럽도록 조절하고[조식調息]
　　e.마음이 가라앉지도 들뜨지도 않도록 조절한다[조심調心].
　『마하지관』에서는 조신調身과 조식調息과 조심調心을 하나로 묶어서 살핀다.

⑤다섯 법을 실천한다[행오법行五法].
　a. 욕계에서 초선初禪에 이르고자 하며[욕欲]
　b. 힘써 계속적으로 노력하며[정진精進]
　c. 항상 초선初禪을 생각하며 다른 나머지 일은 생각하지 않으며 [념念]
　d. 초선初禪을 존중하여 귀하게 여길 만하고 욕계는 중생을 속이므로 증오할 만하다고 생각하며[교혜巧慧]
　e. 한 생각으로 뜻을 오로지 하여 다른 것을 인연하지 않고 수행을 해야 한다[일심一心].

2) 열 가지 관찰할 대상[십경十境]과 열 가지 관찰하는 방법[십승관법十乘觀法]

스물다섯 가지 방편을 갖춘 다음 천태지관을 수행하는 관찰법이다. 수행을 하는 방법과 수행과정에서 생기는 여러 문제점들을 극복할 수 있는 해결책이 바로 열 가지 관찰할 대상과 열 가지 관찰하는 방법이다.

가. 열 가지 관찰할 대상[십경十境]

수행을 하다가 장애에 부딪힐 경우 헤쳐 나가기 위해서 장애하는 대상을 잘 관찰해야 한다.
①수행의 대상이 되는 경계는 우선 우리가 감각기관을 통해 바라

보는 세계다[음입계경陰入界境]; 음陰은 다섯 무더기[오온五蘊], 입入은 열두 장소[십이처十二處], 계界는 열여덟 요소[십팔계十八界]를 말한다. 이는 일상생활에서 항상 나타나는 가장 가까운 것이며 가장 절실한 일이다. 우리 앞에 나타나는 대상부터 잘 관찰해야 함을 말하며 천태지관의 현실주의 성격을 알 수 있다.

②다섯 무더기를 관찰할 때 그 속에 번뇌가 활동하고 있음을 알아야 한다[번뇌경煩惱境]; 수행에서 번뇌는 항상 존재하므로 이를 끝까지 버리도록 해야만 한다.

③번뇌로 인해 흙·물·불·바람 네 원소가 불안정해 몸의 병을 일으키고, 탐욕과 성냄과 어리석음은 마음의 병을 생기게 한다는 사실을 알아야 한다[병환경病患境]; 수행 과정에서 일어나는 육체적 질병을 잘 극복해야만 한다.

④병환을 제거하여 몸이 튼튼해지면 좋거나 나쁜 행위를 하게 된다[업상경業相境]; 선정하는데 오래전에 지은 업의 여러 가지 모습이 나타나 정신의 안정을 방해한다. 거울을 닦으면 여러 형상들이 드러나는 거와 같다.

⑤나쁜 행위를 하지 않고 좋은 행위를 하려고 할 때 악마가 수행자의 마음을 흔들기 위해 여러 가지 유혹을 하게 된다[마사경魔事境]; 이러한 악마는 외부에서 오는 게 아니라 자신의 정신적 약점을 상징한다.

⑥악마의 유혹을 이겨내면 여러 선정이 생겨나게 된다[선정경禪定境]; 과거에 익혔던 선정들에 대한 집착이 생겨나 지관止觀을 방

해한다.

⑦뒤집어진 생각과 삿된 생각이 일어나게 된다[제견경諸見境]; 불법佛法이 아닌 외도外道를 받아들이거나 외도가 됨을 잘 극복해야 한다.

⑧깨달음을 얻지 못했음에도 얻었다고 잘못 생각하고 교만한 마음을 낸다[증상만경增上慢境].

⑨마음이 고요한 경지에 들어갔지만 성문승과 연각승의 경지에 머물게 된다[이승경二乘境]; 자기 이익만을 위하거나 공에 대한 집착에 빠지게 됨을 경계해야 한다.

⑩보살이 떨어지기 쉬운 경계다[보살경菩薩境]; 보살은 서원이 있기 때문에 공空의 가르침을 잘못 이해하지는 않는다. 그러나 보살도 수준의 차이가 있기 때문에 미혹할 수 있고, 방편을 중시하므로 유혹에 떨어질 수 있다.

나. 열 가지 관찰법[십승관법十乘觀法]

열 가지 관찰할 대상이 정해지면 이 대상을 관찰하는 열 가지 구체적인 관찰법이다.

①모든 존재에 대한 부사의한 경계를 관찰한다[관부사의경觀不思議境]; 천태지관의 최고 수행이고, 이 법을 완성하기 위해 열 가지 관찰할 대상 하나하나에 열 가지 관찰법을 적용하는 것이다. 우리 앞에 나타나는 대상에 대한 부사의한 경계를 관찰해 완전한 깨달음을 얻으면 다른 대상이나 관찰법은 필요가 없다.

②진실하고 바른 보리심을 일으킨다[발진정보리심發眞正菩提心]; 모든 중생들이 이익을 얻도록 보리심을 내는 일이다. 사홍서원으로 설명한다.

③지관止觀의 수행으로 묘한 이치를 체득하여 진리의 본성에 안주한다[선교안심지관善巧安心止觀]; 무명無明이 곧 법성法性이라는 원교圓敎의 이치를 체험하여 정신을 법성에 집중한다.

④진리의 본성에 안주하지 못하면 법에 대한 집착을 깨뜨림으로써 번뇌를 제거한다[파법편破法遍]; 선정에 함축한 지혜를 잘 활용해서 번뇌를 제거해야만 한다.

⑤어디서 통하고 어디서 막히는 가를 알아야 한다[식통색識通塞]; 수행이 나아가지 못하고 지체하는 까닭을 알아 수행에 힘써야 한다.

⑥대승의 수행법으로 깨달음을 얻지 못하면 초기불교의 서른일곱 가지 수행[삼십칠조도품三十七助道品]으로 번뇌를 다스려야 한다[도품조적道品調適].

⑦근기가 둔하고 장애가 두터우면 육바라밀로 대치한다[대치조개對治助開]; 탐내는 마음이 생기면 보시로, 계를 범하려는 마음이 생길 때에는 지계, 성내는 마음이 생기면 인욕, 게으름이 생기면 정진, 산란한 마음이 생기면 선정, 어리석은 마음이 생기면 지혜바라밀로 대치한다.

⑧자신이 어느 정도의 경지에 이르렀는가를 분명히 알아야 한다[명차위明次位]; 자신의 수행 단계를 잘 알아서 얻지 못했음에도

불구하고 얻었다고 하거나, 도저히 수행할 수 없다고 절망해서도 안 된다.

⑨안팎의 번뇌와 장애를 잘 참아내어야 한다[능안인能安忍]; 명예나 이익을 얻으려 하지 말고 유혹을 피하고 물리쳐야 한다.

⑩붓다의 가르침에 애착하여 거기에 머물지 말아야 한다[무법애無法愛]; 붓다의 가르침에 애착해서 거기에 머물기 때문에 더 나아가지 못하고 발전하지 못하게 된다.

열 가지 관찰법을 정리하면 첫째 진리의 가르침을 바르게 알아야 하며, 둘째 지식이나 지혜뿐만 아니라 자비심이 있어야 하며, 셋째 지관止觀을 바르게 닦아야 하며, 넷째 자신의 수행 정도를 잘 알아야 하며, 다섯째 진리에 대한 애착마저 버려야 한다는 것이다.

3) 네 가지 삼매[사종삼매四種三昧]

천태사상의 종합적인 성격이 잘 나타난 내용이 바로 네 가지 삼매다. 이는 삼매에 들어가는 외형적인 모습을 네 가지로 분류한 것으로 선종·정토종·밀교의 모든 수행법을 종합한다.

(1) 좌선을 중심으로 한 삼매[상좌삼매常坐三昧]
좌선을 주로 닦는 수행을 강조하면서 상황에 따라 보조적으로 염불수행을 하는 수행법으로 '일행삼매一行三昧'라고도 한다. 말 그대로 조용하고 한적한 곳에 항상 앉아서 수행하는 것이다. 수행하는 기한은 90일을 기준으로 해 결가부좌로 바르게 앉아서 수행하며, 오래 앉아서 피로하거나 졸리거나 하여 올바른 정신집중을 할 수 없으면 오로지 붓다의 이름을 불러서 장애를 제거한다.

(2) 행도行道를 중심으로 한 삼매[상행삼매常行三昧]

소리 내어 염불하거나 마음속으로 염불하여 아미타불을 생각하는 마음이 계속 이어지게 하고 공空을 깨달음으로써 정토에 태어난다고 믿는 수행법으로 '반주삼매般舟三昧' '불립삼매佛立三昧'라고도 한다. 이는 정토신앙을 반야의 입장에서 재해석한 것이다. 수행기한은 90일을 기준으로 하여 몸을 항상 움직이며 입으로는 아미타불을 부르며 마음속에서 생각할 때마다 오직 아미타불을 잊지 않고 자신 안에 있게 한다.

(3) 행도와 좌선을 겸한 삼매[반행반좌삼매半行半坐三昧]

다니기도 하고 앉아서 하기도 하는 수행이다. 밀교 수행법을 받아들여 천태의 입장에서 재해석한 수행방법으로, 만다라를 사용하고 다라니를 외워서 이 몸이 그대로 우주와 하나라는 것을 체험하는 수행이다. 이에는 『대방등다라니경』에 근거한 밀교 수행법인 방등참법方等懺法을 수행하여 닦는 '방등삼매方等三昧'와 『법화경』 근본사상인 제법실상의 진리를 체득하는 '법화삼매法華三昧'가 있다. 7일을 정해 경문이나 다라니를 외우며 앉아서 사유한다.

(4) 행도와 좌선의 형식이 없는 삼매[비행비좌삼매非行非坐三昧]

어떤 형식에도 구애받지 않고 가고 앉을 때 뿐 아니라 일상의 모든 순간에 마음을 관하여 삼매에 드는 것이다. 모든 수행의 처음이자 근본이 되며, 모든 삼매와 조도법이 따라서 갖춰진다. 생각이 일어나면 곧 삼매를 닦으므로 '수자의삼매隨自意三昧'라 하고, 생각이 나아가는 곳을 모두 깨달아서 분명하게 알기에 '각의삼매覺意三昧'라고도 한다. 어떤 행동에 가장 기본이 되는 요소는 우리 마음이므로 이 마음을 잘 제어하면 어리석음과 번뇌도 제거할 수 있다.

02 화엄사상 華嚴思想

1. 화엄교학의 성립과 전개
2. 교상판석敎相判釋-오교십종五敎十宗
3. 『화엄경』
4. 화엄사상의 내용
5. 화엄 수행

　　　　　　　화엄사상은 『화엄경華嚴經』을 중심
으로 중국학자들이 성립하여 전개한 사상이다. 와수반두세친世親가
지은 『십지경론十地經論』이 중국에서 번역되면서 이를 여래장사상
으로 해석하여 화엄사상의 기초를 이루었다. 이후 『화엄경』이 번역
되면서 중국에서 본격적으로 연구가 이루어졌다.
　『화엄경』은 붓다가 깨달음을 얻은 후 보리수 아래에서 해인삼매海
印三昧에 들어 중생들의 이해능력을 고려하지 않고 깨달은 내용을 21
일 동안 설한 경전이다. 붓다를 대신해 많은 보살들이 하늘과 지상
을 오가며 법을 설하여, 설법한 내용도 다양하고 매우 광범위하다.
『화엄경』에는 불신佛身사상·보살菩薩사상·유심唯心사상·연기緣起사

상·정토淨土사상 등이 설해져 있어 여러 사상들의 보물창고라고도 한다.

중국 화엄종은 두순杜順, 557~640을 초조로, 지엄智儼, 602~668, 현수법장賢首法藏, 643~712으로 이어지며, 법장은 실질적으로 화엄교학을 체계화한 인물이다.

국내에서는 의상義湘, 625~702이 지엄의 문하에 들어가 수학하고 돌아왔으며, 화엄사상은 오늘날 한국불교의 가장 중요한 사상이다.

1. 화엄교학의 성립과 전개

『화엄경』을 부분적으로나마 체계적인 연구와 분석을 한 사람은 나가르주나다. 용궁龍宮에 감추어져 있던 『화엄경』을 나가르주나가 가져왔다는 전설이 있으며, 화엄과 관련하여 『십주비바사론十住毘婆沙論』을 남겼다. 그 후 와수반두는 『십지경론十地經論』과 『정토론淨土論』을 지어 화엄의 연화장세계와 아미타불의 극락세계는 둘이 아니며, 비로자나불과 아미타불은 서로 다르지 않다고 설명한다.

중국 화엄종 초조로는 두순杜順, 557~640을 든다. 두순은 학문적인 이론가나 저술가라기보다 실천을 중요시한 두타행자頭陀行者였으며 보현행자普賢行者였다. 그는 선정수행을 통해 놀라운 치유의 신통력을 가져 여러 가지 신비한 일을 한 고승이나 그의 사상은 거의 알려져 있지 않다.

2조인 지상지엄至相智嚴, 602~660은 『화엄경』을 본격적으로 연구해 최초 주석서인 『수현기搜玄記』를 비롯해, 『일승십현문一乘十玄門』·『금강반야경소金剛般若經疏』를 남겼다. 그의 사상 가운데 법계法界의 연기緣起를 밝힌 열 가지 연기[십현문十玄門]와 여섯 가지 모양[육상六相]의 내용이 특히 주목받는다.

현수법장賢首法藏, 643~712은 화엄교학의 체계를 완성한 사람으로, 중요 저술로는 『화엄오교장華嚴五教章』·『탐현기探玄記』등이 있다. 법장은 화엄교학의 확립을 위해 오교십종五教十宗의 교판을 세웠으며, 지엄의 사상을 이어 열 가지 연기[십현연기十玄緣起]와 여섯 가지 모양[육상六相]을 설명하고, 세 가지 성질[삼성三性]에 대해 자기 견해를 밝혔다. 화엄 교학을 위한 수많은 저술을 하여, 화엄의 가르침을 널리 펴고 많은 사람들에게 깊은 존경과 칭찬을 받았다. 저술을 통해 살펴보면 법장은 인도불교의 공론空論과 유론有論의 대립을 『대승기신론』의 진여연기설과 『능가경』의 여래장사상으로 받아들이고, 법의 모양[법상法相]과 법의 성품[법성法性]이 둘 아님을 회통하여 화엄일승華嚴一乘으로 나아가고 있다.

이통현李通玄, 635~730은 만년719년이라고도 함에 『80화엄경』의 연구에 몰두해 『신화엄경론新華嚴經論』을 지었다. 이통현의 사상은 화엄사상사에서 매우 독특한 위치를 차지하며 그 가치로도 법장의 사상에 필적할 만하다. 이통현의 화엄사상은 다음과 같은 특징을 가지고 있다.

① 『화엄경』을 「입법계품」을 중심으로 한 실천체계로 보며

②궁극의 세계를 비로자나불과 문수보살·보현보살의 세 성인 또는 관세음보살을 더해 네 성인의 관계에서 파악하며
③깨달음의 세계와 미망迷妄의 세계가 하나임을 명쾌하게 논하며
④깨달음의 지혜를 현실화하는 선정禪定의 실천을 강조하며
⑤주체적 입장에서 중국사상을 대담하게 도입하여『화엄경』을 해석했다.

청량징관清凉澄觀, 738~839은 선과 천태사상과의 융합을 통해 화엄사상의 마음을 밝혔으며,『화엄경소華嚴經疏』·『화엄현담華嚴玄談』등을 지었다. 징관은 중국고전·역사·문학·산스끄리뜨·주술·의학·논리학·이교도의 교리와 같은 모든 부분의 학문을 폭넓게 공부하여 다재다능하고 박학다식한 사람이었다.『화엄현담華嚴玄談』에서는 당시 거의 모든 부분에 걸친 포괄적인 지식을 엿볼 수 있다.

규봉종밀圭峯宗密, 780~841은 징관이 개척한 교선일치론教禪一致論을 완성했으며,『원각경대소圓覺經大疏』·『선원제전집도서禪源諸詮集都序』등의 저술이 있다.

신라의 화엄사상가는 자장慈藏, 590~658과 원효元曉, 617~686 그리고 의상義湘, 625~702이 있다. 자장은 선덕여왕 5년636에 중국에 들어갔다가 643년에 귀국해 화엄교학과 화엄신앙을 널리 폈으며,『화엄경』을 강의하고 오대산을 문수도량으로 만들어 화엄사상을 신앙화했다. 원효는『화엄경소華嚴經疏』를 저술했는데 법장이 '해동소海東疏'라 해 인용하고 있으며 화엄교학의 발전에 많은 영향을 주었다. 의상은 지엄의 문하에서 수학했으며, 화엄사상을 7언 30구절로 요약하

여 『화엄일승법계도華嚴一乘法界圖』흔히 '법성게法性偈'라고 한다를 지었다.

2. 교상판석敎相判釋 - 오교십종五敎十宗

화엄종의 교판을 법장法藏, 643~712은 오교五敎와 십종十宗으로 분류했다. 이 교판은 다른 교학에 비해 화엄교학이 우월한 점을 밝히려는 의도에서 비롯했다는 사실을 알 수 있다. 먼저 붓다의 가르침을 내용의 단계로부터 다섯 단계로 나누고, 붓다의 가르침이 나타내는 주요 사상을 열 가지로 나누었다.

(1) 오교五敎
붓다의 가르침을 설법의 형식에 따라 다섯으로 나누었다.
  ① 소승교小乘敎; 네 가지 성스러운 진리, 십이연기 등을 나타낸 『아함경』・『구사론』등의 가르침이다.
  ② 대승시교大乘始敎; 대승불교 초기 단계의 가르침이다. 연기에 의해 모든 존재와 현상을 설명하고, 모든 것은 실체가 없고 공空이라는 사상이나 모든 것은 오직 알음알이[유식唯識]에 의한다는 사상으로 『반야경』・『해심밀경』등의 가르침을 말한다.
  ③ 대승종교大乘終敎; 모든 것은 본래 불변의 진여인데 번뇌로 오염되었다는 여래장사상으로 『승만경』・『열반경』・『능가경』・『대승기신

론』등의 가르침을 말한다. 대승불교 가운데 가장 훌륭하므로 종교終敎라 했다.

④돈교頓敎; 단박에 깨칠 수 있다는 돈오성불의 가르침이다. 개념적 사고를 초월해 직관에 의해 붓다의 참뜻을 살펴 깨달음을 얻는다는 사상으로 『유마경』등의 가르침을 말한다.

⑤일승원교一乘圓敎; 모든 것이 서로 하나가 되고 서로 융합해 무한한 연기緣起를 구성한다는 가르침이다. 이러한 원교를 일승一乘으로 하는 『법화경』·『화엄경』등의 사상으로 특히 『화엄경』의 가르침을 말한다.

오교(五敎)	소승교(小乘敎)		소승(小乘)
	대승시교(大乘始敎)	점교(漸敎)	대승(大乘)
	대승종교(大乘終敎)		
	돈교(頓敎)	삼승교(三乘敎)	
		돈교(頓敎)	
	일승원교(一乘圓敎)	일승교(一乘敎)	

(2) 십종十宗

붓다의 가르침을 내용에 따라 열로 나누었다.

①나와 법이 모두 실재한다는 가르침[아법구유종我法俱有宗]; 부파불교의 독자부犢子部 등을 말한다.

②나는 존재하지 않지만 법은 과거·현재·미래에 실재한다는 가르침[법유아무종法有我無宗]; 부파불교의 설일체유부 등을 말한다.

③과거와 미래의 법은 법체가 없고 현재의 법만 존재한다는 가르침[법무거래종法無去來宗]; 부파불교의 대중부 등을 말한다.

④다섯 무더기는 실재하지만 그 외에는 실체가 없고 헛된 존재라는 가르침[현통가실종現通假實宗]; 부파불교의 설가부說假部 등을 말한다.

⑤세속의 일은 모두 헛된 일이고, 출세간의 진리만 실재한다는 가르침[속망진실종俗妄眞實宗]; 부파불교의 설출세부說出世部 등을 말한다.

⑥모든 존재는 단지 헛된 이름일 뿐 실체가 없다는 가르침[제법단명종諸法但名宗]; 부파불교의 일설부一說部 등을 말한다.

⑦나도 법도 모두 실체가 없으며 모든 존재는 그대로 공이라는 가르침[일체개공종一切皆空宗]; 대승시교大乘始敎를 말한다.

⑧모든 법은 진리 그 자체의 작용이라는 가르침[진덕불공종眞德不空宗]; 대승종교大乘終敎를 말한다.

⑨말을 떠난 진실의 경지를 나타난다는 가르침[상상구절종相想俱絶宗]; 돈교頓敎를 말한다.

⑩모든 존재는 서로 방해함이 없이 중중무진한 관계를 갖고 모두 모든 공덕을 구족하고 있다는 가르침[원명구덕종圓明具德宗]; 원교圓敎를 말한다.

3. 『화엄경』

1) 경의 이름

『화엄경』은 『대방광불화엄경大方廣佛華嚴經』을 줄인 이름이다. 대大는 '절대적인 대, 상대가 끊어진 극대極大'로 '시간과 공간의 개념을 초월한 절대의 대大'라고 할 수 있다. 방광方廣이란 '넓다'는 뜻인데 '공간적으로 넓다'는 의미다. 그러므로 '대방광大方廣'이란 크고 넓다는 뜻으로 붓다를 수식하는 형용사다. 결국 대방광불大方廣佛이란 한량없이 크고 넓은 시간과 공간을 초월한 절대적인 붓다를 말하며, 『화엄경』에서는 비로자나불毘盧遮那佛이라고 한다.

비로자나불은 산스끄리뜨 와이로짜나Vairocana를 소리에 따라 번역한 것으로 '광명이 두루 비춘다[광명편조光明遍照]'는 뜻이다. 화엄華嚴이란 잡화엄식雜華嚴飾에서 나온 말로 '갖가지 꽃으로 장엄한다'는 뜻이다. 그러므로『대방광불화엄경』은 '광명을 두루 비추며 우주에 계시는 붓다의 덕성과 갖가지 꽃으로 장엄된 진리의 세계를 설하고 있는 경'이라고 할 수 있다.

2) 경의 성립과 종류

『화엄경』은 4세기경 서역 호탄Hotan, 우전국于闐國에서 만들어졌으며, 사상을 같이 하는 여러 경전들을 모아 편집한 것으로 추정한다.

「십지품」과「입법계품」은 산스끄리뜨 경전이 따로 현존하고 있으므로 옛날에는 독립된 경전이었음을 알 수 있다.

현재 전하고 있는 『화엄경』은 『60화엄경』과 『80화엄경』, 그리고 티벳어 역의 『장역화엄藏譯華嚴』등의 완전본과 『화엄경』의 일부분인 「입법계품入法界品」만을 번역한 『40화엄경』이 있다.

(1) 『60화엄경』

『화엄경』중 가장 오래되었으며 붓다바다라Buddhabhadara, 불타발다라佛馱跋陀羅, 359~429에 의해서 번역되었다. 동진 때 번역되었기 때문에 「진역晉譯」이라고도 하며 그 후 새로 번역된 신역新譯에 대한 대칭으로 「구역舊譯」이라 부르기도 한다. 이 『60화엄경』은 7처七處 8회八會 34품三十四品으로 구성되어 있다.

(2) 『80화엄경』

시끄샤난다Śikṣānanda, 실차난다實叉難陀, 652~710가 번역한 것으로 『60화엄경』을 수정·보완해 80권으로 만들었다. 당대唐代에 만들어졌기 때문에 「당역唐譯」이라고도 하며 구역에 대한 대칭으로 「신역新譯」이라 부르기도 한다. 구역에 비해 문장이 부드럽고 내용도 7처七處 9회九會 39품品으로서 더 완전한 형태를 갖추었다.

(3) 『40화엄경』

『화엄경』의 일부분인 「입법계품入法界品」만을 반야般若삼장이 당唐

798년에 번역한 것이다. 이 경에는 「입부사의해탈경계보현행원품入不思義解脫境界普賢行願品」이라는 부제가 붙어있다.

4. 화엄사상의 내용

화엄사상은 대승불교 교학사상의 종합이라 할 만큼 다양하고 깊은 사상을 다루고 있어 내용을 이해하기 매우 어렵다. 그러기에 붓다가 『화엄경』을 설하자 그 내용이 너무나 어려워 법을 듣는 제자들이 마치 귀머거리와 벙어리가 된 듯 그 내용을 알아듣지 못했다고 한다. 화엄사상은 『화엄경』의 내용을 바탕으로 중국 화엄학자들이 체계화하고 전개한 사상으로 『화엄경』의 사상과 반드시 일치하지는 않는다. 중요한 화엄사상으로는 다음과 같은 사상이 있다.

1) 진리의 붓다 사상 [법신불사상法身佛思想]

'진리를 몸으로 하는 붓다' 곧 '진리의 붓다'를 『화엄경』에서는 와이로짜나Vairocana, 비로자나불毘盧遮那佛라고 한다.
진리의 붓다는 어떤 모양이나 색깔이 없으며, 온 법계에 충만하여 항상 우리와 함께 있으며, 그 능력이 불가사의하다고 한다. 이 비로자나불은 다음과 같은 몇 가지 특징이 있다.
첫째 어떤 모양이나 색깔이 없다. 우주에 두루 펼쳐진 모든 진리 그 자체를 의미하므로 특정한 형상이나 색깔 등으로 표현할 수 없다.

둘째 온 법계에 가득 차 있어 언제나 우리와 함께 있다. 태양의 광명이 온 세계를 두루 비추듯[광명편조光明遍照] 진리의 붓다는 온 법계에 가득해 언제 어디서나 존재한다.

붓다의 몸은 법계에 가득해	불신충만어법계佛身充滿於法界
모든 중생들 앞에 항상 계시네	보현일체중생전普現一切衆生前
인연 따라 어디에나 나타나시니	수연부감미부주隨緣赴感靡不周
언제나 이 보리좌에 계시네.	이항처차보리좌而恒處此菩提座

– 『80화엄경』 「여래현상품」

셋째 신통력이 자재하여 불가능한 일이 없다. 우주 만물의 조화와 변화를 이루고 중생들을 구제하기 위해 한없이 몸을 나타내기 때문이다.

넷째 공덕이 무량해 누구나 번뇌가 없어지고 환희의 마음이 솟아난다. 비록 본인이 알지 못한다하더라도 누구나 붓다의 공덕을 입으며 살아간다. 마치 앞을 보지 못하는 사람이라 할지라도 태양의 따뜻함을 받는 거와 같다.

이러한 진리의 붓다는 타종교에서 말하는 유일신과는 다르다. 진리의 붓다는 모든 존재를 창조하거나 인간을 심판하지 않고, 모든 존재와 인간이 존재하고 유지하는 어떠한 원리일 뿐이다.

2) 보살사상

보살이란 산스끄리뜨 보디사뜨와Bodhisattva를 소리대로 번역해 보리살타菩提薩埵라 하고 이를 줄여 부르는 말이다. 옛 번역에서는 '도중생道衆生', 새로운 번역에서는 '각유정覺有情'이라 한다. 그러므로 보살이란 깨달음을 구하는 유정이란 뜻이다. 곧 깨달음을 구하기 위해서 정진하는 자를 보살이라고 할 수 있다.

「십지품十地品」에서는 보살의 단계를 10지로 나누며 그에 따른 실천행인 십바라밀을 말한다.

① 환희지歡喜地; 순수한 무차별지를 통해 처음으로 거룩한 성품을 보며, 언제나 극도의 환희에 가득 차있다. 보시布施의 완성을 성취한다.

② 이구지離垢地; 가르침에서 조금도 벗어남이 없이 보살계를 완전히 지킬 수 있다. 천성적으로 증오·원한·악의에서 벗어나 언제나 친절·온유·자비를 행한다. 지계持戒의 완성을 성취한다.

③ 발광지發光地; 여러 삼매에 들며 여러 가지 신통을 행하고 하늘의 지혜를 얻는다. 뛰어난 이해와 기억으로 모든 중생의 업과 윤회를 분명히 안다. 인욕忍辱의 완성을 성취한다.

④ 염혜지焰慧地; 지혜가 점점 자라나 나와 내 것에 대한 모든 집착을 버리고, 모든 욕망과 정욕을 태워버린다. 정진精進의 완성을 성취한다.

⑤ 난승지難勝地; 통찰과 개념 사이의 균열을 극복하고, 분별과 무차별을 하나로 아무런 걸림 없이 동시에 일으킨다. 선정禪定의

완성을 성취한다.

⑥현전지現前地; 모든 사물은 자성自性이 없으며, 본래부터 청정하며, 환상·꿈·그림자와 같다고 관찰하여 제법의 평등성을 실현한다. 지혜智慧의 완성을 성취한다.

⑦원행지遠行地; 모든 마음의 태세가 만족되어 지혜의 경계와 자재한 행에 들어가게 된다. 방편方便의 완성을 성취한다.

⑧부동지不動地; 불생불멸한 진리에 안주하여[무생법인無生法忍] 지혜가 물러나지 않으며, 아무도 깨뜨릴 수 없다. 원願의 완성을 성취한다.

⑨선혜지善慧地; 모든 선과 악, 중생들의 갖가지 마음 등을 알고, 법과 말에 걸림이 없는 지혜로 중생을 가르치고 교화하여 그들이 해탈을 얻도록 한다. 역力의 완성을 성취한다.

⑩법운지法雲地; 중생의 욕망과 생각의 모든 변화를 분명하게 알고, 여래의 무량한 광명과 자비를 모두 능히 받아 지녀 중생들에게 진리를 널리 편다. 지智의 완성을 성취한다.

보살의 열 가지 지위는 모두 여래의 더없이 깊고 미묘한 지혜라는 의미로 큰 바다에 비유한다.

①차례로 깊어지니, 보살이 큰 서원을 내어 점점 깊어지고[환희지歡喜地]

②시체를 받아두지 않으니, 보살이 파계한 시체를 받지 않고[이구지離垢地]

③강과 시내가 바다에 들어가면 모두 본래의 이름과 정체를 잃으니, 보살이 세간의 말과 이름에 붙어 다니는 모든 것을 여의고[발광지發光地]

④어디서나 똑같은 맛을 내니, 보살의 공덕이 붓다의 공덕과 상응하고[염혜지焰慧地]

⑤한량없는 보물이 숨겨져 있으니, 보살이 세간에서 모든 것을 성취하는 한량없는 방편과 신통을 얻음이요 보석처럼 가치가 있고[난승지難勝地]

⑥바닥까지 이를 수 있으니, 보살이 인연을 관찰하여 실재의 깊은 이치에 도달하고[현전지現前地]

⑦광대하고 한량이 없으니, 보살의 지혜가 광대해서 널리 관찰할 수 있고[원행지遠行地]

⑧큰 짐승들에게 살 곳을 주니, 보살이 무한히 장엄한 일을 나타내 보이고[부동지不動地]

⑨썰물과 밀물이 늘 기한을 어기지 않으니, 보살이 깊은 해탈을 얻고 세간에 살면서도 결코 지나치게 행하지 않고[선혜지善慧地]

⑩큰 비를 모두 받아도 넘쳐서 스며듦이 조금도 없으니, 보살이 모든 여래의 큰 법을 받아 맞으면서 만족함이 없다[법운지法雲地].

화엄사상에서 말하는 보살의 의미는 ①선재동자와 같이 도를 구하는 구도의 보살, ②법장보살과 같이 남을 깨닫게 하겠다는 서원의 보살, ③여래의 기능이나 역할을 대신하는 여래의 대리 보살 등이다. 「명법품明法品」에는 보살의 행을 청정한 열 가지 바라밀[청정십바라밀淸淨十波羅蜜]로 요약하고 있는데, 열 가지 바라밀이란 ①보시布施, ②지계持戒, ③인욕忍辱, ④정진精進, ⑤선정禪定, ⑥반야般若, ⑦방편方便, ⑧원願, ⑨역力, ⑩지智를 말한다.

앞에서 육바라밀은 설명했으니 이제 나머지 네 바라밀을 설명하면 방편方便바라밀은 다양하고 적합한 방법을 통해 중생을 제도하는 일이요, 원願바라밀은 깨달음을 얻고자 하면서 모든 중생을 이익 되고 기쁘게 하고자 목표를 세우는 일이요, 역力바라밀은 모든 실상을 분별하면서 강력히 추진하는 일이요, 지智바라밀은 구체적 현실의 삶과 세계와 역사를 총체적이면서 세부적으로 잘 파악하는 일이다.

3) 유심사상唯心思想

초기불교에서 이미 인간 마음의 본성은 본래 청정하다는 사상이 보인다. 마음이 바깥 대상을 낱낱이 인식하고 기억하고, 선택하고 행동하는 의지를 가지므로, 번뇌를 일으킬 수도 있고 사라지게 할 수도 있다고 한다. 그리고 마음에 따라 생사를 거듭하기도 하고 열반을 얻기도 한다고 했다.

> 마음이 더러운 까닭에 중생이 더럽고 마음이 깨끗한 까닭에 중생이 깨끗합니다. 마치 화가가 하얀 바탕에 여러 가지 색깔로 마음대로 그림을 그리듯이, 마음이 다섯 무더기를 알지 못하므로 생사生死에 묶이고 다섯 무더기를 사실대로 알면 열반에 머물게 됩니다. ─ 「잡아함경」 권10

이후 유심사상은 대승불교 교학의 근본 원리로 자리한다. 이 유심설이 대승경전에 나타난 것은 『십지경十地經』이다. 여기에서 '삼계三界에 속하는 모든 것은 모두 이 마음뿐이다.'고 했으니, 생사를 윤회하는 욕계·색계·무색계 모두 오직 마음작용에 있다고 한다. 이 내용이 그대로 『60화엄경』「십지품」으로 옮겨와 있다.

삼계는 허망하니	삼계허망三界虛妄
단지 이 마음이 지은 것입니다.	단시심작但是心作
십이연기도	십이연분十二緣分
모두 마음에 의한 것입니다.	시개의심是皆依心

- 『60화엄경』「십지품」

　이외에 『화엄경』에는 다양하게 유심唯心을 설한다. 이 세상에 존재하는 모든 것이 오직 마음에 의해서 만들어진 것이니, 곧 인간의 희로애락이나 행·불행도 모두 마음가짐에 달려있다고 한다. 널리 애송되는 유심구唯心句로는 다음 게송이 있다.

삼세 모든 붓다를	약인욕료지若人欲了知
알고자 한다면	삼세일체불三世一切佛
법계의 성품 모두	응관법계성應觀法界性
오직 마음이 지은 것임을 관찰해야합니다.	일체유심조一切唯心造

- 『80화엄경』「수미정상게찬품」

마음에는 본래 자성이 청정한 마음인 진심眞心과 탐내고 욕심내는 중생의 마음인 망심妄心이 있다고 했다. 여기에서 마음은 욕심慾心 또는 탐심貪心으로 순간순간 변화하는 중생의 마음을 뜻한다.

마음이 모든 것을 만든다고 해서, 모든 것을 만드는 마음과 만들어진 모든 것이 따로 존재한다면 이는 주체와 객체가 둘이 되어 불교의 근본사상에 어긋난다. 그러므로 '모든 것은 오직 마음이 짓는다.'고 할 때 마음은 절대적이고 초월적인 마음이 아니라, 일어나면서 사라지는 연기의 작용 그 자체다. 따라서 모든 세계는 허망하다는 공관空觀으로 마음을 설명한다.

4) 법계연기사상法界緣起思想

현재 존재하고 있는 모든 것들은 어떤 관계 속에서 존재하고 있는가를 설명하는 사상이다.

첫째 모든 존재는 형상은 서로 다르게 보이지만 본질적인 면에서는 같으며 서로 포함되는 관계를 이룬다. 마치 바닷물과 파도와 같아서 바닷물이 바위에 부딪혀 파도가 되지만 다시 바닷물이 된다.

둘째는 서로 다름은 있으나 주종主從이나 차별差別의 관계가 아니라 평등하다. 마치 남자와 여자와 같아서 남녀는 구분이 있으나 그 가치에서는 평등하다.

셋째 이 세상의 모든 것들은 거듭거듭 연결된 관계를 가지며 서로 의존하며 존재한다. 내가 마시는 우유 한 잔에는 젖소와 농부와 운

전자와 생산 공장과 판매자가 관련되어지고 풀과 물과 사료와 공기에 의해 생산되어진다.

화엄사상가들은 법계를 이理와 사事로 구분해 다시 네 가지 법계[사법계四法界]로 설명한다.

① 사법계事法界; 현상으로 차별 나는 세계를 말한다. 모든 것은 인연 따라 생겨나고 사라지나 중생들은 그릇된 생각으로 이러한 것들에 집착한다. 강은 흐르고, 나무는 자라며, 새는 날고, 물고기는 헤엄치며, 불은 뜨겁고 얼음은 찬 것과 같이 사물과 사건이 분명하고 독립적인 대상들이다.

② 이법계理法界; 본체本體로서 평등한 세계를 말한다. 모든 것이 자성自性이 없고 공空임을 깨닫게 된다. 사건과 사물이 일어나는 그 이면에 보이지 않으면서 움직이게 하는 원리를 말한다.

③ 이사무애법계理事無碍法界; 본체와 현상이 둘이 아닌 것을 말한다. 본체와 현상을 둘로 나누어 보는 이분법을 극복하는 세계이다. 원리에 의해 사건과 사물이 나타나고, 사건과 사물이 나타나는 이면에 원리가 있다.

④ 사사무애법계事事無碍法界; 현상계 그대로 절대적인 진리의 세계라는 것이다. 모든 사물에는 형태가 있고 작용이 있고 자기 성품을 가지고 있지만, 사물과 사물을 서로 상대하여보면 서로 인연이 있으며 그 인연이 서로 연결되어 작용을 한다. 이처럼 사물과 사물이 서로 막힘이 없고[사사무애事事無碍], 이러한 관계가 서로 거듭하면서 끝없이 펼쳐진다[중중무진重重無盡]. 앞의 세 법계

는 단지 이 사사무애법계에 접근하기 위한 방편일 뿐이다.

서로 관계를 거듭하면서 끝없이 펼쳐지는 연기의 세계는 나타난 현상으로만 보면 개개의 존재들이 아무런 연관성이 없어 보이지만, 사실은 서로 의지하고 관계를 맺는다. 이를 인드라망[因陀羅網, indra網]에 비유해 설명한다. 제석천의 그물에는 각 코마다 유리구슬이 달려 있어 이 구슬들은 서로 연결되어 있으며 각자 서로 비추고 있다. 이를 인터넷에 비유하기도 하는데, 개인이 소유한 컴퓨터는 인터넷으로 모두 연결되어 있어 한 컴퓨터로 모든 정보를 서로 공유하기 때문이다.

무진[無盡]연기의 내용을 지엄은 열 가지 연기로 설명하고, 법장은 열 가지 연기와 더불어 여섯 가지 모양이 원융하다고 설명했다.

가. 열 가지 연기[십현연기+玄緣起]

현상계 그대로 절대적인 진리의 세계라는 사사무애법계를 법장은 '열 가지가 서로 막힘이 없다[십무애+無碍].'고 하며, 이를 열 가지 연기로 설명한다.

①하나에 전 세계가 동시에 갖추어져 있고 원만하게 조화되어 있다[동시구족상응문同時具足相應門]; 이 세상은 시간으로나 공간으로 무한하며, 그 가운데 존재하는 모든 현상은 천차만별이다. 그러나 시간으로나 공간으로나 서로 의존해 성립되어 있고 동시에 서로 주고받으며 원만하게 조화를 이룬다. 열 가지 연기 가

운데 주요 원리며, 나머지 아홉 가지는 이 기본 원리를 잘 정리한 것이다. 이를 법장은 금사자로 비유했다. 금사자라고 할 때 금과 사자는 동시에 갖추어진다.

②모든 것은 각기 넓고 좁음이 있으나 자재하여 장애가 없다[광협자재무애문廣狹自在無碍門]; 넓기 때문에 한계를 갖고 있지 않고, 좁기 때문에 공간을 갖고 있지 않아 서로 포용한다.

③하나가 모든 것을 받아들이고 모든 것에 하나가 받아들여지나 구별이 되어 있다[일다상용부동문一多相容不同門]; 보편적인 진리인 하나는 많은 존재 가운데 두루 있으며, 하나로서 많은 것을 받아들인다. 이것과 저것이 서로 걸림 없이 융합하는 상입相入의 논리다.

④모든 것은 서로 주가 되고 서로 객이 됨에 자재하다[제법상즉자재문諸法相卽自在門]; 자신을 부정하고 자기를 다른 것과 동일시함으로써 종합적인 동일화가 이루어진다. 서로 자기를 없애 다른 것과 같아지는 상즉相卽의 논리다.

⑤은밀하면서 드러나고 드러나면서 은밀함이 갖추어져 있다[은밀현료구성문隱密顯了俱成門]; 금사자를 보고 사자라 보면 금은 감추어져 있고, 금이라 보면 사자는 감추어져 있다. 그러나 한 가지가 숨었다고 해서 없는 것은 아니다.

⑥미세하나 큰 것을 훼손함이 없이 온전히 받아들인다[미세상용안립문微細相容安立門]; 무한 세계가 티끌 속에 존재하며, 이들 세계의 모든 먼지 속에 또다시 무한세계가 존재한다는 의미다.

⑦서로 받아들임이 무한하고 무진하다[인다라망법계문因陀羅網法界門]; 앞에서 살펴본 인드라망의 비유에서처럼 구슬 하나하나가 다른 모든 구슬을 받아들이고 서로 비침이 끝없이 펼쳐지게 된다.

⑧각각 차별이 있는 사물에 깃들어서 차별의 모양을 드러낸다[탁사현법생해문託事顯法生解門]; 모든 존재는 그대로 비로자나의 법신法身이다.

⑨한 생각에 오랜 세월을 포함하나 시간이 서로 혼잡함이 없이 구분되어 있다[십세격법이성문十世隔法異成門]; 과거·현재·미래 3세에 각각 과거·현재·미래가 있어 9세가 되고, 그 9세가 한 생각에 포함되므로 한 생각을 합해 10세라고 한다. 그리하여 한 생각이 10세 무량겁이요 무량겁이 한 생각이다.

⑩하나가 주가 되어 모든 것을 동반하고 모든 것이 주가 되어 하나를 동반한다[주반원명구덕문主伴圓明具德門]; 어떤 존재도 스스로 홀로 생겨나지 않으며, 서로 주인이 되고 객이 되어 조화롭고 더불어 살아간다.

나. 여섯 가지 모양이 원융하다[육상원융六相圓融].

화엄종에서 여섯 가지 모양이 원융하게 구성하여 우주 법계를 유지한다고 설명한다. 곧 우주 전체가 하나의 통일된 화합체며, 각 존재들은 서로 의존하여 성립한다고 한다. 여섯 가지 모양은 총상總相·별상別相·동상同相·이상異相·성상成相·괴상壞相을 말한다.

①총상總相; 여러 가지 부분들이 모여 전체를 이루고 있는 모양을 말한다.

②별상別相; 전체를 구성하고 있는 개별 모양을 말한다. 전체가 원만히 존재하기 위해서는 개별 모양들이 각자 특수성을 가지고 있어야 한다. 개별이 없으면 전체가 없고 전체가 없으면 개별도 없다.

③동상同相; 하나하나가 서로 조화해 모순되지 않고 성립되어 있는 모양을 말한다.

④이상異相; 서로 혼동되지 않고 있으면서 각기 모습을 잃지 않고 조화되어 있는 모양을 말한다.

⑤성상成相; 부분이 유기적인 관계를 가지고 모여 성립하고 있는 모양을 말한다.

⑥괴상壞相; 각자 본연의 모양을 가지고 함께 성립하고 있는 모양을 말한다.

이를 법장法藏은 『오교장五敎章』에서 집의 구조에 비유한다. 기둥·서까래·대들보가 모여서 형성된 집은 총상總相, 기둥·서까래·대들보가 각각 다른 상태로 있는 것을 별상別相, 기둥·서까래·대들보가 서로 조립해 집을 이루는 있는 것을 동상同相, 그러면서도 각각 독자적인 모습을 가지면서 서로 구별이 있는 것을 이상異相, 기둥·서까래·대들보에 의해 집이 만들어지는 것을 성상成相, 기둥·서까래·대들보가 조립되어 있으면서도 각각 본래 모양을 가진 것이 괴상壞相이다.

총상과 별상은 체體에, 동상과 이상은 상相에, 성상과 괴상은 용用

에 나누어 설명하기도 한다. 별상·이상·괴상은 차별해 다르므로 항포문行布門 또는 차별문이라 하고, 총상·동상·성상은 원만 융통해 모두 포용하므로 원융문圓融門 또는 평등문이라고 한다. 그러나 항포와 원융은 둘이 아니고 서로 무애하다.

총상(總相)	집	보편성	체(體)	평등문(平等門)
별상(別相)	서까래 등	특수성		차별문(差別門)
동상(同相)	서까래 등이 화합하여 집을 이룸	유사성	상(相)	평등문(平等門)
이상(異相)	서까래 등이 서로 다름	다양성		차별문(差別門)
성상(成相)	서까래 등이 모든 연이 집을 이룸	통합성	용(用)	평등문(平等門)
괴상(壞相)	서까래 등이 본래의 모습을 가짐	차별성		차별문(差別門)

모든 존재는 서로를 방해하지 않으면서 전체와 부분, 부분과 부분이 서로 의존하는 관계로 이루어져 원만하게 융화되어 있다고 한다.

5) 성기性起사상

성기性起란 『60화엄경』의 「보왕여래성기품寶王如來性起品」에서 비롯된 말로, 성性은 곧 여래성이며 불성佛性이다. 그러므로 『80화엄경』에서는 「여래출현품如來出現品」이라고 했다. 여래성은 불생불멸의 존재이고 기起는 생멸하는 움직임을 의미한다. 모든 만물은 서로 연기에 의해 존재하나 그 본래 본성은 존재한다는 의미다. 모든 존재는 처음부터 본래 있는 그대로 여래의 청정함이 드러난 것이다.

성기사상은 이미 『보성론寶性論』에서 '여래성기如來性起'사상으로 나타난다. 인도에서 일어난 '여래성' '여래장' 사상이 중국불교에 그대로 받아들여진다.

여래장사상에서는 여래성을 은폐하는 근본 장애가 무명無明이라고 했으나 화엄사상에서는 무명은 본래 없다고 한다. 무명은 본래 없으므로 처음부터 붓다와 중생이 다르지 않고, 생사가 열반과 다르지 않다. 바다의 파도는 바다 자체가 출렁거림이며, 바닷물이 일어남이 곧 여래성이 일어남이지 무명이 일으킨 게 아니다. 이는 어디에서 어떻게 바라보는 가에 따라 다르다. 바깥에서 바라보면 바람에 의해 파도가 일어나지만 안에서 보면 바닷물이 위로 솟아오른 것이다.

6) 정토사상

『화엄경』에 나타나는 정토는 연화장세계蓮華藏世界 또는 화장세계華藏世界라고 한다. 이 화장세계는 특정한 장소가 아니라 시방十方 어느 곳에나 있으며 보살행을 실천함으로써 나아갈 수 있는 곳이다. 화장세계는 오래 전에 비로자나불이 세운 원력과 닦은 행에 의해 이루어졌다고 한다.

『화엄경』에도 염불念佛·정토淨土·아미타불阿彌陀佛·본원本願·왕생往生 등의 용어들이 나오며, 화엄교학에서도 미타정토신앙을 받아들인다. 그러나 화엄종에서 본존불은 비로자나불이며 정토는 시방세계에 두루하며 자기 노력으로 왕생할 수 있다고 한다. 정토종에서는 본존불은 아미타불이며 정토는 서방세계에 있으며 아미타불에 의지하여 왕생한다고 한다.

	화엄종	정토종
주불(主佛)	비로자나불	아미타불
정토의 명칭	연화장세계	극락세계
정토의 소재	시방(十方)	서방(西方)
염불	관상(觀相)염불	칭명(稱名)염불
교의(敎義)	자력교(自力敎)	타력교(他力敎)

7) 선재동자의 구법순례

「입법계품入法界品」은 선재善財동자가 문수文殊보살의 법문을 듣고 도를 구하고자 하는 마음을 일으켜 남쪽으로 돌아다니면서 53선지식을 만나 가르침을 받고 마침내 자비의 상징인 보현보살을 만나 진리의 세계[법계法界]에 들어가는 행을 완성한다는 구도求道 이야기를 나타낸다.

선재동자가 만나는 사람은 하늘의 신과 보살, 브라만과 이교도, 비구와 비구니, 상인과 선원, 몸을 파는 여인, 어린이에 이르기까지 신분이 다양하다. 이는 보살행은 출가와 재가, 남녀노소, 신분과 귀천을 초월해 보편적으로 실천되고 있음을 의미한다.

법을 구하는 과정을 살펴보면 먼저 문수보살을 만나고서 여러 선지식을 만나 설법을 듣고 미륵보살을 만나고 다시 문수보살을 만나고 마지막으로 보현보살을 만난다. 이는 대승보살도가 지혜로부터 출발하여 자비로 나아가며 이론으로부터 실천으로 나아감을 의미한다. 곧 대승보살도가 이상으로 여기는 것은 자비의 실현에 있으며, 그 자비는 반야의 지혜를 실천함으로써 전개된다. 이를 보현행普賢行이라고 하며, 「입법계품入法界品」의 내용만을 모은 『40화엄경』에 대해 『불가사의해탈경계보현행원품不可思議解脫境界普賢行願品』이라는 부제를 붙인 뜻이 여기에 있다.

문수 (文殊)	→	여러 선지식	→	미륵 (彌勒)	→	문수 (文殊)	→	보현 (普賢)
지혜(智慧)				자(慈)		지혜(智慧)		비(悲)

이론·지혜 ⟶ 실천·복덕

5. 화엄 수행

화엄종은 이론에 치우친 면이 있어 구체적인 수행은 다른 종파에 비해 뚜렷하지 못하다. 화엄 수행으로 보현보살의 행원과 관법을 든다.

1) 보현보살의 열 가지 원력[보현행원普賢行願]

보현보살이 세운 열 가지 원력으로 『40화엄경』마지막에 붙어있다. 선재라는 구도자를 내세워 보현의 행을 구체화했으며, 화엄의 수행법은 보현의 행원에 초점이 맞춰져 있다. 보현보살의 열 가지 원력은 모든 보살의 원력을 대표한다고 할 수 있다.

① 모든 붓다를 예배하고 공경하고자 원하고[예경제불원禮敬諸佛願]
② 여래를 찬탄하길 원하고[칭찬여래원稱讚如來願]
③ 널리 공양을 닦길 원하고[광수공양원廣修供養願]
④ 업장을 참회하길 원하고[참회업장원懺悔業障願]
⑤ 남이 지은 공덕을 함께 기뻐하길 원하고[수희공덕원隨喜功德願]
⑥ 진리를 설해 주시기를 요청하길 원하고[청전법륜원請轉法輪願]
⑦ 붓다가 항상 세상에 머물기를 요청하길 원하고[청불주세원請佛住世願]
⑧ 언제나 붓다를 따라 배우길 원하고[상수불학원常隨佛學願]
⑨ 언제나 중생을 가르치고 인도하길 원하고[항순중생원恒順衆生願]
⑩ 지은 바 모든 공덕을 널리 함께 나누길 원한다[보개회향원普皆廻向願].

2) 관법觀法

관觀이란 직관直觀, 체험의 뜻으로 관법이란 어떻게 번뇌를 끊느냐는 수행이다. 두순杜順이 지은 『법계관문法界觀門』에는 진공관眞空觀, 이사무애관理事無礙觀, 주변함용관周遍含容觀으로 나누어 설명한다. 진공관이란 참된 공의 이치를 관찰하는 수행이고, 이사무애관이란 이치와 사물이 서로 가로막지 않고 있음을 관찰하는 수행이고, 주변함용관이란 법계의 모든 사물들이 서로 가로막지 않고 머금어 용인함을 관찰하는 수행이다.

이 관법을 연기관緣起觀과 성기관性起觀으로 나누어 설명하기도 한다. 연기관은 현상세계의 모든 존재가 형성되어 있는 걸 관찰하는 수행이요, 성기관은 진리세계에는 우리 한마음이 본래 깨달음이고 모든 존재는 처음부터 본래 있는 그대로 여래의 청정함이 드러난다는 걸 관찰하는 수행이다.

3) 수행 계위

화엄사상에서는 중생들이 수행을 통해 붓다의 지위에 나아가는 과정을 보살도菩薩道라고 하여 그 수행과정을 십신十信, 십행十行, 십주十住, 십회향十廻向, 십지十地, 등각等覺, 묘각妙覺, 불佛의 53단계로 나누어 설명한다. 53계위는 『보살영락본업경菩薩瓔珞本業經』의 수행 단계를 받아들여 재구성한 것으로 깨달음으로 나아가는 실천이라 할 수 있다.

『화엄경』	10주→10행→10회향→10지→불(佛)	41위
『영락본업경』	10신→10주→10행→10회향→10지→등각,묘각	52위
화엄사상	10신→10주→10행→10회향→10지→등각,묘각,불	53위

정토사상

1. 정토신앙의 성립과 전개
2. 교상판석-난행도難行道와 이행도易行道
3. 정토삼부경淨土三部經
4. 정토사상의 내용
5. 정토 수행

　　　　　　　　　　　정토신앙은 재가신자들이 보시 布施하고 청정한 생활을 하면[지계持戒] 하늘에 태어난다[생천生天]는 초기불교사상의 연장이라고 할 수 있다. 인간은 누구나 고통과 번뇌가 있는 현실세계를 벗어나 평안하고 즐거운 세상을 그리워하게 되고 하늘에 태어나기를 바란다.

　초기불교에서 부파불교시대까지는 신앙의 직접적인 대상으로 샤카무니붓다만을 인정했으나, 대승불교가 일어나면서 진리를 깨달으면 누구나 붓다가 될 수 있다는 사상이 생겨났다. 시방세계에 수많은 붓다가 있고, 붓다가 머물고 있는 세계는 수없이 많다고 여겼다. 그리하여 시방十方에 모두 붓다의 세계가 있다고 했으며, 사방四方에 붓다를 조각하거나 중앙을 포함해 다섯 붓다를 그려 예경했다.

붓다가 머무는 세계[불국토佛國土]는 '맑고 깨끗한 땅'이라 하여 정토淨土라 했으며, 이에 비해 중생들이 사는 세계는 '더러운 땅'이라 하여 예토穢土라 했다. 일반 대중들이 널리 신앙했던 정토사상으로는 미륵보살이 있는 도솔兜率정토와 아촉불阿閦佛이 있는 동방묘희東方妙喜정토와 아미타불이 있는 서방극락西方極樂정토가 있었다. 그러나 세월이 흐르면서 일반적으로 정토신앙이라고 하면 아미타불이 계신 서방극락정토를 가리키게 되었다.

중생이 사는 더러운 땅은 각종 위험과 고난이 시시각각 닥쳐와 생명을 보존하기 어려울 뿐만 아니라 갖은 유혹과 번뇌가 우리들을 괴롭힌다. 그러나 아미타불이 있는 깨끗한 땅은 누구나 쉽게 깨달음을 얻을 수 있으므로 그러한 깨끗한 땅에 태어나기를 원한다.

흔히들 정토신앙은 이해 능력이 낮은 사람[하근기下根機]들이 하는 수행이라고 하여 수준이 낮은 신앙으로 여기는 사람도 있다. 그리고 죽은 자를 위해 아미타불을 외우는 일이 정토신앙인 줄 잘못 이해하는 사람도 많다. 그러나 대승불교의 대학자인 와수반두世親세친도 『정토론』을 지었으며, 그 첫머리에 '세존이시여, 저는 일심으로 시방의 무애광無碍光여래에게 귀명하오니 안락국에 태어나기를 원하옵니다.'하고 발원한다. 중국에서도 혜원慧遠·천태天台·연수延壽선사와 같은 수많은 고승들이 정토수행을 했다. 정토신앙이야말로 출가수행자나 재가신자들이 오랫동안 신앙해 왔고, 염불은 누구나 쉽게 이해하고 실천할 수 있는 불교수행이라 할 수 있다.

1. 정토신앙의 성립과 전개

1) 정토신앙의 성립

정토신앙의 발생연대를 정확히 알 수는 없지만 일반적으로 까니쉬까왕 무렵인 2세기경 서북인도에서 일어났다고 추정한다. 이는 초기 대승경전에 정토사상이 언급되어 있고 정토경전의 번역시기 등을 통해 알 수 있다. 나가르주나가 저술한 『대지도론』(저자에 대한 의문이 제기되고 있음)과 『십주비바사론』 가운데 정토사상이 있어, 2~3세기경에는 상당히 발달한 형태였음을 알 수 있다.

가장 객관적인 사실은 중국에서 번역된 경전을 통해 알 수 있다. 지루가참支婁迦讖이 179년에 번역한 『반주삼매경般舟三昧經』에 아미타불과 그 정토에 대한 내용이 있는 사실로 보아, 아미타불의 신앙이 『반주삼매경』이 성립하기 이전부터 성립했음을 알 수 있다. 그리고 『무량수경』은 지겸支謙이 223년~228년또는 222년~253년에 번역했다 하므로, 『무량수경』은 인도에서 늦어도 200년 전후에는 성립되었다고 본다.

고고학적인 근거로는 인도 마투라 교외에서 꾸사나왕조 후위쉬까Huviṣka왕 시대의 명문이 새겨진 아미타불상 대좌가 발견되어 2세기경에 이미 인도 본토에 아미타불 신앙이 유행했었다는 사실이 밝혀졌다.

이러한 사실들을 통해 정토사상의 가장 원초적인 형태는 최소한

100년경까지 거슬러 올라간다고 할 수 있다.

정토경전에 보살의 집단이나 불탑신앙을 언급하고 있기 때문에 초기대승불교시대 반야경전류의 부류와는 다른 집단에 의해 성립되었다고 생각된다.

2) 정토신앙의 전개

(1) 인도의 정토신앙

『십주비바사론』은 『화엄경』의 「십지품十地品」을 주석한 논서인데 여기에 보살행을 닦는 자가 물러나지 않는 경지에 들어가는 길을 어렵게 나아가는 길[난행도難行道]과 쉽게 나아가는 길[이행도易行道]로 구별했다. 어렵게 나아가는 길이란 육로로 걸어가는 것과 마찬가지로 오랜 세월에 걸쳐 힘들게 수행함을 말하며, 쉽게 나아가는 길이란 배를 타고 즐겁게 가는 것으로 믿음을 가지고 모든 붓다의 이름을 부르면 그 공덕으로 불퇴전不退轉의 경지에 도달할 수 있다고 했다. 그리고 아미타불의 덕을 찬탄하고 본원本願을 들어 아미타불을 생각하고 명호를 부르며 귀의하면 반드시 아뇩다라삼먁삼보리무상정등정각無上正等正覺를 얻을 것이라고 했다.

『대지도론』에서도 임종에 다다르면 아미타불이 와서 맞이한다는 내용과 법장비구의 불국토 장엄을 설명한다.

『십주비바사론』과 『대지도론』이 나가르주나의 저술인가 하는 논란은 있으나, 이 책의 저자는 분명 인도출신이며 공의 사상을 연구하는 자이므로 인도 정토사상의 발달형태를 보여주는 중요한 저술이라 할 수 있다.

아상가무착無着의 저술인 『섭대승론』은 유식사상을 밝힌 저술이다. 여기에서 극락정토에 태어나고 싶다고 원하면 왕생할 수 있으며 게으른 중생을 수행에 전념하도록 하기 위해 방편으로 설한 것이라고 했다. 이는 유가행파의 입장에서 정토사상을 비판한 내용이라고 할 수 있다.

와수반두세친世親는 원래 부파불교의 설일체유부 학자였으나 형인 아상가의 권유로 대승불교로 전향해 유식사상의 대성자가 되었다. 그의 저술 가운데『무량수경우바제사원생게無量壽經優婆提舍願生偈)』(일반적으로『정토론淨土論』또는『왕생론往生論』이라고 부른다)는『무량수경』에 주석을 붙여 정토사상을 이론과 실천의 양면에서 정리한 것이다. 와수반두는 유식 사상가의 입장에서 정토사상을 살펴보았으나, 아상가와는 달리 오히려 정토사상을 적극적으로 권장한다.『정토론』은 인도의 정토사상을 조직적으로 정리한 논서로 뒷날 중국·한국·일본의 정토교학에 많은 영향을 주었다.

(2) 중국의 정토신앙

중국의 정토신앙은 후한·삼국시대 정토사상에 대한 경전이 번역되면서부터 시작되었다. 지루가참이 179년『반주삼매경』을 번역했는데, 여기에 아미타불을 오로지 생각하면 친견할 수 있다는 내용이 있다.

중국 정토사상의 흐름은 대체로 세 단계로 나눈다.

첫째는 여산廬山의 혜원慧遠, 334~416이 백련결사白蓮結社를 일으켜 정토신앙을 이끈 시기다. 『반주삼매경』의 가르침에 따라 계율을 엄격히 지키고 명상을 하면서 마음으로 아미타불을 관찰하여 꿈에서나 실제로 아미타불을 만나고 서방정토에 태어나기를 원했다. 그러나 정토교학은 아직 형성되지 않았다.

둘째는 이른바 정토삼부경을 중심으로 하여 담란曇鸞, 476~532과 도작道綽, 562~645을 거쳐 선도善導, 613~681가 크게 이루고 회감懷感, 8세기경과 소강少康, ?~805으로 이어진 시기다.

담란曇鸞은 와수반두의 『정토론』에 대한 주석서인 『정토론주淨土論註』를 저술했으며, 나가르주나의 공사상과 와수반두의 유식사상을 종합하고 절충해 자신의 주관적 이해를 명확히 드러냈다. 정토삼부경을 중심으로 정토사상을 확립하고자 했으며, 중국 고유의 민간신앙도 받아들여 정토사상을 중국에 정착하는 기틀을 마련했다.

도작道綽은 정토신앙을 정리하여 『안락집安樂集』을 저술했다. 도작은 말법末法에 대한 강한 인식을 가지고 있었으며, 『관무량수경』을 중요시하여 말법중생이 왕생하는 길은 염불이 맞는 수행법임을 강조했다.

선도善導는 염불 실천에 전념하고 『아미타경』 십만 권을 베꼈으며, 『관무량수경소觀無量壽經疏』와 『왕생예찬게往生禮讚偈』 등을 저술했다. 선도는 정토신앙의 마음가짐과 수행법 그리고 실천방법을 조직화하여 정토신앙의 이론과 실천을 체계화했다. 극락과 지옥을 대조적으로 보여주는 정토변상도淨土變相圖를 그려 대중에게 나눠주고 붓다의 이름을 부르는 염불[칭명염불稱名念佛]을 가르쳐 장안에 염불소리가 끊이지 않았다고 한다.

셋째는 자민삼장慈愍三藏 혜일慧日, 680~784이 선·정토·계율을 함께 수행할 것을 주장했으며, 중국 후대 여러 종파들의 사상이 융합하는 데 많은 영향을 준 시기다.

당대唐代 말기末期 영명연수永明延壽, 904~975는 『만선동귀집萬善同歸集』을 저술하고 선과 정토신앙을 함께 수행할 것을 역설했으며, 이러한 경향은 이후 불교계에 널리 일반화되었다. 염불과 선의 결합이 보편화되고, 그러한 영향으로 붓다와 정토가 오직 마음에 있다는 사상 [유심정토唯心淨土]으로 나아갔다.

자력왕생파 (自力往生派)	여산혜원(廬山慧遠, 334~416)	서방극락세계에 왕생하기 위해서는 살아생전에 염불삼매(念佛三昧)를 수행해야 한다. 곧 자신이 아미타불의 이름을 부르면서 빠져드는 선정[삼매]의 힘을 길러야 서방극락세계에 왕생할 수 있다.
타력왕생파 (他力往生派)	담란(曇鸞, 476~524) 도작(道綽, 562~645) 선도(善導, 613~681)	정토수행을 하는 자는 특별한 다른 수행을 하지 않더라도 죽는 순간에 아미타불을 부르기만 하면 아미타불의 원력에 의해 서방극락세계에 왕생할 수 있다.
선정쌍수파 (禪淨雙修派)	자민혜일(慈愍慧日, 689~748) 영명연수(永明延壽, 904~975) 영지원조(靈芝元照, 1048~1116) 운서주굉(雲棲袾宏, 1535~1615)	선과 정토를 함께 수행해야 한다. 선종과 정토종의 사상이 성숙되고 서로 충돌이 있은 다음 절충안으로 성립되었으며, 자력파와 타력파의 조화설이기도 하다.

2. 교상판석 - 난행도難行道와 이행도易行道

　정토교의 입장에서는 깨달음을 위해 닦는 수행의 어렵고 쉬운 정도에 따라 어렵게 나아가는 길과 수행하기 쉬운 가르침으로 나누기도 하고 말법사상을 배경으로 성인의 문과 정토의 문으로 나눈다. 그리고 깨달음에 이르는 시기에 따라 점차로 깨치는 가르침과 단박에 깨치는 가르침으로 나누기도 하고 자기 노력에 의한 신앙과 남의 도움에 의한 신앙으로 나눈다.

(1) 어렵게 나아가는 길[난행도難行道]과 쉽게 나아가는 길[이행도易行道]

　깨달음으로 나아가기 위한 수행의 어렵고 쉬운 정도에 따라 힘들고 어렵게 나아가는 길[난행도難行道]과 빠르고 쉽게 나아가는 길[이행도易行道]로 나눈다. 정토교이외 붓다의 가르침은 자기 힘에 의지해 현세에서 깨달음을 얻도록 권하는 수행으로, 수행하기 어려운 가르침이라고 한다. 이는 자신의 능력에 따라 오랫동안 고행을 닦아야 하므로 어렵고 느리며 고생스럽다. 이에 비해 정토교는 붓다의 구원에 의지해 깨달음을 얻을 수 있기 때문에 수행하기 쉬운 가르침이라고 한다. 이는 붓다의 원력에 따라 단번에 구원을 받으므로 쉽고 빠르며 즐겁다.

(2) 성인의 문[성문聖門]과 정토의 문[정문淨門]

말법시대 이전에는 인간의 수행 능력이 높아서 붓다의 가르침에 따라 수행하면 깨달음을 얻는 사람이 많으므로 이를 성인의 문[성문聖門], 성인의 길[성도聖道]이라 한다. 그러나 말법시대가 되면 인간의 수행 능력이 약해져서 삿된 교리에 빠져 깨달음을 얻는 사람이 없으므로 오직 붓다의 이름을 외움으로써만 깨달음을 얻을 수 있으므로 이를 정토의 문[정문淨門], 정토의 길[정도淨道]이라 한다.

(3) 점차로 깨치는 가르침[점교漸教]과 단박에 깨치는 가르침 [돈교頓教]

붓다의 가르침에 의해 중생이 이해하고 깨달아가는 과정이 점진적이기 때문에 점차로 깨치는 가르침[점교漸教]이라고 하고, 정토신앙은 번뇌를 끊지 않아도 정토에 태어나기 때문에 단박 깨치는 가르침[돈교頓教]이라고 한다.

(4) 자기 노력에 의한 신앙[자력신앙自力信仰]과 남의 도움에 의한 신앙[타력신앙他力信仰]

불교의 근본 가르침은 자기 노력에 의지하여 현세에서 깨달음을 얻도록 권하는 신앙[자력신앙自力信仰]이나, 정토신앙은 붓다의 이름을 부름으로써 붓다의 도움으로 깨달음을 얻을 수 있다는 신앙[타력신앙他力信仰]이다.

3. 정토삼부경淨土三部經

　대승경전의 3분의 1가량에 정토사상이 담겨있을 정도로 정토사상을 나타내는 경전이 많으나 훗날 중국 정토종에서 주요 경전으로 삼은 것은 『불설무량수경佛說無量壽經』·『불설관무량수경佛說觀無量壽經』·『불설아미타경佛說阿彌陀經』으로, 이 셋을 정토삼부경淨土三部經이라고 한다.

(1) 『불설무량수경佛說無量壽經』2권
　모두 12차례에 걸쳐 번역되었으나 현재는 다섯 번역본이 남아있다. 중국·한국·일본에서 널리 유통되는 경전은 위魏나라 강승개康僧鎧가 252년에 번역한 경전이다.
　영취산에서 아난다의 물음에 붓다가 응답한 내용으로 그 중심사상은 무량수불(아미타불)의 본원本願이다. 무량수불의 전신前身인 법장비구가 48원을 세우고 수행해 무량수불이 되었으며, 동시에 공덕과 장엄이 원만히 갖추어진 극락정토를 건설했다. 이러한 무량수불과 극락정토의 모습을 상세하게 묘사하고 있다.
　그리고 극락정토에 왕생하기를 원하는 사람들을 능력과 수행의 공덕에 따라 상배上輩·중배中輩·하배下輩로 분류하고 이들은 모두 염불을 중심으로 여러 가지 수행을 하여 왕생할 수 있다고 밝힌다.

(2) 『불설관무량수경佛說觀無量壽經』

이 경의 본래 이름은 『불설관극락국토무량수불관세음보살대세지보살경佛說觀極樂國土無量壽佛觀世音菩薩大勢至菩薩經』으로 송宋나라 강량야사畺良耶舍가 번역했다. 이름 그대로 극락세계의 장엄과 그 나라에 계시는 아미타불과 좌우에서 보좌하는 관세음과 대세지보살을 관찰하는 경이다. 이 경은 샤카무니붓다가 마가다Magadha국 라자가하Rājagaha, 王舍城에서 와이데히Vaidehī, 위제희韋提希부인 등을 위해 정토왕생의 법을 설한 내용이다.

태자 아자따사뜨루Ajātaśatru가 아버지 빔비사라Bimbisāra왕을 가두고 굶겨 죽이려 계획하자 어머니인 와이데히부인이 왕에게 몰래 음식을 제공했다. 그러자 태자는 크게 화를 내어 어머니까지도 살해하려고 왕궁에 가두어버렸다. 와이데히부인은 슬퍼하며 샤카무니붓다를 향해 예배하고 왕림해 줄 것을 기원하자 붓다는 아난다와 목갈라나와 함께 나타나 시방세계의 정토를 보여주었다. 와이데히부인은 그 가운데 아미타불이 계신 서방 극락세계에 태어나길 원하자, 샤카무니붓다는 일상생활에서 세 가지 복을 지을 것과 열여섯 가지 관찰법을 설했다. 극락정토에 왕생할 수 있는 열여섯 가지 관찰법이 중요하며, 정토사상에서 매우 주요한 내용인 악인惡人의 구제와 여인의 성불이 설해져 있다.

(3) 『불설아미타경佛說阿彌陀經』

5세기초에 꾸마라지와구마라집鳩摩羅什가 번역했다. 주된 내용은 극락정토의 여러 가지 장엄과 극락에 왕생하는 방법을 설한다. 먼저 극락세계의 위치와 붓다의 이름과 정경을 묘사한다. 극락은 서쪽으로 10만억 불국토를 지난 곳에 있으며 괴로움이 없고 즐거움만 있는 세계다. 그곳에는 아미타불이 있는데 현재도 설법을 한다. 갖가지 보석으로 된 난간과 가로수가 있고 일곱 가지 보물[칠보七寶]로 꾸며진 연못과 여덟 가지 공덕을 갖춘 청정한 물[팔공덕수八功德水]과 미묘하고 아름다운 음악 등으로 장엄되어 있다. 이렇게 장엄을 널리 설하는 이유는 모든 중생들이 극락정토에 왕생하고자 하는 마음을 내게 하기 위해서다. 아미타불은 광명이 무량하고 수명이 무한하며, 극락세계에 왕생하는 중생 또한 무량한 광명과 무한한 수명을 얻는다고 찬양한다.

다섯 가지가 흐린 나쁜 세상[오탁악세五濁惡世]에서 모든 중생을 위해 세상에서 믿기 어려운 법을 설명하는 것은 매우 어렵고 있기 어려운 일이므로 염불하여 극락왕생하라고 권한다. 그리고 아미타불의 이름을 듣고 1일이나 7일 동안 한마음으로 아미타불을 부르면 임종 때 아미타불과 여러 불보살의 안내를 받아 극락세계에 왕생할 수 있다고 했다. 그리하여 불교신자들은 임종 때나 재를 지낼 때 이 경전을 독송한다.

4. 정토사상의 내용

1) 극락정토와 아미타불

'붓다가 있는 세계'라는 의미로 불국토佛國土, Buddha-kṣetra라는 용어가 널리 사용되었고, '맑고 깨끗한 땅'이라는 의미로 정토淨土라고도 한다. 이는 번뇌를 벗어난 깨달음의 경지에 들어간 붓다와 보살이 머무는 청정한 국토를 의미한다. 붓다는 시방에 두루 존재한다는 사상에서 정토도 대단히 많을 수밖에 없으며, 이 가운데 서방정토를 극락세계라고 하며 그곳에 있는 붓다를 아미타불이라고 한다.

극락세계는 산스끄리뜨로 수카와띠sukhāvatī, 즐거움이 있는 곳이며 안락安樂 또는 안양安養이라고도 번역했다. 극락極樂은 말 그대로 지극히 즐거운 곳으로 불교도들이 상상하던 이상세계였다. 극락세계에는 일곱 가지 보석으로 만든 연못이 있고, 그 연못에는 여덟 가지 공덕수가 가득 차 있다. 또 하늘의 음악과 새의 노래가 울려 퍼져 모든 이들을 즐겁게 해 주고 아미타불이 직접 설법을 하고 계신다. 극락세계의 장엄을 설명하면서 보배와 깨끗하고 아름다움 등으로 표현한 것은 많은 사람들에게 깨달음의 세계를 더 쉽게 이해하고 현실적으로 마음에 와 닿을 수 있도록 하기 위해서다.

아미타불이 있는 극락세계에는 여성이 없다. 이곳에 태어날 때 성에 대한 구별 없이 모두 동일한 성으로 태어나기 때문이다. 경전에서는 남성으로 부르지만 그것은 여성에 대칭되는 남성을 의미하지는 않는다.

아미타불은 산스끄리뜨로 아미따바Amitābha나 아미따유스Amitāyus라고 한다. 아미따바는 'a(부정의 의미)+mita(헤아린다)+ābha(광명)' 곧 '헤아릴 수 없는 광명'이라는 의미로 무량광불

無量光佛이라고 한다. 아미따유스는 'a(부정의 의미)+mita(헤아린다)+āyus(수명)' 곧 '헤아릴 수 없는 수명'이라는 의미로 무량수불無量壽佛이라고 한다.

초기불교경전 속에 샤카무니붓다는 수명이 무량하고 광명이 찬란하다는 내용이 나오므로, 아미타불은 초기불교의 붓다관을 배경으로 샤카무니붓다를 다르게 표현했다고 보는 게 타당하다.

아미타불(阿彌陀佛)	아미따바(Amitābha)	무량광불(無量光佛)
	아미따유스(Amitāyus)	무량수불(無量壽佛)

사리불이여, 이 붓다의 광명은 무량하여 시방의 나라를 비추어도 장애가 없기 때문에 아미타라고 합니다. 또 사리불이여, 이 붓다의 수명과 그 나라 사람들의 수명은 무량하고 무변한 아승지겁이기 때문에 아미타라고 합니다. -「아미타경」

2) 구원과 타력他力사상

중생을 구제하겠다는 붓다의 자비심과 구제받지 않을 수 없는 중생의 절박함이 서로 만나면 구제의 인연이 성립하게 된다. 붓다와 보살이 수행할 때 중생을 구제하리라는 발원을 하게 되는데, 법장비구 48원과 약사여래의 12원과 보현보살의 10대원 등이다. 그러므로 중생이 좌절과 고통 속에서 붓다의 본원本願을 믿고 의지할 때 구원은 이루어진다. 법장비구가 인류를 구제하겠다며 세운 원으로서 기본이 되므로 본원이라고 한다. 본원이란 '예로부터 세운 원'이란 의미며, 붓다의 자비심과 지혜가 아미타불의 원력으로 표현된 것이다. 어리석고 무기력한 중생은 단지 여래의 본원을 믿고 의지하기만 하면 구제된다.

『무량수경』에서는 진실한 마음으로 믿고 정토에 태어나기를 바라거나 열 번이라도 염불을 한 사람이면, 무간지옥에 떨어질 다섯 가지 나쁜 죄[오역죄五逆罪]를 범하거나 열 가지 무거운 죄[십악十惡]를 지은 자나 정법正法을 비방한 자를 제외하고는 모두 왕생할 수 있다고 했다. 그런데 『관무량수경』에서는 다섯 가지 나쁜 죄를 범하거나 열 가지 무거운 죄를 지은 자라 하더라도 임종에 이르러 아미타불의 명호를 부른다면 왕생할 수 있다고 했다.

이에 대해 선도善導는 "『무량수경』에서 다섯 가지 나쁜 죄를 범한 자와 정법을 비방한 자를 제외한 건 이 두 가지 죄를 범하면 아비지옥에 떨어져 그곳에서 나오지 못하기 때문에, 붓다는 모든 중생들이 이러한 잘못을 범하는 일을 두려워하여 죄를 짓지 않게 하기 위해 방편으로 설했으며, 구제되지 않는다는 건 아니다."고 했다.

『무량수경』에는 극락에 왕생하는 사람들을 세 부류로 나누어 설명한다.

① 위의 무리[상배上輩]; 출가수행자로서 여러 가지 금욕적인 엄격한 수행을 하고 아미타불을 생각하는 마음이 한결같아 임종할 때 아미타불이 여러 대중과 함께 나타나 인도하여 극락정토에 태어난다. 지혜는 용맹하고 신통은 자유자재하게 된다.

②중간 무리[중배中輩]; 출가수행자로서 큰 공덕을 닦지 못한 자나 재가자로서 보시 등의 선행을 쌓고 보리심을 내어 극락에 왕생하고자 하는 마음이 하루도 끊이지 않는 자는 임종할 때 아미타불이 여러 대중과 함께 나타나 인도하여 극락에 태어난다. 공덕과 지혜가 위의 무리 다음간다.

③아래 무리[하배下輩]; 출가하지도 선행을 쌓지도 못했지만 온 마음을 다해 열 번 아미타불을 생각하며 불국토에 태어나기를 발원하거나 법문을 듣고 기뻐하는 자는 임종할 때 아미타불을 보아 죽은 뒤에 극락에 태어난다. 공덕과 지혜가 중간무리 다음간다.

아미타불을 믿고 그 원력으로 정토세계에 왕생하게 된다는 정토신앙은 다른 이의 도움을 받아 정토세계로 나아가게 된다는 타력他力신앙이다. 이는 스스로 계율을 지키고 선정을 닦아 지혜를 획득하는 자력自力신앙에 대비되는 말이다. 말법세계에 자기 힘으로 보살의 경지를 확립하는 일은 매우 힘들며, 타력신앙은 믿음의 대상인 아미타불의 원력으로 쉽게 행할 수 있는 수행이다.

3) 말법末法사상

정토사상은 현실의 고통과 고난을 강조하고 이러한 극한 상황에서 나약하고 업장이 두꺼운 자신의 힘으로는 깨달음을 이룰 수 없다는 의식에서 싹트기 시작한다. 우리들이 처해 있는 현실사회는 붓다의 바른 가르침이 실천되지 않는 험악한 시대며, 다섯 가지가 혼탁한 사회[오탁악세五濁惡世]로 여러 가지 괴로움이 있다는 걸 심각하게 묘사한다.

석존이 입멸 후 시대가 지남에 따라 불교가 쇠퇴하게 되고 이에 따라서 삿된 가르침[사교邪敎]과 외도外道의 가르침이 널리 퍼지며 인간의 능력도 쇠약해지고 마침내 불교가 멸망한다는 비관적인 역사관이다.

(1) 삼시三時설

도작道綽은 불교의 역사적인 쇠퇴를 정법正法시대·상법像法시대·말법末法시대로 구분했다.

① 정법正法시대; 샤카무니붓다가 입멸한 후 오백년 동안은 붓다의 가르침이 널리 퍼지고 수행을 열심히 하는 사람도 많아 깨달음을 얻는 사람이 많다.

② 상법像法시대; 정법시대 이후 오백년 또는 천년동안은 가르침과 수행은 있지만 깨닫는 사람은 없다. 상법시대라 할 때 상像은 '비슷하다' '닮다'는 뜻으로 정법시대와 닮은 시대라는 의미다. 붓다의 교법은 있지만 수행하는 사람의 능력이 낮기 때문에 실제로 깨달음을 얻는 사람이 없는 시대다.

③ 말법末法시대; 상법시대 이후 만년 동안은 가르침만 있고 수행하는 사람도 없고 깨닫는 사람도 없다. 붓다의 가르침은 있어도 인간의 능력과 소질이 약해지고 삿된 가르침에 빠져 악인이 되고

깨달음을 얻는 사람이 없는 시대다. 세상이 불교를 수행하지 못할 정도로 타락해서 결국 불교가 완전히 사라진다고 한다.

(2) 오시五時설

『대방등대집월장경大方等大集月藏經』에는 샤카무니붓다가 입멸한 후의 시대를 오백년씩 다섯 기간으로 나누어 각 오백년간 불교계의 모습을 예언한다.

①처음 오백년 동안은 불교의 지혜智慧를 견고하게 닦아 해탈을 얻는 자가 많으며[해탈견고解脫堅固]

②다음 오백년 동안은 정법을 닦고 선정禪定삼매에 들어 머무는 자가 많으며[선정삼매견고禪定三昧堅固]

③다음 오백년 동안은 불교수행은 없어지고 다만 경전을 듣고 읽는 자가 많으며[독송다문견고讀誦多聞堅固]

④다음 오백년 동안은 이미 불교수행은 하지 않고 절과 탑을 세워서 복을 쌓거나 참회해서 공덕을 얻으려는 일이 많으며[다조탑사견고多造塔寺堅固]

⑤마지막 오백년 동안은 불법은 사라지고 투쟁을 일삼으며 머리를 깎고 가사를 입고서 파계하는 거짓 승려들이 나온다[투쟁견고鬪爭堅固].

(3) 오탁악세五濁惡世

말법시대에는 다섯 가지가 오염된 세상이라고 하여 중생에게 열려진 가르침은 정토왕생의 가르침이 있을 뿐이라고 주장했다.

① 무질서한 시대로 기근饑饉·질병疾病·전쟁戰爭이 일어나 재앙이 따르고 시대가 흐려지고[겁탁劫濁]

② 이기주의와 삿된 견해와 삿된 법이 다투어 일어나 부정한 사상이 넘쳐나고[견탁見濁]

③ 사람들의 마음이 욕망이나 의혹 등의 번뇌로 가득해 흐려지고 [번뇌탁煩惱濁]

④ 사람들이 나쁜 행위만을 하여 인륜과 도덕을 돌보지 않고 나쁜 결과를 두려워하지 않으며[중생탁衆生濁]

⑤ 인간의 수명이 점차 단축되고 비명으로 죽는다[명탁命濁].

4) 유심唯心정토

정토신앙은 정토에 왕생往生하고자 함이 목적이다. 왕생이란 '가서 태어난다'는 의미로, 이는 중생이 사는 더러운 땅[예토穢土]에서 아미타불이 있는 깨끗한 땅[정토淨土]으로 가서 태어난다는 의미다. 시간으로는 정토에서 새로운 출생을 의미하며 공간으로는 서방 극락정토로 향함을 의미한다.

대승불교의 반야사상에서 바라보면 이러한 시간과 공간의 정토사상은 그대로 받아들일 수 없다. 그리하여 정토사상가들은 이러한 모순을 해결하려는 여러 가지 사상을 시도했으며, 정토를 수행자의 마음에 일어나는 해탈로 보았다. 이렇게 하여 시간으로나 공간으로 동일하게 된다.

모든 것은 오직 마음이 지은 바이므로 정토도 마음 따라 나타나는 것이며, 중생의 마음 가운데 존재한다고 보는 사상이다. 인간의 본래 마음이 청정하다는 사실을 깨달으면 이 사바세계가 그대로 정토라는 의미다. 이는 『유마경』과 유식사상 그리고 화엄교학과 선종과 밀교 등에서 나타나는 사상이다.

『유마경』에서 '보살이 정토를 얻고자 한다면 마땅히 그 마음을 청정히 하라. 그 마음 청정하면 곧 불토佛土도 청정해진다.'고 한 내용은 마음이 청정하면 이 사바세계가 바로 정토라는 주장이다. 그리고 유식교학에서는 '모든 것은 오직 마음[만법유식萬法唯識]'이라는 생각을 가지므로 정토도 중생의 마음에서 비롯한다고 주장한다. 화엄사상에서도 '모든 것은 오직 마음이 짓는다[일체유심조一切唯心造]'고 했으니 정토 또한 마음이 짓는 바라는 주장을 할 수 있다. 혜능은 『육조단경』에서 '어리석은 자는 자신의 성품을 깨닫지 못하므로 마음 가운데 정토를 알지 못하고 동쪽을 원하고 서쪽을 원하나 깨달은 자는 있는 곳이 그곳이다.'고 하여 마음이 본래 청정한 것을 깨달으면 사바세계가 그대로 정토라고 했다. 연수선사도 『만선동귀집萬善同歸集』에서 '마음을 알면 바로 오직 마음정토에 태어난다.'고 했다.

이처럼 모든 현상은 자기 마음으로부터 나온다는 이 '오직 마음'의 도리를 깨닫고 자기 마음을 청정하게 하면 유심唯心정토를 깨닫게 된다. 나아가 아미타불은 다른 곳에 있지 않고 바로 자기 성품이 바로 아미타불[자성미타自性彌陀]임을 알게 된다.

5. 정토 수행

극락정토에 왕생하는 방법은 경전에 따라 여러 가지가 있으나 정토종에서는 세 가지 마음을 가지고, 세 가지 복을 지으며, 염불을 하고, 열여섯 가지 관찰법, 다섯 가지 실천방법을 수행한다.

1) 세 가지 마음[삼심三心]

왕생하기 위해 수행함에는 정토사상에 대한 깊은 신앙심이 필요하다. 정토에 왕생하기를 원하는 자들은 세 가지 마음[삼심三心]을 가져야 한다고 규정하고 이를 안심安心이라 부른다. 선도善導는 『관무량수경』에 근거하여 세 가지 마음을 주장했으며, 이 세 가지 마음을 갖추면 반드시 왕생할 수 있다고 한다.

①몸으로 붓다에 예배하고 입으로 붓다를 찬탄하고 생각으로 붓다를 관찰하는 진실한 마음[지성심至誠心]

②자기가 범부임을 믿고 아미타불의 절대적인 구원에 의한 왕생을 깊이 믿는 마음[심심深心]

③자신이 닦은 모든 선善을 회향해서 모든 중생이 왕생하기를 원하는 마음[회향발원심廻向發願心]이다.

2) 세 가지 복[삼복三福]

『관무량수경』에는 극락세계에 왕생하고자 하는 이가 닦아야 할 세 가지 복을 말한다.
- ①부모에게 효도하고, 스승과 어른을 받들어 섬기며, 자비로운 마음으로 산목숨을 죽이지 않고, 지극한 마음으로 열 가지 좋은 행위[십선업十善業]를 해야 한다[세복世福].
- ②불佛·법法·승僧 삼보에 귀의해 여러 가지 계율을 지키며, 절제된 행동과 예의를 바르게 해야 한다[계복戒福].
- ③보리심을 일으켜 깊이 인과의 도리를 믿고 대승경전을 독송하며, 다른 이에게도 그렇게 하도록 힘써 권해야 한다[행복行福].

3) 염불

문자 그대로 붓다를 마음속에 간직하고 한마음으로 붓다를 생각하는 수행이다. 오늘날 염불이라 하면 일반적으로 붓다의 이름을 부르며 생각함을 말하나, 염불에는 네 가지가 있다.
- ①자신과 아울러 모든 법의 진실한 본성인 법신法身을 관찰하면서 생각함[실상염불實相念佛]
- ②단정히 앉아 한마음으로 붓다의 무량한 공덕을 관찰하면서 생각함[관상염불觀想念佛]
- ③한마음으로 붓다의 원만한 상호를 관찰하면서 생각함[관상염불觀像念佛]
- ④붓다의 이름을 부르며 생각함[칭명염불稱名念佛]이다.

『무량수경』에서 법장비구의 48원 가운데 18원에는 아미타불의 모습을 늘 생각해 다른 생각을 하지 않고 계속적으로 열 번만 생각하면[십념十念] 정토에 태어날 수 있다고 했다.

> 내가 붓다가 될 때 시방의 중생들이 지극한 마음과 믿음과 환희심을 내어 내 나라에 태어나기를 바라고 그렇게 열 번 불러도 태어나지 못한다면 나는 붓다가 되지 않으리라. - 『무량수경』「제18원」

4) 열여섯 가지 관찰법[십육관법十六觀法]

『관무량수경』에서 모든 중생들이 서방극락세계를 관찰하는 열여섯 가지 관찰법을 말한다. 붓다의 위신력에 의지하여 극락세계의 지극히 묘한 장엄과 즐거운 일들을 보고나면 중생의 마음이 환희에 사무쳐 불생불멸不生不滅의 진리를 깨닫게 된다.

① 서쪽에 지는 해를 바라보면서 생각을 집중하면 저절로 극락의 장엄함이 선명하게 나타나게 된다[일상관日想觀].

② 청정한 물을 생각하고 그것이 얼음이 되어 투명한 유리처럼 빛나는 것을 보고, 그 유리 아래 정토의 땅이 갖가지 보배로 반사되는 모습을 관찰한다[수상관水想觀].

③ 맑고 투명한 유리로 된 땅을 관찰해 눈을 뜨나 감으나 그 영상이 흩어지지 않게 해야 한다[지상관地想觀].

④ 정토에는 일곱 줄로 늘어선 보배나무가 있으며 모든 보배나무는

칠보로 되어있고, 그 위를 큰 진주로 엮은 그물이 덮어져 있고 나무마다 갖가지 빛이 나온다고 관찰한다[보수관寶樹觀].

⑤일곱 가지 보석으로 장식된 연못이 있는데 밑바닥에는 금강의 모래가 깔려 있으며, 여덟 가지 공덕의 물이 채워져 있고, 무수한 연꽃이 피어있다고 관찰한다[보지관寶池觀].

⑥정토에는 500억 개의 보배로 된 누각이 있고, 그 속에는 수많은 하늘나라 사람들이 음악을 연주하며, 허공에 매달린 악기는 저절로 울려 붓다와 가르침과 승가를 생각하라 가르친다고 관찰한다[보루관寶樓觀].

⑦붓다가 앉은 연화대는 연꽃으로 되어 있으며 한 꽃마다 8만4천 개의 꽃잎이 있고, 꽃잎사이에 백억 개의 마니보주가 있고 각 마니보주는 일천의 광명을 놓아 정토를 비춘다고 관찰한다[화좌관華座觀].

⑧아미타불이 중앙의 연화대에 앉아있고 관세음보살·대세지보살이 보좌하고 있는 모습과 정토의 장엄을 관찰한다[상상관像想觀].

⑨아미타불의 몸이 위대함과 붓다에서 나오는 광명이 무량하고 그 속에 수많은 화신불과 화신보살이 있음을 관찰한다[진신관眞身觀].

⑩관세음보살의 몸은 광명으로 빛나는 영락을 두르고 중생을 인도하는 모습을 관찰한다[관음관觀音觀].

⑪대세지보살이 고통 받는 중생을 인도하는 모습을 관찰한다[세지

관勢至觀].

⑫ 자기 자신이 정토에 태어나서 연꽃 속에서 가부좌를 하고 앉았는데 그 연꽃 봉오리가 오므라졌다가 활짝 피어나는 모습을 관찰한다[보관普觀].

⑬ 아미타불이 신통력으로 시방세계 모든 국토에 변화하여 나타나고 관세음보살과 대세지보살도 같은 모양으로 나타남을 관찰한다[잡상관雜想觀].

⑭ 정토에 왕생하기 위해 수행하는 능력이 뛰어난 사람을 관찰한다[상배관上輩觀].

⑮ 정토에 왕생하기 위해 수행하는 능력이 보통인 사람을 관찰한다[중배관中輩觀].

⑯ 정토에 왕생하기 위해 수행하는 능력이 낮은 사람을 관찰한다[하배관下輩觀].

5) 다섯 가지 실천방법[오념문五念門]

와수반두의 『정토론』에는 정토에 왕생하기 위한 다섯 가지 실천방법을 제시한다.

① 아미타불에게 예배하고[예배문禮拜門]; 정토에 태어나고자 하는 마음을 갖기 때문이다.

② 입으로 공덕을 찬탄하면서[찬탄문讚嘆文]; 입으로 아미타불의 이름을 부르며 지관止觀을 수행하기를 원하기 때문이다.

③마음속으로 항상 원을 세우고[작원문作願門]; 한마음으로 안락국 토에 태어나기를 집중해서 사마타[지止]를 수행하기를 원하기 때문이다.
④지혜로써 관찰하고[관찰문觀察門]; 바른 마음챙김[정념正念]으로 불국토의 장엄공덕을 관찰하고 아미타불의 장엄공덕을 관찰하고, 모든 보살들의 공덕 장엄을 관찰하며 위빠사나[관觀]을 수행하기를 원하기 때문이다.
⑤고통 받는 모든 중생을 버리지 않기를 마음속에 항상 원을 세워야한다[회향문廻向門]; 공덕을 모든 중생에게 베풀어 함께 정토에 왕생하고자 대비심을 성취하기 위해서다. 앞의 네 가지 수행으로 얻은 정토왕생의 공덕은 물론 자신의 왕생을 위함이었지만 이제부터는 자신만을 위한 것으로 삼지 말고 모든 중생을 위해 베풀라는 의미가 회향문을 세운 진정한 의미다. 이는 대승불교의 근본정신인 '모든 중생과 함께'라는 보리심을 드러낸 것이다. 불교에서는 기도를 마친 후 회향게송을 읊는다.

원하건대 이러한 공덕이	원이차공덕願以此功德
모든 이에게 널리 미쳐서	보급어일체普及於一切
나와 중생이 함께	아등여중생我等與衆生
극락세계에 태어나	당생극락국當生極樂國
아미타불을 뵙고	동견무량수同見無量壽
모두 부처가 되게 하소서.	개공성불도皆共成佛道 －「회향게」

이 다섯 가지 실천의 주요내용은 사마타와 위빠사나를 수행하여 왕생하는 업으로 삼아라는 데 있다. 사마타와 위빠사나 수행은 유가행瑜伽行이므로 와수반두의 다섯 가지 실천방법은 유식사상을 배경으로 성립되었음을 알 수 있다. 이는 후대 염불왕생과는 상당히 차이가 있지만, 업을 보리심으로 순화시킨 점은 이후 『무량수경』해석에 길을 마련해 주었다.

04 선禪사상

1. 선이란 말뜻
2. 선의 기원과 전개
3. 선의 분류
4. 선사상의 내용
5. 선의 정신
6. 선 수행

             과학의 발달과 함께 물질 만능주의에 젖어 인간성이 상실되고, 인간 상호간의 불신과 인간이 소외당하는 현실에서 자기 존재에 대한 새로운 자각이 일어나고 있다. 이러한 현실에서 인간의 근원을 찾고 인간으로서 참된 삶의 가치를 되찾을 수 있는 선의 정신과 문화에 많은 관심을 가지는 건 당연한 일이다.

    선은 인도에서 비롯되었으며 하나의 독립된 사상이라기보다 인도 사상의 바탕이 되는 명상수행yoga이라 할 수 있다. 인도의 선이 보리달마菩提達摩, ?~536에 의해 중국에 전래되고 선 수행을 통해 깨달음을 얻는다는 선종禪宗을 형성했다. 선종의 수행방법인 좌선은 고대

인도에서 발생한 이래 그 외형은 변화가 없으나, 사상은 중국에 이르면서 다양하게 변화했다.

선종은 '문자에 얽매이지 않고 경전 이외 따로 전하며, 사람의 마음을 직접 가리켜 본성을 보고 깨달음을 이룬다[불립문자 교외별전 직지인심 견성성불 不立文字 敎外別傳 直指人心 見性成佛].'고 표방한다. 이는 언어와 문자의 가르침에 의지하지 않고 인간의 참된 성품을 보게 되면 바로 붓다가 된다는 의미다.

선의 궁극적인 목적은 깨달음을 얻는 것이며 문자와 교리는 깨달음을 얻기 위한 수단에 불과하다. "달을 가리키면 달을 보지 손가락 끝은 왜 보나."하는 선사의 말처럼 손가락은 달을 보게 하는 수단일 뿐이지 목적은 아니다.

1. 선이란 말뜻

산스끄리뜨 드야나dhyāna를 중국에서 소리대로 번역하여 선나禪那라 했다. dhyāna는 '깊이 생각하다' '숙고하다'라는 뜻을 가진 √dhyai에서 비롯되었다. 소리대로 번역한 선禪과 내용을 번역한 사思를 합해 선사禪思라 하기도 했는데, 선사禪思와 선나禪那를 줄인 말이 선禪이다. 이를 '조용히 생각한다'는 의미인 정려靜慮로 번역하거나, '사유하는 수행'이라는 의미인 사유수思惟修로 번역한다.

정려의 정靜은 적정寂靜의 뜻으로 그침[지止] 곧 정定을 의미하며,

려慮는 사려思慮의 뜻으로 관찰[관觀] 곧 혜慧를 의미하므로 정려靜慮란 정定과 혜慧를 함께 갖춘 것이다. 사유수思惟修란 마음을 한곳에 모아 움직이지 않게 하고 자세히 사유思惟하는 수행을 뜻한다.

또한 선을 선정禪定이라고 하기도 하는데 여기서 정은 '집중한다'라는 의미인 삼매三昧, samādhi를 번역한 것으로, 마음을 평정하게 유지하며 하나의 대상에 정신을 모으는 일을 말한다. 이를 중국에서는 등지等持라 번역한다.

초기불교 여덟 가지 바른 길의 하나인 바른 정신집중정정正定, samma-samādhi은 사마디samādhi를 번역한 말이며, 대승불교에서 보살도의 실천인 여섯 바라밀 가운데 선정禪定은 디야나dhyāna를 번역한 말이다.

dhyāna; 선정, 정려, 사유수	śamatha; 지(止)	정(定)
	vipaśyana; 관(觀)	혜(慧)
samādhi; 삼매(三昧), 정신집중		

2. 선의 기원과 전개

1) 붓다이전의 요가명상

B.C. 3,000년경 고대 인더스문명의 유적지에서 요가yoga의 자세

를 하고 있는 인장印章이 발견되고 눈을 반쯤 감고 요가를 수행하는 석제石製 흉상胸像이 발견되었다. 이로써 명상은 인도 원주민인 드라위다drāviḍa족에 의해서 이루어진 문화라는 사실이 밝혀졌다. 이러한 요가의 수행법이 아리안족의 침입이후 브라만 사이에 수용되어 초자연적인 위력을 얻기 위해 요가를 실천하는 경향을 갖게 되었다.

요가yoga란 어원이 √yuj (연결하다, 결합하다)이며, 신과 인간과의 결합을 뜻한다. 요가는 산란한 마음을 안정하여 신과 자신이 하나임을 깨닫는 명상을 의미한다. 4~5C경 빠딴잘리Patañjali가 정리한 요가 경전인『요가수뜨라yoga-sutra』에는 요가의 수행과정을 금지해야 할 내용[금계禁戒], 권장하는 내용[권계勸戒], 앉는 방법[좌법坐法], 호흡을 조절하는 법[제식制息], 다섯 가지 감각기관을 제어하고[제감制感], 모든 감각기관이 정지되어 움직이지 않고 잘 유지하고[집지執持], 정신을 한 곳으로 모으고[정려靜慮], 삼매三昧에 드는 여덟 단계로 나눈다.

요가의 내용을 다음과 같이 네 가지로 분류한다.
① 갸나 요가jñāna yoga; 인간의 심오한 마음에 있는 본래 지혜를 닦아 청정하고 투철한 해탈 지혜에 도달함을 목적으로 하는 지혜 요가다.
② 까르마 요가karma yoga; 자기에게 주어진 일을 성심성의껏 하여 해탈을 구하는 실천 요가다.
③ 박띠 요가bhakti yoga; 절대자에게 자신의 전 생명을 맡기고 믿고 따름으로써 지혜 요가와 동일한 해탈에 이름을 목적으로 하는

신애信愛 요가다.
④라자 요가Rāja yoga; 합리적이고 질서 있는 방법에 의해 몸과 마음을 통일함으로써 해탈을 구하는 대왕 요가다.

『바가와드 기따』에는 ①②③ 셋을 해탈에 이르는 수행으로 보고 있으며, 불교의 선정禪定은 ④에 해당된다고 볼 수 있다.

2) 붓다의 선

고따마 싯다르타는 출가하여 알라라 깔라마Alāra Kālāma와 우드라까 라마뿌뜨라Udraka Rāmaputra에게서 수정주의修定主義를 수행하고 다시 고행을 한 후, 현실적이고 합리적인 선정을 고안하여 수행했다. 붓다는 선정의 실천구조를 지관止觀으로 설명하고 있는데 지止, samātha는 '집중하다'는 의미로 정신을 한 곳에 모아 번뇌와 분별작용이 사라지는 것을 말한다. 관觀, vipaśyanā이란 '지혜로 대상을 관찰함'을 말한다.

『아함경』에는 지와 관의 두 법을 수행해 여러 번뇌를 정화하고 해탈을 증득한다고 했다.

> 아난존자가 지止와 관觀의 두 가지 법을 수행했고 다른 성스런 제자들도 지止와 관觀을 함께 수행해 모든 해탈을 증득했습니다. ― 『잡아함경』 11

> 지止를 수행하면 마침내 관觀이 성취되고, 관觀을 수행하면 또한 지止가

성취됩니다. 지止와 관觀을 함께 수행하면 모든 해탈계를 얻을 수 있습니다. ─ 『잡아함경』 17

초기불교에서는 색계色界의 4선정四禪定을 중심으로 점차적으로 수행하는 과정을 밝힌다. 부파불교에서는 마음을 정지하는 다섯 가지 관법과 네 가지 마음챙김을 수행한다.

가. 마음을 정지하는 다섯 가지 관법[오정심관五停心觀]

마음을 하나의 대상에 집중해 정지하는 다섯 가지 관찰이다.
① 탐욕이 많은 사람은 마음의 번뇌를 그치게 하기 위해 몸의 더러운 모습이나 해골을 관찰하는 부정관不淨觀을 하고
② 성냄이 많은 사람은 모든 중생을 자신의 부모와 자식처럼 공경하고 사랑하는 자비로운 마음을 내는 자비관慈悲觀을 하고
③ 어리석음이 많은 사람은 연기의 이치를 관찰하는 연기관緣起觀, 인연관因緣觀을 하고
④ 나와 내 것에 대한 집착이 많은 사람은 몸과 마음이 여러 가지 원소가 잠시 화합해 이루어졌다는 것을 관찰하는 계분별관界分別觀을 하고
⑤ 산란함이 많은 사람은 들이쉬고 내쉬는 숨을 헤아리는 수식관數息觀을 한다.

나. 네 가지 마음챙김[사념처관四念處觀]

마음을 정지하는 다섯 가지 관법[오정심관五停心觀]을 수행한 후에는 다시 네 가지 마음챙김[사념처관四念處觀]을 수행한다. 이는 우리들 각자 몸과 감수성과 마음과 사물 등을 깊이 관찰해 마음을 외부의 대상에 빼앗기지 않고 안정하는 선정을 말한다.
　①자기 몸이 깨끗하지 못하다고 관찰해 마음으로부터 생겨나는 자신에 대한 집착을 제거하는 수행[신념처身念處]
　②다섯 감각기관을 통해 인식하는 즐거움은 모두 고통이라고 관찰하는 수행[수념처受念處]
　③우리 마음은 시시각각 변화한다고 관찰하는 수행[심념처心念處]
　④세상 모든 존재는 실체가 없으며, 내 것이라 할 것도 없다고 관찰하는 수행[법념처法念處].

　인도의 요가 명상법이 붓다의 깊은 사유와 깨달음을 통해 불교의 명상수행법으로 완성되어 남방불교에서는 위빠사나vipaśyanā로 전해진다. 위빠사나는 'vi(분리하다, 쪼개다, 관통하다)+paśyanā(관찰, 식별, 봄)'로 '꿰뚫어 봄, 통찰'을 의미한다. 위빠사나는 남방불교 수행법으로 초기불교 수행의 전통을 이어오고 있다.

다. 호흡법

　불교 명상에서 호흡법은 숨이 들어오고 나가는 것을 헤아려 관찰한다[수식관數息觀]. 이러한 호흡법의 기본 원리를 설명하는 경전이 『불설안반수의경佛說安般守意經』이다. 안반수의란 산스끄리뜨 아나

빠나 사띠ānāpāna-sati를 소리대로 번역한 것으로 'āna(들숨)+apāna(날숨)+sati(사고의 집중)' 곧 호흡에 생각을 집중해 마음을 진정하는 명상법이다.

3) 중국의 선종禪宗

선禪은 인도에서 발생했지만 선종禪宗이 성립되고 사상이 완성된 것은 중국이라 할 수 있다. 초기에는 호흡법을 설한 『안반수의경』이나 대승계통의 『반주삼매경般舟三昧經』을 통해 선을 수행했다.

서천西天의 28조인 보리달마에 의해 시작된 달마선은 『능가경楞伽經』을 중심으로 이입사행二入四行의 사상을 내세웠다. 도에 들어가는 데에는 두 가지 문이 있으니 이치로 들어가는 문[이입理入]과 실천으로 들어가는 문[행입行入]이 있다고 했다. 이치로 들어가는 문이란 경전의 가르침에 따라 마음을 깨달아 진리와 하나가 되는 걸 말한다. 실천으로 들어가는 문에는 네 가지가 있다.

①어떠한 괴로움이 닥쳐도 그것을 자신이 지은 나쁜 업의 결과라고 생각해 달게 받아들이며, 원망스럽고 괴로운 마음을 참고서 도를 닦으며[보원행報怨行]

②즐거움과 괴로움, 이익과 손해 등은 모두 인연에 따른 것이라 관찰하여 마음이 조금도 동요하지 않고 스스로 도에 따르며[수연행隨緣行]

③모든 존재는 공空이며, 현실세계에는 편안함이 없다는 걸 깨달

아서 아무 것도 구하거나 원하지 않으며[무소구행無所求行]

④본래 청정한 진리에 들어맞는 실천을 말하며, 직접적으로는 더러움이나 망상을 제거하기 위해서 모든 것이 공이라 관찰하여 육바라밀을 닦음[칭법행稱法行]을 말한다.

(1) 달마선의 전래

달마達摩의 선은 혜가慧可, 487~593에게 전해졌으며, 혜가는 6년간 달마에게 배우고 『능가경』의 정신을 이어갔다. 혜가의 뒤를 이은 승찬僧璨 ~606은 『신심명信心銘』을 지었다(그의 저술인가에 대한 의문이 있다).

제4조 도신道信, 580~651의 사상은 자세히 알 수 없으나 천태 지의와 함께 일행삼매一行三昧를 중시하고 그것을 통해 불성佛性을 깨달아야 한다고 주장했다. 홍인弘忍, 602~675은 황매현黃梅縣에 살면서 널리 선을 알렸으므로 동산법문東山法門이라고 한다. 홍인의 문하에 뛰어난 십대제자가 있었는데 그 가운데 신수神秀, 600~706와 혜능慧能, 638~713이 있었다.

(2) 신수神秀

신수는 북쪽의 낙양과 장안을 중심으로 활약하여 3황제의 국사國師가 되었다. 달마의 안심安心법문을 계승했으며, 『능가경』에 나타난 점수漸修를 주장했다. 『관심론觀心論』·『화엄경소華嚴經疏』·『묘리원성관妙理圓成觀』을 저술했다고 한다. 신수의 사상을 살펴보면 다음과 같다.

첫째 그릇된 견해를 없애면 붓다의 깨달음에 이른다. 그러므로 곧바로 성불할 수 있다고 했으며, 마음을 다스려 그릇된 견해[망견妄見]을 떠날 것을 강조한다. 모든 마음이나 생각을 막아버림으로써 생겨나는 지혜는 모두 바른 지혜라 했다.

둘째는 여섯 가지 모양[육상六相]의 사상과 연화장세계의 연기와 같은 화엄교학 뿐만 아니라, 『대승기신론』·『법화경』·『유마경』의 사상들을 받아들였다.

셋째는 선 수행의 구체적인 실천을 체계적으로 파악했다. 대승의 다섯 방편[대승오방편문大乘五方便門]과 점차적인 수행[점수漸修]에 의해 나아가도록 했다. 도신道信과 홍인弘忍으로부터 내려오는 다섯 방편은

① 붓다의 본체本體를 밝히면서는 『대승기신론』에 의거했으며
② 지혜의 문을 여는 데는 『법화경』에 의거했으며
③ 불가사의한 해탈을 나타내는 데는 『유마경』에 의거했으며
④ 모든 법의 올바른 성품을 밝히는 데는 『사익범천소문경思益梵天所問經』에 의거했으며
⑤ 만물에 차별이 없음을 이해하면 저절로 막힘이 없는 해탈문에 들 수 있는데 이는 『화엄경』에 의거했다.

(3) 혜능慧能

혜능은 남쪽지역을 중심으로 무념無念·무상無相·무주無住의 돈오頓悟에 의한 선을 주장했으며 중국 선종禪宗을 확립한 선사로 받들

어진다. 혜능의 사상을 담은 『육조단경六祖壇經』은 그의 제자인 법해法海가 기록했는데 남종선의 확립과정을 반영하고 있다. 여기에는 신수와 혜능이 읊었다는 게송이 각각 기록되어 있는데 북종의 점차적으로 깨닫는다는 점수사상과 남종의 단박에 깨닫는다는 돈오사상의 차이가 잘 나타난다.

몸은 깨달음의 나무요	신시보리수身是菩提樹
마음은 밝은 거울과 같다.	심여명경대心如明鏡臺
때때로 부지런히 털고 닦아서	시시근불식時時勤拂拭
티끌이 묻지 않게 하라.	막사야진의莫使惹塵矣 – 신수의 게송

깨달음은 본래 나무가 없고	보리본무수菩提本無樹
밝은 거울 또한 받침대가 없다.	명경역무대明鏡亦無臺
본래 한 물건도 없나니	본래무일물本來無一物
어느 곳에 티끌이 있으리오.	하처야진의何處惹塵矣 – 혜능의 게송

당시 세 황제의 국사國師로 달마정통선의 위치에 있던 신수를 비난하고 혜능을 달마선의 6조로 확립한 인물은 하택신회荷澤神會, 670~762다. 신회는 돈오頓悟의 입장에서 신수를 점수漸修의 가르침이라 비판했다. 신회를 중심으로 남종선이 널리 유행하여 이후 중국선종의 역사는 남종선의 역사라 할 수 있다. 남종선은 돈오돈수頓悟頓修에 대한 강조와 불보살에 대한 우상을 파괴하는 태도를 가졌으며,

경전과 의례를 무시하는 전통을 지녀 이를 새로운 종류의 선으로 불렀다.

이후 남종선에서는 마조도일馬祖道一, 709~788과 석두희천石頭希遷, 700~790과 같은 뛰어난 선승들이 배출되었다. 마조는 '마음이 곧 부처다[즉심시불卽心是佛]' '마음도 아니요 부처도 아니다[비심비불非心非佛]' '평상시의 마음이 도다[평상심시도平常心是道]'와 같은 사상으로 조사선의 가르침을 널리 폈다.

백장회해百丈懷海, 720~814는 선승들이 집단으로 수행생활을 하는데 필요한 규범과 교단의 조직과 운영을 위한 『백장청규百丈淸規』를 만들어 선종을 크게 발전시켰다. 그는 '하루 일하지 않으면 하루 먹지 않는다[일일부작 일일불식一日不作 一日不食]'는 유명한 일화를 남겼다. 이는 사원의 경제적 자립을 위하고 선종의 규칙을 정함으로써 선종이 독립할 수 있는 기초를 확고히 했다.

백장의 뛰어난 제자로 위산영우潙山靈祐, 771~853와 황벽희운黃檗希運, ?~850이 있다. 위산은 제자 앙산혜적仰山慧寂, 807~883과 더불어 선종 오가五家중 가장 먼저 위앙종潙仰宗을 열었다. 황벽의 문하에 임제의현臨濟義玄, ?~867이 배출되어 임제종臨濟宗이 탄생한다. 이후 중국에서 선종은 임제종이 주류가 되는데, 임제선의 특징을 살펴보면 다음과 같다.

첫째 있는 그대로 자기가 바로 붓다라 깊이 확신한다. '아무 가식이 없는 참사람[무위진인無位眞人]' '할 일을 다 마친 일없는 경계[평상무사平常無事]' '어느 곳이든 주체적인 삶을 살면 있는 곳이 모두 진실의 세계[수처작주 입처개진隨處作主 立處皆眞]' 등을 제시했다.

둘째 깨달음의 구체적 실천을 밖에서 구하지 말라고 했다. 붓다를 찾고 법을 찾고 삼계를 벗어남을 찾는 것이야말로 어리석음에 지나지 않는다 했다.

셋째 스스로 대자유인이 되라고 했다. 스스로 붓다라는 인식이 없으면 그 대상이 되는 모든 걸 쫓아다니고 그 대상에 끌려 다니게 된다. 그러므로 선사들은 '붓다를 만나면 붓다를 죽이고, 조사를 만나면 조사를 죽이라[살불살조殺佛殺祖].'고 했다.

임제에게 있어 깨달음이란 진정으로 지금 현실에서 자기의 본질을 깨닫고, 자기 자신의 자유를 실현하는 것이라고 할 수 있다.

석두의 문하에서 조동종曹洞宗·운문종雲門宗·법안종法眼宗이 열리게 되어 선종오가禪宗五家가 탄생하게 된다. 그리고 임제종에서 분파된 황룡파黃龍派와 양기파楊岐派를 더해 선종에서는 '오가칠종五家七宗'이라고 부른다.

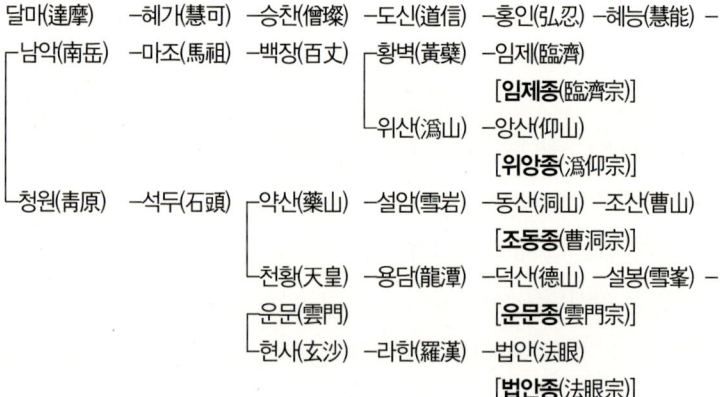

이후 당唐 중기에 이르면 선종의 흐름은 염불과 화엄교학 등이 통합하거나 융합하는 방향으로 나아간다. 이러한 경향은 송대宋代에 들어 화엄교학의 영향을 받은 법안종 계통에서 나왔는데 하나는 영명연수永明延壽, 904~975의 염불선念佛禪과 도원道原의 공안선公案禪이다.

연수는 스스로 매일 아침『법화경』을 독송하고 염불을 했으며, 화엄교학을 근본으로 삼아 선禪과 교敎의 일치와 선禪과 염불念佛을 함께 수행해야 한다고 주장했다. 그는『종경록宗鏡錄』·『만선동귀집萬善同歸集』의 저술을 남겼다.

임제종 대혜종고大慧宗杲, 1089~1163는 간화선看話禪을 주장했다. 연구해야할 하나의 문제에 정신을 집중하여 그를 통해 진실에 눈을 뜨는 수행방법이다.

명대明代이후 선은 정토·천태·화엄의 사상들을 받아들이고, 나아가 도교와 유교가 융합하고 민간신앙으로 점점 확대되는 경향을 보였다. 이 무렵 유명한 고승으로는 운서주굉雲棲袾宏, 1535~1615, 감산덕청憨山德清, 1546~1623 등이 있다.

중국 조사선의 선불교는 단순한 정신집중의 요가나 산란된 마음을 가라앉히고 번뇌를 퇴치하는 좌선의 실천적인 입장에 머무르지 않고 인간 각자의 근원인 본래 마음[불성佛性]을 스스로 깨닫고, 지혜와 덕성을 일상생활 가운데 전개하는 생활종교로 발전시켰다.

4) 한국의 선종

4조인 도신에게서 선을 세워서 돌아온 법랑法朗이 있고, 신수계통에서 수학하고 온 신행神行이 있었다. 그러나 본격적으로 전래된 것은 도의道義가 마조의 제자인 서당지장西堂智藏에게서 법을 받아 821년에 귀국하면서다. 이후 고려초에 이르기까지 아홉 산문[구산선문九山禪門]이 열리게 된다.

① 도의道義의 가지산문迦智山門; 전남 장흥 보림사寶林寺

② 홍척洪陟의 실상산문實相山門; 전남 남원 실상사實相寺

③ 혜철惠哲, 785~861의 동리산문桐裡山門; 전남 곡성 태안사泰安寺

④ 현욱玄昱, 787~826의 봉림산문鳳林山門; 경남 창원 봉림사鳳林寺, 폐사

⑤ 도윤道允, 798~868의 사자산문師子山門; 강원 영월 사자산사師子山寺, 현 법흥사

⑥ 무염無染, 800~888의 성주산문聖住山門; 충남 보령 성주사聖住寺, 폐사

⑦ 범일梵日, 815~894의 사굴산문闍崛山門; 강원 강릉 굴산사崛山寺, 폐사

⑧ 이엄利嚴, 870~936의 수미산문須彌山門; 황해 해주 광조사廣照寺, 북한 소재

⑨ 긍양兢讓, 878~956의 희양산문曦陽山門; 경북 문경 봉암사鳳巖寺.

이외에 진감혜소眞鑑慧昭, 774~850가 경남 하동 지리산에 옥천사玉泉寺, 현 쌍계사를 열었다.

고려중기 보조지눌普照知訥, 1158~1210이 조계선曹溪禪을 중흥했고, 고려말 원元에 들어가 임제선臨濟禪을 전해온 백운경한白雲景閑, 1290~1374, 태고보우太古普愚, 1301~1382, 나옹혜근懶翁慧勤, 1320~1376등이 있었다. 조선조에는 불교를 탄압하던 분위기속에서도 청허휴정淸虛休靜, 서산대사西山大師, 1520~1604이 나와 선禪과 교학敎學과 정토淨土신앙을 아우르고, 유교와 도교와 조화를 이루었다.

3. 선의 분류

(1) 규봉종밀圭峰宗密의 5종선五種禪

종밀은 선을 다섯 종류로 분류했다.

① 외도선外道禪; 인과因果를 믿지 않고 천상天上에 나기 위해 닦는다.

② 범부선凡夫禪; 인과는 믿으나 좋아하고 싫어하는 마음으로 닦는다. 다도, 서예 등을 통해서 정신을 집중하며 자신을 잊는 명상법이라 할 수 있다.

③ 소승선小乘禪; 나라는 것이 비었다는[아공我空] 것을 믿고 해탈을 위해 닦는다. 위빠사나 관법이 여기에 속하며 번뇌의 불길이 꺼지게 하는 선수행이다.

④대승선大乘禪; 나도 비었고 법도 또한 비었다는[아공법공我空法空] 것을 믿고 해탈을 위해 닦는다. 염불선 등 대승 일반에서 행하는 선이다.

⑤최상승선最上乘禪; 마음은 본래 청정해 번뇌가 없고 지혜의 성품은 본래 스스로 구족하여 이 마음이 곧 붓다라는 것을 깨달아 닦는다. 최상승선에는 여래의 교설에 의거해 깨닫는 여래선如來禪과 달마가 전한 석가의 마음을 마음으로 아는 조사선祖師禪이 있다고 한다. 조사선은 불완전한 나를 완전한 나로 만들어 가는 것이 아니라 본래 완전한 나를 확인하는 것으로 내가 이미 붓다임을 깨닫는 수행이다.

(2) 그 외에 선을 다음과 같이 구분하기도 한다.

①간화선看話禪; 옛 조사들의 깨달음을 이룬 화두話頭·공안公案을 가지고 좌선하는 것으로 임제종의 대혜종고大慧宗杲에 의해 이루어진다. 공안이란 '관공서의 문서'라는 뜻으로, 재판소의 판례라는 의미다.

②묵조선默照禪; 오직 마음을 쉬게 하고 고요하게 하는 것으로 조동종曹洞宗 계통에서 이루어진다. 우리는 본래 붓다기 때문에 묵묵히 좌선하는 가운데 신령하고 묘한 마음의 작용이 있고, 붓다의 지혜가 그대로 묵묵히 드러나 비춘다고 한다.

③염불선念佛禪; 자기 마음이 곧 붓다고, 우주를 붓다로 생각한다.

4. 선의 특징과 정신

송대이후 선종은 오가칠종五家七宗으로 나누어졌다. 이들 사이에는 가풍家風이나 종풍宗風의 차이는 있으나 교의상 차이는 크게 없었다. 가풍이나 종풍이란 법을 전하는 방법을 말한다. 임제종은 엄준하고 격렬한 가르침으로 제자들을 격려했고, 조동종은 친절한 교화방법으로 제자들을 인도했으며, 위앙종은 온화하고 우아한 시적 분위기로 제자들을 대했고, 운문종은 역설적인 문구로써 제자들을 가르쳤으며, 법안종은 능력에 따라 가르치며 제자들을 이끌었다.

이들은 서로 다른 모습의 가풍을 보였지만 다음과 같은 공통점을 보인다.

첫째 불립문자 교외별전不立文字 敎外別傳을 강조했다. 선은 문자로 쓰인 경전에 의지해서는 깨달음을 얻을 수 없다고 강조한다. 선은 언어나 문자가 아닌 마음으로 전한다[이심전심以心傳心]고 했다.

둘째는 언어나 문자보다 몸동작으로 제자들을 교화했다. 말로써 가르치기보다 몽둥이로 때리거나[방棒] 고함소리를 내거나[할喝] 불자拂子나 주장자를 들어 올리거나 내려놓는 동작을 통해 교화했다. 선가에는 흔히 '임제할 덕산방臨濟喝 德山棒'이란 말로 대변한다.

셋째는 간단하고 역설적인 문구로써 제자들을 교화했다. 특히 운문종의 선사들이 즐겨 사용했으며, 어떤 스님이 운문선사에게 "붓다란 무엇입니까?"하고 물으니 운문은 "마른 똥 막대기다."고 했다.

넷째는 교화하는데 형식에 구애받지 않는다. 화두가 등장하기 이전까지 선사들은 고정된 형식에 구애받지 않고 상황에 따라 의미를 달리하며 교화했다.

다섯째 공안公案을 활용했다. 송대이후 선사들은 한 마디의 말이나 동작으로 제자들을 교화했는데 이를 공안이라고 한다. 공안선公案禪을 유행시킨 사람은 임제종 대혜종고大慧宗杲, 1089~1163선사며, 이후 많은 선사들이 고정된 형식인 공안으로 제자들을 교화했다.

선의 정신은 모든 권위나 형식 등 피상적인 가치관이나 관념에서 탈피해 각자 인간 본래의, 자연 그대로 존재인 참된 자아[불성佛性]를 찾는 데 있다. 언제나 지금 여기에서 자기를 깨달음의 주체인 주인이 되어 살아가는 현실성의 재확인이라 할 수 있다. 그리하여 임제의현臨濟義玄은 '언제 어디서나 자신이 주인 되어 살아간다면, 자기 자신이 있는 곳이 모두 그대로 진실한 세계가 된다[수처작주 입처개진隨處作主 立處皆眞]'.고 했다. 언제나 자신이 주위나 환경의 분위기에 꺼둘리고 매몰되어 자신을 잃어버리지 않고, 자기 본래 마음이 주인 되어 지혜롭게 살아가도록 강조한다.

곧 선수행을 실천하여 근원적인 각자 본래 마음을 자각하고, 붓다와 여러 조사처럼 반야 지혜로 각자 인생관과 종교관을 확립해야 한다. 그리하여 모든 망념과 근심걱정, 초조와 불안 등에서 벗어나 편안하고 여유 있게 각자의 인생과 삶을 살아가야 한다.

선은 남이 대신 할 수도 없고, 기도와 바람만으로 이룰 수 없으며, 오로지 본인 스스로 실천하여 깨달음으로 나아가는 종교다.

5. 선사상의 내용

1) 불성佛性 사상

초기경전인 『앙굴마라경』과 『대반열반경』에서 이미 '모든 중생은 붓다의 성품을 가졌다.'고 했으며, 대승불교의 여래장사상에서 모든 중생은 여래의 성품을 가졌다고 주장했다. 이러한 여래장사상이 붓다의 성품이라는 불성佛性 사상으로 나아가고 『화엄경』에서는 성기性起 이론으로 표현한다.

선종에서도 이러한 불성사상을 받아들여 각자 가진 불성을 깨닫도록 강조한다. 선종에서 찾고자 하는 주인공과 본래 면목, 본성本性과 자성自性과 본래 마음 등은 모두 불성佛性의 다른 이름이다. 그리하여 자기 성품을 보고 붓다가 되라고 일깨운다. 선종에서는 언제나 본래부터 자신이 가진 붓다의 성품을 깨닫도록 강조한다. 선 수행은 결국 각자 불성을 깨닫기 위한 기본적인 수행이다.

모든 권위나 형식 등 피상적인 가치관이나 관념에서 벗어나 각자 인간은 본래 자연 그대로 존재이면서 참된 자아인 본래 마음을 깨달아야 한다. 그리하여 언제나 지금 여기에서 자신이 깨달음의 주체인 주인이 되어 살아가야 한다.

2) 반야般若의 공空사상

불교에서 지혜는 번뇌와 망상을 버리고 산란한 마음을 가라앉히고 정신집중을 통해 모든 존재는 그 성품이 비었음을 관찰할 때 비로소 생겨난다. 우리는 모든 존재에 꺼둘리거나 집착하지 않는 공空의 실천을 통해 반야의 지혜를 얻어 막힘없이 살아가야 한다. 반야의 지혜란 분별하지 않고 꿰뚫어 앎[직관直觀]이라고 할 수 있다. 부분으로 분별하고 분석을 통해 사물을 인식하는 지식이 아니라, 선의 수행을 통해 전체로 통찰하고 종합으로 인식하는 지혜다.

선정을 통해 모든 것이 공空이라는 지혜를 얻을 수 있고 지혜를 통해 열반에 이를 수 있으므로, 선 수행은 곧 지혜를 얻어 열반에 이르는 길이다.

3) 생활 속의 종교

인도사상의 특징은 종교와 철학과 생활이 일치한다는 데 있고, 불교는 신神의 문제나 숙명宿命의 문제가 아닌 현실에 놓인 우리들의 문제를 해결하고자 한다. 여기에 중국인의 현실적인 사고가 덧붙여진 선종의 사상은 철저히 현실적이라 할 수 있다.

'이 마음이 바로 붓다'라는 사상과 '평상시의 마음이 그대로 도'라는 사상은 조사선祖師禪이 곧 일상생활의 종교로 전개되고 있음을 보여준다.

평상심이란 바깥 경계나 주변 분위기에 자기를 잃어버린 중생의 마음이 아니라, 모든 번뇌와 망상이 없는 근원적인 마음이며 본래 불성佛性을 말한다.

이러한 평상심으로 일상생활을 살아가는 그대로 바로 진실하고 참된 삶이며, 이러한 지혜로 인간의 평범한 일상 모든 일을 걸림 없이 살아가야한다고 조사선은 주장한다.

4) 유심唯心사상

대승불교의 여러 경전에서 한결같이 주장하고 있는 것이 바로 모든 것은 오직 마음이 짓는다는 사상이다. 『화엄경』에서는 '마음과 붓다와 중생, 이 셋은 차별이 없다[심불급중생 시삼무차별心佛及衆生 是三無差別]'고 하여 중생의 마음이 곧 붓다라고 말한다. 『대승기신론』에서도 '마음이 일어나면 갖가지 법이 일어나고, 마음이 사라지면 갖가지 법이 사라진다[심생즉종종법생 심멸즉종종법멸心生則種種法生 心滅則種種法滅]'고 했다.

이러한 사상이 선종에서 자기 마음을 깨닫도록 강조하게 되는 사상적인 배경이 되었다. 선사들은 모든 법의 근원이 각자의 마음에 있으므로 '이 마음이 곧 붓다[시심시불是心是佛]' '이 마음이 붓다를 이룬다[시심작불是心作佛]'고 했다.

> 여러분들은 모두 각자 자기 마음이 바로 붓다임을 확신하십시오.
>
> — 『마조어록馬祖語錄』

6. 선수행

근래 서양에서 선에 대한 관심이 높아지고, 선원이나 요가, 명상센터 등이 많이 생겨나고 있다. 그리고 뇌파측정을 비롯한 여러 가지 과학적인 분석을 통해 선 수행이 정신과 육체에 미치는 영향 등을 연구하고 이를 환자치료에도 이용한다. 선 수행은 일상생활에서 겪는 수많은 갈등과 스트레스를 해소하고, 마음을 편안하게 해 주기 때문이다. 선은 현실을 살아가는 재가자들이 보람찬 인생을 살아갈 수 있는 지혜와 능력을 기르는데 도움이 되는 게 사실이다.

그러나 단순히 마음의 번뇌를 가라앉히고, 들뜬 마음을 쉬게 하는 게 선 수행의 목적이 아니다. 선 수행은 우리들 자신이 본래 가진 청정하고 진실한 본성을 깨닫는 과정이다. 참된 지혜와 훌륭한 인격을 완성하기 위한 훈련이며, 나아가 윤회의 고통으로부터 벗어나기 위해서다. 선 수행은 결코 남이 대신할 수 없으며, 자신이 몸소 실천하고 수행하면서 스스로 깨달음으로 나아가는 과정이다. 그래서 반드시 깨달음을 얻고 중생들을 구원하겠다는 보살의 원력을 확고히 세우고 결코 물러서지 않겠다는 마음으로 정진해야만 한다.

출가자가 아닌 재가불자가 본격적인 선 수행을 혼자서 해나가게 되면 마군魔群의 장난이나 장애가 생길 때 이를 판단하기가 어렵고 극복하기가 쉽지 않다. 그러므로 선을 지도해줄 지도자가 필요하며, 선에 대한 전문지식이 필요하다. 오늘날 한국전통의 간화선을 지도하는 시민선원도 있고, 남방의 위빠사나선을 가르치는 곳도 많다. 선

수행을 제대로 하고자 하는 자는 반드시 선지식을 찾아 지도를 받으며 수행해야 한다.

1) 선 수행의 의미

선을 수행하는 의미를 다음과 같이 요약해 볼 수 있다.

첫째는 자신을 냉철히 비판하고 반성하기 위해서다. 자신이 살아가고 있는 삶에 대한 철저한 분석이 없다면 앞날의 올바른 삶을 살아갈 수 없다. 그러기 위해서는 먼저 자기 자신을 향해 '나는 누구인가?'하고 스스로 질문하면서 자기를 깊이 바라다보고 비판하고 반성하는 일부터 시작해야 한다. 자신과의 진실한 대화를 통해 진실하고 행복한 삶을 이끌어갈 수 있다.

둘째는 내 인생의 주인공이 되기 위해서다. 자신의 주인공이 자신임을 모르고 밖의 존재에 매달려 정신을 잃고 살고 있는 우리는 자신이 이 세상의 주인공임을 항상 깨달아야 한다. 무엇인가에 얽매여 끌려가는 삶이 아니라 내가 내 인생을 이끌어가는 삶이 되어야 한다.

셋째는 지혜로운 자기를 만들기 위해서다. 인간은 본래 청정한 자성을 가지고 있으나 번뇌와 망상으로 더럽혀져서 밝게 빛나지 못한다. 세상 모든 존재는 다섯 무더기로 이루어져 인연을 따라 생겨나고 인연이 다하면 사라진다는 진리를 깨달음으로써 지혜를 개발하고자 한다.

넷째는 자신이 가진 무한 능력을 발휘하기 위해서다. 우리는 무한한 잠재능력을 가졌다. 인간은 창조되어진 하찮은 존재가 아니라 붓다가 될 성품을 본래 가진 존재임을 깨달음으로써 무한한 능력을 발휘할 수 있다.

다섯째는 언제나 깨어 있는 자신을 만들기 위해서다. 붓다는 깨달은 자며 항상 깨어있는 자다. 자기 안위와 편리를 위해 침묵하고 방관하지 않고 현실 문제를 직시하고 해결하려 했다. 눈이 있어도 보지 않고 귀가 있어도 듣지 않고 입이 있어도 말하지 않는다면 이는 죽은 자다. 고통 받는 수많은 중생들을 구원하기 위해 늘 깨어있어야 한다.

여섯째 창조하는 자신이 되기 위해서다. 고정된 형식과 사상에 구속되어 행복과 만족을 느끼는 삶이 아니라 자신만의 삶을 창조하며 살아가야 한다. 선사들이 '붓다를 만나면 붓다를 죽이고 조사를 만나면 조사를 죽이라'고 하는 극단적인 표현을 스스럼없이 하는 이유가 여기에 있다.

일곱째 대자유인이 되기 위해서다. 사람은 태어나면서부터 고정관념과 선입견 등으로 자기 울타리를 만들어 그 속에서 구속당하고 살면서 편안을 느낀다. 마치 누에고치가 실을 만들어내며 자기 자신을 가두고 그 속에서 죽어가는 삶을 살아가는 거와 같다. 인연의 실을 자아내나 그것에 얽매이지 않고 자유자재할 수 있어야만 한다. 마치 거미가 실을 타고 다니듯.

2) 선 수행의 구조

선 수행을 제대로 하기 위해 먼저 선의 구조와 특성을 이해해야만 한다.

첫째 선은 개인의 자유와 주체성의 확립을 강조하면서도 수행에서는 일정한 수행 방법의 체계와 행위 규범을 엄수할 것을 강조한다. 선원청규禪院淸規라는 실천적 행위에 대한 규범을 따라야 하고 올바른 스승 아래에서 엄격한 지도를 받으며 자신을 수행해 나가야 한다. 지도자 없이 혼자 수행을 하게 되면 마귀의 장난에 놀아나거나, 정신과 육신의 병을 얻을 수 있으므로 조심해야만 한다.

둘째 선 수행은 간결하고 단순한 실천을 강조한다. 좌선은 단순한 수행이지만 불교의 근원인 진리의 세계를 모두 섭렵하고 소화하여 가장 본질적인 것을 모아 불법의 궁극적인 진리를 직접 체득하는 일이다. 오직 좌선 수행만을 하지만 모든 불법의 가르침을 자기화하는 가장 구체적이고 실천적인 수행이라 할 수 있다.

셋째 언어나 문자에 의존하지 않고 직접 체험하는 선 수행은 자기 몸으로 직접 수행하여 체험을 통해서 각자가 깨달아야 한다. 언어문자의 경전이나 과학적인 지식, 대상적인 인식이나 분석적인 판단에 의하지 않고 직접 체험적이고 직관적인 반야의 지혜로 살라고 한다.

넷째 좌선이라는 단순한 실천을 반복하여 계속해 나간다. 마치 나사를 박을 때 한 구멍을 향해 지속적으로 나아가는 것처럼 이론을 제거하고 단순하면서 반복적인 선수행이 기본이 된다. 실제로 수행의 의미와 효과를 얻기 위해서는 일정기간 계속적인 수행이 필요하다. 그러므로 조바심을 가지고 급한 마음을 가져서는 안 되며, 너무 쉽게 좌절하거나 포기해서도 안 된다.

다섯째 선의 실천과 수행은 불교의 정신과 실천 방법을 지금 여기에서 자기 자신의 인격과 정신으로 만들어 실천하고 생활화하는 삶이다. 그러므로 경전이나 선지식의 어록을 통해 지식을 쌓거나 간접 경험을 하고서, 자신이 지혜로운 삶을 살아간다고 생각하는 것은 큰 착각이다. 선 수행은 어디까지나 각자 체험을 통해 이루어지므로 선 수행은 실천하기 어렵다.

3) 선 수행의 3요소三要素

화두를 들고 선을 수행함에는 크게 믿는 마음과 크게 분하다는 마음과 크게 의심하는 마음이 투철해야 한다.

① 크게 믿는 마음[대신심大信心]; 큰 원력과 대용맹심大勇猛心을 가져야 한다. 이는 내가 바로 붓다라는 믿음과 진리의 길로 인도하는 스승의 가르침은 옳고 바르다는 믿음과 나는 화두를 통해 깨달음을 얻을 수 있다는 믿음을 가져야만 한다.

② 크게 분하다는 마음[대분심大憤心]; 마음을 깨치지 못하고 생사에 윤회하며 고통을 받으니 분하다는 생각을 해야 한다. 내가 본래 붓다인데 하루하루 망상과 착각 속에서 눈앞의 이익과 쾌락에 젖어 깨달음으로 나아가지 못하는 현재 나 자신에게 분한

마음을 가져야 한다.

③크게 의심하는 마음[대의정大疑情]; 화두에 대한 의문점을 가슴 깊이 새겨 철두철미하게 계속해 의심해야한다. 화두는 말과 생각으로 해결할 수 없고, 오로지 화두 그 자체만을 의심해야만 한다.

4) 선 수행의 공덕

『월등삼매경月燈三昧經』에는 올바르게 선 수행하는 자가 얻는 열 가지 공덕을 다음과 같이 밝힌다.

①모든 감각이 적정해지고 맑아지며 결국 이러한 것들이 몸에 완전히 배어서, 육체적인 편안함과 마음의 안정을 자연스럽게 이룬다[안주의식安住儀式].

②평안한 몸과 마음에서 자비심이 가득 넘치게 된다. 그리하여 많은 죄업에서 자유롭게 되며, 모든 생명이 형제와 자매처럼 보이게 되어 그릇됨을 방지하고 나쁜 행위를 저지하는 힘이 생긴다[행자경계行慈境界].

③탐하고 성내고 어리석은 마음과 여러 가지 나쁜 감정과 번뇌 망상이 사라진다. 그리하여 중생의 마음이 청정한 붓다의 마음으로 나아가게 된다[무제열뇌無諸熱惱].

④인간이 가진 눈·귀·코·혀·몸·생각 여섯 감각기관을 잘 보호하여 여러 가지 나쁜 것들이 침입하는 것을 방지해 준다[수호제근守

護諸根].

⑤마음이 청정하여 맑아지고, 정신이 고요하게 되었기 때문에 여러 가지 저속한 감정과 그릇된 생각에 휘말리지 않는다[득무식희락得無食喜樂].

⑥마음이 높은 이념에 집중되어 있기 때문에 유혹이나 집착, 자기 자신만을 위한 이기심 등이 없어지고 보살도정신을 실천하는 수행자의 원력으로 살게 된다[원리애욕遠離愛慾].

⑦모든 존재는 공이며, 실체가 없다는 걸 충분히 알고 있으면서도 결코 허무주의의 함정에 빠지지 않는다[수선불공修禪不空].

⑧비록 생사에 얽혀 살고는 있지만 항상 그로부터 빠져나가는 길을 환하게 안다. 모든 번뇌 망상과 마군의 올가미를 벗어나는 힘이 있다[해탈마견解脫魔羂].

⑨불법의 깊고 진실한 깨달음의 경지를 직접 수행해 체득하고 있기 때문에 항상 붓다의 경지에서 지혜롭게 산다[안주불경安住佛境].

⑩어떠한 유혹에도 동요되지 않기 때문에 마치 오랫동안 새장에 갇혀 있던 독수리가 새장을 부수고 창공을 향해 구름을 업고 높이 날아오르는 것처럼 활달한 경지를 얻어 자유롭게 살 수 있다[해탈성숙解脫成熟].

5) 좌선坐禪

(1) 좌선 수행방법[좌선의坐禪儀]

가고 머물고 앉고 눕고 말하고 침묵하고 움직이고 고요히 하는 행위[행주좌와 어묵동정行住坐臥 語默動靜]가 모두 선이기는 하나 일반적으로 좌선을 수행의 방법으로 삼는다. 혜능은 다음과 같이 좌선을 정의했다.

> 모든 경계에 막힘이 없이 자재하고 밖으로 모든 경계에 망념[번뇌]이 일어나지 않는 것을 좌坐라고 하고, 안으로 자기 본래 성품[불성]을 깨달아 산란하지 않는 것을 선禪이라 합니다. - 「육조단경」

오늘날 좌선의 수행법으로 널리 알려진 것으로는 종색宗賾선사가 지은 「좌선의坐禪儀」가 있다. 좌선의 수행방법을 간략히 요약한 글로 『선원청규禪院淸規』에 포함되어 있으며, 내용이 간단하므로 전문을 살펴본다.

> 반야의 지혜를 배우고자하는 보살은 마땅히 대비심大悲心을 먼저 일으켜 큰 서원을 세워야 합니다. 열심히 삼매를 닦아 중생을 제도할 것을 맹세하며, 자기 한 몸을 위해 혼자만의 해탈을 구하지 말아야 합니다.
> 그리고 잡다한 인연들을 떨쳐버리고, 모든 일을 쉬게 하고 몸과 마음이 하나 되어 움직이거나 선정에 들었을 때도 차이가 없어야 합니다.

음식의 양이 너무 많게도 적게도 하지 말며, 잠을 조절해 적게도 많게도 하지 마십시오.

좌선을 하고자 할 때는 한적하고 고요한 곳에 두터운 방석을 깔고 옷과 허리띠를 느슨하게 해 근엄하게 자리를 정리해야 합니다.

그런 후에 결가부좌를 합니다. 먼저 오른발을 왼쪽 허벅지 위에 올려놓고, 왼발을 오른쪽 허벅지위에 올려놓습니다. 또는 반가부좌를 해도 됩니다. 다만 왼발을 오른발 위에 올려놓으면 됩니다. 그 다음 오른 손을 왼발 위에 올려놓고, 왼손바닥을 오른손바닥 위에 올려놓고 양손의 엄지손가락을 서로 맞대어 받쳐줍니다. 그리고 천천히 몸을 앞뒤로, 다시 좌우로 흔들어 몸을 바르게 하고 단정히 앉습니다.

몸을 왼쪽으로 기울이거나 오른쪽으로 치우치거나 앞으로 구부리거나 뒤로 쳐들지 마십시오. 허리와 등뼈 머리가 서로 받쳐서 모양이 마치 부도浮屠와 같게 하십시오. 몸을 지나치게 곧게 세우려거나 힘을 주어 불안하게 해서는 안 됩니다. 반드시 귀와 어깨가 나란하고 코와 배꼽이 나란해야 합니다.

혀는 위의 잇몸을 받치고, 위아래 입술과 이는 서로 다물고, 눈은 반드시 가늘게 떠야 합니다. 감으면 잠이 오게 됩니다. 만약 선정을 얻으면 그 힘은 가장 뛰어납니다.

몸이 안정되고 호흡이 잘 조절되었으면 허리와 배를 편안하게 하고, 모든 선과 악을 모두 생각하지 말아야 합니다. 생각이 일어나면 곧 알아차리고, 알아차리면 그것은 사라집니다. 오랫동안 인연을 잊는다면 자연히 [나와 경계가] 하나가 됩니다. 이것이 좌선의 요술입니다. 좌선은 안락의 법문이라고 간절히 이르지만 많은 사람들이 병에 이르는 것은 대개 마음가짐이 잘못되었기 때문입니다.

이렇게 좌선의 의미와 방법을 잘 알고 수행한다면 자연히 몸이 가볍고 편안하며, 정신이 상세하고 분명해지고 바른 알아차림이 분명해집니다. 선법의 기쁨이 정신을 돕고, 고요하고 맑은 정신으로 평안하고 즐겁게 됩니다. 깨달아 밝아지면 용이 물을 얻고 호랑이가 산에 기댄 거와 같습니다. 혹시 깨달아 밝아지지 못했더라도 바람으로 불을 끄는 거와 같이 많은 힘을 쓰지 않아도 곧 깨닫게 될 것입니다. 다만 스스로 깨달아서 납득할 것을 명심하고 자기를 속이지 말아야 합니다.

그러나 도道가 높으면 마魔가 많아집니다. 역경逆境이나 순경順境이나 많은 장애가 생깁니다. 다만 바르게 알아차림이 나타나면 모든 장애에 걸리지 않습니다. 『능엄경』이나 천태 지의의 『마하지관』과 규봉 종밀의 「수증의修證儀」 등에 마군의 경계를 밝혀놓았으니 예상하지 못한 일에 대비하기 위해 알아두어야 합니다.

선정에서 나오려 할 때는 천천히 몸을 움직여서 편안하고 조심스레 일어나야 합니다. 갑자기 난폭하게 해서는 안 됩니다. 선정에서 나온 뒤에는 모든 일에 언제나 방편으로 선정의 힘을 잘 지니기를 마치 어린 아이를 보호하듯 해야 합니다. 그러면 선정의 힘을 쉽게 이룰 수 있습니다.

선정을 닦는 수행은 가장 급하고 중요한 일입니다. 좌선해 마음을 고요히 하지 않으면 정신없이 멍하게 살게 됩니다. 그리하여 '구슬을 찾으려면 마땅히 물결을 고요하게 해야 합니다. 물이 움직이면 찾기가 어렵다.'고 말합니다. 선정의 물이 맑고 깨끗하면 마음의 구슬은 저절로 나타납니다.

- 「좌선의」

(2) 좌선하는 법

위에서 살펴 본 좌선하는 법을 더 자세히 살펴보면 다음과 같다.

가. 앉는 자세 – 결가부좌結跏趺坐와 반가부좌半跏趺坐

앉는 자세로는 두 다리를 교차하여 완전한 자세로 앉는 결가부좌가 있다. 오른발을 왼쪽 허벅지위에 올려놓은 다음, 왼발을 오른쪽 허벅지 위에 올려놓는다. 이때 두 다리를 각각 허벅지 깊숙이 올려놓아야 자세도 안정되고 오랫동안 좌선을 할 수 있다. 결가부좌가 어려운 사람은 반가부좌를 하는데 왼발을 오른쪽 허벅지 위에 깊숙이 올려놓고 오른발의 발바닥은 왼쪽 허벅지 밑에 두면 된다. 반가부좌를 할 때는 두 발을 바꿔가면서 앉는 게 좋다. 한 자세를 오래 계속하면 몸이 비뚤어지기 때문이다.

나. 몸을 곧게 펴고 반듯이 앉는다[정신단좌正身端坐].

결가부좌나 반가부좌의 자세로 앉은 다음에 양손을 가볍게 주먹을 쥐어 양쪽 무릎 위에 올려놓고, 상체를 좌우로 한두 번 가볍게 흔들어 양쪽 무릎의 자리를 바로 잡는다. 그리고 상체를 앞으로 숙이며 엉덩이를 뒤로 가볍게 밀어내면서 상반신을 세우고, 허리를 곧게 펴고 목과 머리가 수직이 되도록 한다. 옆으로는 양쪽 귀와 양쪽 어깨가 나란히 되도록 하고, 앞으로는 턱을 약간 당기어 코와 배꼽이 수직이 되도록 한다.

척추를 바르게 세우고 앉는 건 여러 가지로 도움을 주기 때문이다. 첫째 몸에 안정감을 준다. 좌우로 균형이 잡힌 바른 자세를 함으로써 오랫동안 명상을 할 수 있도록 도와준다. 둘째 정신이 흩어지지 않는다. 몸을 움직이지 않음으로써 정신이 산란하지 않도록 해 준다. 셋째 몸의 고통과 피로를 풀어준다. 긴장을 푼 자연스런 자세는 근육의 고통과 피로와 졸음 등을 막아주어 긴 시간 앉아있을 수 있게 해 준다.

결가부좌를 함은 이 자세가 가장 안정된 자세기 때문이다. 바닥은 이등변삼각형을 이루고 바로 세운 몸 또한 이등변삼각형이 되어 좌우가 대칭이 되는 균형 잡힌 자세가 된다.

다. 손—법계정인法界定印, 선정인禪定印

오른손 손바닥이 위로 향하도록 하여 가부좌한 오른쪽 다리위에 수평이 되도록 올려놓고 그 위에 왼손도 손바닥이 위를 향하도록 포개어 올려놓아 두 손의 손가락이 서로 포개지도록 한다. 그리고 두 손의 엄지손가락은 서로 끝이 맞물리도록 가볍게 밀면서 붙인다. 이 때 두 팔꿈치는 옆구리에 붙인다.

라. 입

입은 가볍게 다물고, 혀끝을 위쪽 치아의 뿌리부분에 가볍게 떠받치듯 갖다 댄다. 턱을 밑으로 가볍게 끌어당긴다.

마. 눈-시선

눈은 가늘게 뜬다. 눈을 감으면 졸음에 떨어지기 쉽기 때문이다. 시선은 약 1m 앞쪽을 가볍게 응시한다. 눈동자를 굴리거나 옆 눈질로 주위를 살펴서는 안 된다.

좌선을 할 때 신체 어느 한 곳이라도 힘이 들어가서는 안 되며, 전신에 힘을 빼고 단전호흡을 하는 아랫배에 체중을 싣고, 호흡에 전신을 맡기고, 기운이 몸 전체에 골고루 충만하도록 해야 한다.

바. 단전丹田호흡법

좌선할 때 호흡은 단전호흡인데 단전은 배꼽 아래 약 5㎝정도에 있다. 단전은 모든 기력이 이곳에서 솟아나 전신에 골고루 퍼지게 하고, 오장육부에 전달되어 전신의 기능을 활성화한다. 숨을 들어 마실 때는 자연스럽게 힘을 지그시 주면서 아랫배가 나오도록 하고, 숨을 내쉴 때는 아랫배가 들어가도록 해 숨이 단전이나 가슴에 남김없이 내쉬도록 한다.

단전호흡은 코로 자연스럽게 숨을 들이쉬고, 코로 천천히 숨을 내쉬면서 몸 안의 흐린 것을 말끔히 뱉어낸다. 이때 호흡의 길이는 들이쉬는 호흡보다 내쉬는 호흡이 두 배 정도로 한다. 이를 짧게 들이쉬고 길게 내쉰다[단입장출短入長出]고 한다.

사. 호흡을 세며 하는 명상[수식관數息觀]

정신을 집중하는 명상법으로 가장 기본이 되는 것은 자기 호흡을 하나하나 관찰하고 세어보는 수식관이다. 자기 호흡을 마음으로 관찰하면서 하나에서 열까지 숫자가 틀리지 않도록 정신을 집중해 세어본다. 호흡을 한 번 들여 마셨다가 내쉬는 것을 하나로 하여 하나에서 세어나가다 열이 되면 다시 거꾸로 세어 내려온다. 중간에 잡념이 일어나 숫자를 잃어버리면 처음부터 다시 시작한다.

또 다른 방법은 숨을 천천히 들여 마시면서 '하—나'하고 단전까지 완전히 들여보내고, 잠시 단전에 머물게 한 뒤, 숨을 천천히 내쉬면서 '두—울'하면서 마음속으로 자신의 호흡을 관찰하며 세어 보는 방법이다. 절대로 무리하지 말고 자기 체질과 호흡의 리듬에 맞추어 자연스럽게 세어본다.

가장 편안한 자세로 앉아도 몇 분만 지나면 허리와 고관절 그리고 무릎에 통증이 온다. 통증은 대부분 수행부족에서 생겨난다. 수행을 계속하면 통증은 저절로 사라진다. 통증이 생겨나면 다음과 같이 생각한다. 첫째 통증을 있는 그대로 지켜보면서 함께 한다. 둘째 일생동안 겪어온 고통들과 비교한다. 지금 통증은 과거에 경험한 고통에 비하면 그다지 심각하지 않다는 걸 깨닫는다. 셋째 다른 사람이 직면하고 있는 고통을 생각한다. 질병으로 이별로 배고픔으로 고통받는 사람들에 비하면 별게 아니라는 걸 깨닫는다. 넷째 통증을 무시한다. 의도적으로 호흡에 주의를 기울이면 통증을 잊는다.

통증이 사라짐을 느끼면 편안하고 행복한 느낌을 경험하게 되고, 차츰 고통을 견뎌내는 자기 능력을 확신한다.

(6) 좌선의 효과

좌선을 통한 명상이 정신과 육체에 매우 유익하다는 인식은 오래 전부터 수행자들의 체험을 통해 널리 알려져 있었다. 그러나 명상에 대한 체계적이고 과학적인 연구는 리챠드 데이비슨Richard Davidson, 카밧 진Kabat Zin, 벤슨Benson과 같은 서구 의학자들에 의해 이루어졌다.

연구자들은 명상을 하면 일산화질소NO가 분출된다는 사실을 알아냈다. 일산화질소는 도파민dopamine과 엔도르핀endorphin과 같은 신경전달물질의 방출을 촉진해 안정감·쾌감·절정감을 불러일으킨다. 그리고 혈류이동을 조정해 뇌졸중·심장병 등을 개선하며, 면역계통을 강화하고 성적무력감과 우울증을 개선한다고 한다.

명상을 하면 좌측 전전두피질前前頭皮質, prefrontal cortex이 활성화되며, 감정의 결정점이 왼쪽반구 쪽으로 기울어진다. 그리하여 면역기능이 강화되고, 낙관적이고 열정적이며 긍정적인 감정이 일어난다.

명상의 효과가 의학적으로 증명됨으로써 오늘날 미국·영국·독일·캐나다 등의 중요 의료센터에서 명상을 스트레스관련 질병과 고통을 치유하는 방법으로 활용한다. 미국 MBSRMindfulness Based Stress Reduction, 마음챙김에 기반한 스트레스 감소, 영국 MBCTMindfulness Based Cognitive Therapy, 마음챙김명상에 기반한 인지치료와 같은 심신치유 프로그램을 의학계에서 활용한다.

좌선을 통한 명상이 정신과 육체에 많은 변화를 가져온다는 인식이 확산되면서 병원뿐만 아니라 학교·교도소·정치계·법조계·체육

계·연예계에 이르기까지 명상 붐이 일고 있다.

가. 집중력이 향상되고 마음이 안정된다.

가부좌를 하고 자세를 바르게 하고 호흡을 깊고 고르게 하면 정신 집중력이 향상되고 마음이 안정된다. 산란한 마음이 그치게 되면 사물과 이치가 바르게 보인다. 마치 흙탕물을 가만히 두면 흙은 가라앉고 맑은 물이 위로 떠서 자신의 얼굴을 비춰볼 수 있는 거와 같다.

물질문명을 향해 나아가는 급박한 현실에서 심한 스트레스에 시달리고 인내심이 부족하게 되는데 좌선을 하면 집중력이 향상되고 인내심을 기를 수 있다.

현대 과학은 뇌의 활동에 따라 일어나는 미세한 전류를 측정해 의식상태를 파악한다. 초당 진동수를 뇌의 주파수라 하는데 초당 진동수가 많은 것부터 감마파(31Hz이상), 베타파(13~30Hz), 알파파(8~12Hz), 세타파(4~7Hz), 델타파(3Hz이하)로 나눈다. 흥분정도가 강하고 자아를 억제하기 힘들 때면 감마γ파가 나타나고, 긴장을 하고 자아를 의식하고 있는 상태며 보통 낮에 깨어있을 때면 베타β파가 나타나고, 명상 등 집중을 할 때면 알파α파가 나타나고, 얕은 수면이나 의식이 마음의 내면으로 향하고 자아를 의식하지 않는 무아의 경지에는 세타θ파가 나타나고, 깊은 수면의 상태나 몰아의 경지에는 델타δ파가 나타난다.

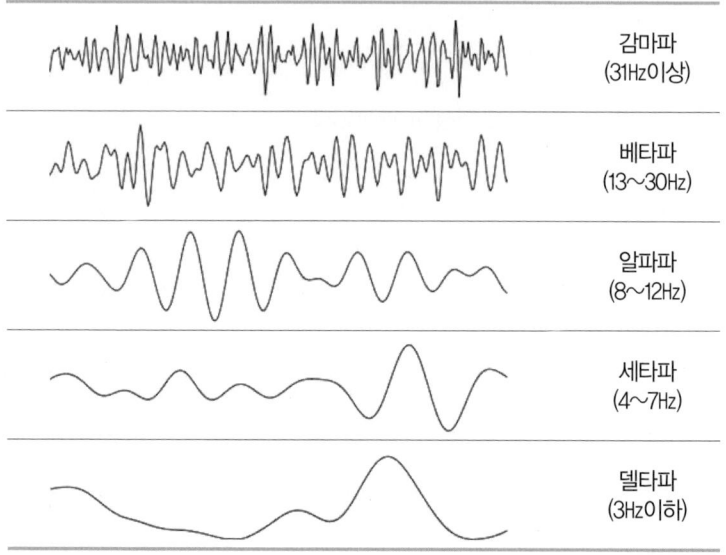

나. 밝고 바른 지혜가 열린다.

　명상을 하는 동안 뇌에서 분비되는 알파파와 호르몬은 마음을 평화롭게 하는 작용을 하여 내·외부로부터 감정에 흥분하지 않고 오히려 마음이 확장되어 여유롭고 관대해져서 모든 대상에 자비로워진다.

　나에 대한 집착과 나와 남을 차별하던 이분법적인 사고가 사라지고 나와 남이 하나고 인간과 자연이 하나임을 깨닫게 된다. 현실에 존재하는 모든 것들은 그 실체가 빈 것임을 깨달음으로써, 현실의 모든 것들을 그대로 두고 그 속에서 살아가면서도 거기에 얽매이지 않고 걸림이 없어진다. 그리하여 세상을 있는 그대로 바라보는 무분별의 지혜가 생겨난다.

다. 머리의 열이 내리고 배가 따뜻해진다[수승화강水昇火降].

좌선을 하면 입에는 침이 고이고 배와 손발이 따뜻해짐을 느끼게 된다. 실제로 체온을 측정하면 머리 부분을 비롯한 상체의 체온이 내려가고, 단전 아래 하체의 체온이 높아짐을 알 수 있다. 배가 따뜻해지면 위의 기능뿐만 아니라 대장과 소장의 기능이 좋아지게 되어 건강하게 되고 피부도 좋아진다.

라. 기운이 쌓임[축기蓄氣]

명상하는 동안 인간이 살아가는 데 필요한 최소한의 에너지만 소비되며 뇌로부터 인체 기능을 활성화하는 호르몬이 분비된다. 단전호흡을 통해서 기운을 축적하게 되며 피로가 풀린다. 우리가 숨을 최대한 들이쉬면 5,700cc정도를 호흡하고 모두 내쉬어도 허파엔 1,200cc정도가 남아있게 된다. 그러나 우리가 일반적으로 숨을 들이쉬면 허파에 2,800cc정도의 공기를 받아들이고 내쉬면 허파에는 2,300cc정도의 공기가 남아있게 된다. 그러므로 우리가 평소 호흡하는 양은 500cc정도이다.

좌선을 통해 단전호흡을 하면 천천히 내쉬기 때문에 허파에 1,200cc정도만을 남기고 다 내보내게 된다. 그러면 1,600cc정도의 공기를 호흡하게 되어 평상시 호흡량보다 1,100cc정도를 더 하게 되며, 이를 '기운이 쌓인다'고 한다.

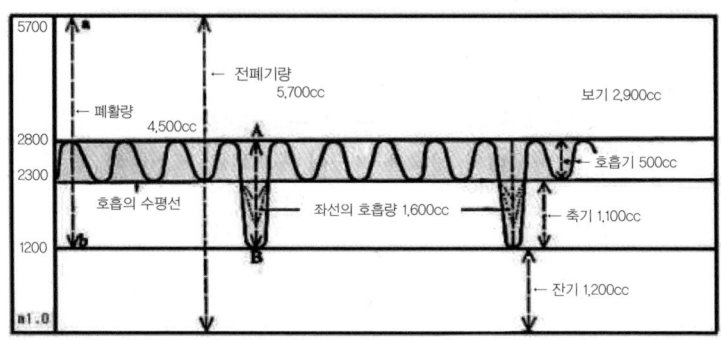

마. 각종 병을 예방하고 치료한다.

명상을 하면 산소 소비량이 줄고, 명상 전에는 산성이던 피도 명상 후에는 알칼리성으로 변한다. 이는 피 안의 콜레스테롤과 유산소가 감소해 에너지를 왕성하게 해 준다. 뇌파가 알파α파일 때는 담즙분비가 늘어나 소화작용을 증대하고, 폐 기능을 강화하며 혈당치가 감소해 당뇨병환자에게 치유효과를 준다고 한다. 세로토닌serotonin과 도파민dopamine의 분비로 파킨슨병 및 우울증의 예방과 치료가 가능하고 혈관벽을 강화하는 것을 방지하므로 고혈압과 중풍예방에도 효과적이다. 암세포가 생기더라도 T임파구T lymphocyte가 강하게 작동할 경우 건강한 삶을 살 수 있는데 이 T임파구를 강화하는 뇌파가 바로 알파파라고 한다.

일반적인 호흡은 횡격막의 상하운동만 이루어지나 단전호흡을 통해 내 쉬는 호흡을 길게 하면 횡격막이 내려간 뒤에 복부가 안으로 당겨지게 된다. 이때 자연스레 대장을 압박하게 되며 이러한 연속적인 동작은 대장내 숙변을 제거하게 된다. 숙변은 대장의 벽에 붙어 부패하면서 가스를 발생하고 장의 흡수력을 방해하므로, 숙변이 제거되면 대장의 기능이 좋아져서 건강이 좋아진다.

(7) 소를 찾는 노래[심우송尋牛頌]

  일찍부터 선가禪家에서는 자기 본성을 찾는 일을 소를 찾는 일[심우尋牛], 소를 길들이는 일[목우牧牛] 등으로 비유했다. 붓다의 성품[불성佛性]·본마음[본심本心]·참된 나[진아眞我]를 소로 표현했다. 그리고 사찰 외벽에 열 폭으로 소를 찾는 그림[심우도十牛圖, 심우도尋牛圖]을 그렸다. 심우도에 그려진 소들을 자세히 살펴보면 소가 누렁소에서 점차 흰 소로 바뀌어 가는 것을 알 수 있다. 어리석은 분별망상 때문에 오염된 모습인 누렁소가 수행을 함에 따라 번뇌가 사라지면서 머리 부분부터 꼬리 부분에 걸쳐 하얗게 변해 본래 청정한 본성의 흰 소가 된다.

  다음은 곽암廓庵선사가 지은 열 가지 소를 찾는 게송[심우송尋牛頌]과 해설이다.

① 소를 찾아 나서다 [심우尋牛].

서문

본래 잃지 않았는데 어찌 찾으려 하는가?

깨침을 등져 멀어지게 되었고, 티끌세상으로 향하다 잃고 말았네.

고향집은 점점 멀어지고 갈림길에 깜박 어긋나니

얻고 잃음 치열히 타오르고 옳고 그름 칼날처럼 일어나네.

게송

우거진 수풀 헤치며 방향 없이 헤매니

강은 넓고 산은 멀고 길은 더욱 험하구나.

힘도 다하고 마음도 피로해 찾을 길 막막한데

들리는 건 나뭇가지에서 우는 매미소리 뿐이네.

잃어버린 마음의 소를 찾아가는 초발심初發心의 단계로, 참된 자기란 무엇인가를 고민하는 단계다. 맑고 깨끗한 본래 마음을 찾기 위해 길을 나섰으나 어느 방향을 갔는지도 모르고 이리저리 헤맨다. 그래도 반드시 마음의 본성을 찾겠다는 적극적인 의지를 나타낸다.

②소가 지나간 흔적을 보다[견적見跡].

서문

경전에 의거해 뜻을 이해하고 가르침을 배워서 자취를 알고
여러 그릇들이 한 가지 쇠[금金]였음을 밝혀 우주만물이 자기라는 사실을 체득하네.
바름과 삿됨을 가리지 못하면 어찌 참됨과 거짓을 구분할 수 있으리.
아직 이 문에 들지는 못했지만 우선 방편으로 자취를 보았다 하네.

게송

개울가 나무아래 방초 언덕에
소 발자국 여기저기 널려 있구나
아무리 산이 깊고 또 깊은들
하늘 향해 뚫린 그 코가 어찌 다른데 있으리.

끝없는 빈 들을 찾아 헤매다가 마침내 소가 지나간 흔적을 발견한다. 막연하고 답답하고 불안하고 초조하던 마음에 희망과 활력이 생겨난다. 경전을 배우고 가르침을 들어서 이치상으로는 자기 참된 모습을 짐작할 수 있게 된다. 그러나 이 흔적은 소를 찾을 수 있는 방편으로 활용될 뿐 소를 찾은 건 아니다.

③소를 보다[견우見牛].

서문
소리를 쫓아서 들어가면 보는 곳마다 근원과 만나네.
육근六根에 낱낱이 어긋남이 없고, 움직이는 작용 속에 뚜렷이 드러나네.
물속의 소금 맛이요 물감 속의 아교라.
눈썹 치켜뜨고 바라보니 다른 물건 아니로다.

게송
나무 가지위에 노란 꾀꼬리 지저귀고
따사로운 봄바람에 버들잎이 푸르네.

여기서 한걸음도 물러설 수 없는데
반가와라 저 멀리 보이는 소 모습.

오직 소를 찾겠다는 마음으로 소의 흔적을 따라 놓치지 않고 따라가다 드디어 소를 발견했다. 눈·귀·코·혀·몸·생각의 판단으로 자기 본성을 확신한다. 이 순간은 참선을 하다가 자기 본성을 아직 완전히 붙잡지는 못했으나 깨달아 알게 되는 순간이다.

④소를 붙잡다[득우得牛].

서문
오랫동안 야외에 숨어들어 오늘 비로소 그대를 만났네.
뛰어난 경치 때문에 쫓아가기 어렵고 싱그러운 수풀의 그리움에 견디기 어렵네.
고집스런 마음 여전히 날뛰고 야성은 아직도 남아 있으니
온순하고 부드럽게 하려면 반드시 채찍질을 해야 하리.

게송

애쓰고 애써서 소를 잡았으나
고집 세고 힘이 세어 다스리기가 어려워라.
어느 때는 내 손에 끌려오다
어느 때는 내가 도로 끌려가네.

소를 잡았으나 사람의 힘으로는 야생의 소를 몰고 갈 수가 없다. 일단 고삐를 잡았으니 순순히 따르도록 길들이지 않으면 안 된다. 고삐에 의해 참된 자기와 참된 자기를 찾는 자기와 통일이 구체화된다. 세간의 욕망과 유혹에 아직 빠지기 쉬우니 더욱 참선수행을 해야만 한다.

⑤소를 길들이다[목우牧牛].

서문

앞생각 일어나자 뒷생각 따라 일어나니 깨달음 말미암아 진실 이루고 어리석음으로 인해 망상이 되네.
대상 사물 때문에 그런 게 아니라 오직 스스로 마음이 일어났을 뿐
코뚜레 고삐를 바짝 당겨 사량 분별을 용납하지 말라.

게송
채찍과 고삐를 떼어놓지 않음은
혹시나 딴 길 갈까 우려 때문.
잘 길들어 온순하게 되면
고삐를 놓아도 순순히 따르리.

완강하게 날뛰던 소가 점차 주인의 마음을 알아차리고, 소는 주인의 뜻을 따라 점점 길들여져 간다. 참선해 마음 길들이기가 순조롭게 되어가지만 가끔씩 숨어있던 탐욕과 분노가 되살아날 때가 있다. 화두의 고삐를 꼭 붙들고 더욱 참선에 전념해야만 한다.

⑥소를 타고 집으로 돌아가다[기우귀가騎牛歸家].

서문
창과 방패를 버렸으니 얻고 잃음도 모두 비었네.
나무꾼의 시골 노래도 부르고 아이들의 풀피리도 불며
몸은 소등에 걸터앉아 눈은 하늘을 바라본다.
불러도 돌아보지 않고 끌어내어도 머물지 않네.

게송
소를 타고 유유히 집으로 돌아가며
흥겨워 부는 피리소리 저녁놀에 실려 가네.
한 박자 한 곡조의 무한한 뜻을
그 누가 알아주랴 나 홀로 즐길 뿐이네.

잘 길들여진 소는 고삐가 필요 없으며, 주인의 마음을 알아 스스로 행동한다. 화두를 따로 들 것도 없고, 일상생활 그대로 진리다. 사랑도 미움도 좋고 싫음도 옳고 그름도 모두 사라진 자리에서 지혜로운 본래 마음으로 돌아간다. 오직 한 마음 한 생각으로 참선하는 마음공부가 잘 되어간다.

⑦소는 없고 사람만 남다[망우존인忘牛存人, 도가망우到家忘牛].

서문

진리에는 두 법이 없으니 소를 임시 종宗으로 삼았노라.
올가미와 토끼가 이름이 다름과 같고 통발과 고기의 차별이 분명하다.
마치 금이 광석에서 나옴과 같고, 흡사 달이 구름을 벗어남과 같도다.
한 줄기 차가운 빛이 겁 밖의 위음威音이로다.

게송

소를 타고 집으로 돌아와 보니
소는 사라지고 사람은 한가롭네.
해 뜨도록 늦잠자고 눈을 떠보니
채찍 고삐 쓸데없이 남아있구나.

소를 종宗으로 삼은 것은 본성을 찾기 위해 임시방편으로 내세운 것이다. 고삐를 화두로 삼은 것도 깨달음으로 가는 방편일 뿐이다.

끌고 다닐 소가 없으니 고삐가 필요 없고, 목적을 이루었으니 버려야 할 방편이다. 소를 타고 돌아온 집은 자기 본래의 성품자리다.

⑧사람도 소도 없다[인우구망人牛俱忘].

서문

범부의 번뇌 벗어나니 성인의 뜻도 모두 비었네.

붓다 있는 세계에서 노닐지 않고 붓다 없는 경계는 급히 지나버렸네.

범인과 성인에 집착 않으니 천 개의 눈으로도 엿보기 어려워라.

온갖 새가 꽃을 물고와 공양하지만 오히려 한바탕 웃음거리로다.

게송

채찍 고삐 사람 소 모두 잊으니

푸른 하늘 멀고 넓어 소식 통하기가 어렵구나.

타오르는 화롯불에 눈을 어이 용납하리.

이제야 바야흐로 얻었다 하리.

사람도 소도 없이 동그랗게 빈 공간만 뚜렷이 드러나 있다. 완전한 무아의 세계로 돌아온 본성의 표상이다. 진리의 세계인 법法도 존재의 세계인 아我도 모두 공한 완전한 깨달음의 상태이며, 자성自性이 청정한 본성 그대로 완연한 세계를 표현할 수 없어 다만 하나의 원으로 그려본다.

⑨본래의 근원에 돌아가다[반본환원返本還源].

서문
본래 맑고 깨끗해 한 티끌도 물듦이 없네.
모양 있는 것들의 영고성쇠를 보고 다 함이 없는 고요한 경지에 이르니,
환화幻化와 같지 않은데 어찌 닦고 다스릴 것이 있으랴.
물은 맑고 산은 푸른데 뚜렷이 앉아 세상의 성패를 보노라.

게송
본래로 돌아올 걸 공연히 애썼구나.

차라리 눈멀고 귀먹었던들.
집 앞의 물건을 왜 못 보았던고
물은 절로 흐르고 꽃은 절로 피어있네.

한 마음 깨달아 완전히 본성을 회복하니, 맑고 깨끗한 본래의 근원에서 한 티끌도 물들 게 없으며, 청정한 거울 같은 마음의 본성에서 자연의 모습을 차별이나 비판 없이 그대로 본다. 인위적인 조작이 없는 무아의 경지에서 언제나 한가롭고 고요한자리를 떠나지 않기 때문에 모든 걸 자연 그대로 살펴 알 수 있다.

⑩저자에 들어가 손을 드리우다[입전수수入廛垂手].

서문
싸리문 홀로 고요히 있으니 천 명의 성인도 알지 못하네.
자기의 풍광을 묻어버리고 옛 성현의 간 길도 등져 버렸다.
표주박을 차고 저자에 들어가고 지팡이 들고 집으로 돌아간다.

술집도 가고 고깃간도 드나들며 교화하여 붓다를 이루게 하네.

게송
맨발에 가슴 헤치고 저자에 드니
흙과 재를 덮어써도 얼굴에는 함박웃음
신선의 참된 비결 무슨 소용 있으랴
곧바로 마른나무에 꽃을 피우리.

깨달은 사람이 다시 세속의 저가거리에 들어가 모든 사람들과 함께 생활하면서, 어리석고 잘못된 생각과 행동으로 고생하는 이들을 일깨워주고 바른 길로 인도해 준다. 연꽃은 더러운 물에서도 더러움에 물들지 않는다. 붓다가 깨달음을 얻은 후 중생들을 위해 진리를 설한 역사적 교훈을 결코 잊어서는 안 된다.

이 열 가지 소의 그림에는 매우 중요한 의미가 담겨 있음을 알아야 한다.
첫째 수행을 하는 자가 소를 잡는 게 목적이 되어서는 안 된다. 소를 잡는 게 목적이 되면 소를 잡는 그 순간 목적은 이루어지고 수행을 끝내게 된다. 소를 잡는 것은 겨우 넷째 단계다. 소를 잡긴 했으나 힘 센 야생 소에 내가 끌려 다니면, 내가 소를 잡은 게 아니라 소가 나를 잡은 꼴이 되어버린다. 그럼에도 소를 잡았다고 마치 깨달음을 얻은 듯, 목적을 이룬 듯 착각하고 자만에 빠지기 쉽다.

둘째 아상과 아만을 버려야 한다. 내가 소를 잡고 길들여 나와 소가 하나가 되어 자기 본성을 찾았다하나 이 또한 여섯째 단계다. 자신이 깨달음을 얻었다는 아상과 아만에 젖어있기 쉽고 깨달음에 집착하기 때문이다. 아무리 소가 귀하다고 집안에서 소와 함께 살 수는 없지 않는가.

셋째 고통 받는 중생들을 교화해야 한다. 근원으로 돌아와 모든 게 있는 그대로 이고 '산은 산이고, 물은 물'이지만 자기 혼자만의 깨달음으로 그친다면 대승불교의 가르침과는 하늘과 땅만큼이나 멀어져 있다. 고통 받는 중생들을 외면한다면 불교도 없고 붓다도 없다.

제4장

대승불교의 수행론과 윤리관

제1절 대승불교의 수행론
제2절 대승불교의 윤리관

"

잠 든 자는 깨울 수가 있어도
잠 든 체 하는 자는 깨울 수가 없듯이
알지 못하는 자는 깨달을 수 있어도
아는 체 하는 자는 깨달을 수 없다는 사실을 가슴에 새기며
항상 자신을 낮추어 붓다님의 가르침을 배우고 또 익히겠습니다.

본인의 「발원문」 중에서

"

대승불교의
수행론

1. 수행 단계
2. 수행의 다섯 요소
3. 수행의 종류
4. 기도

　　　　　　　　　　대승불교는 그 사상이 매우 다양하고 심오할 뿐만 아니라, 그 수행에서도 학파마다, 종파마다 각기 달랐다. 각 종파의 수행은 앞서 각 종파의 사상을 살피면서 간략하게 다루었다.

　대승불교의 수행은 보살도를 실천하는 일이요 이는 바라밀을 실천하는 일이다. 그리고 보살의 수행 단계를 나누어 점차적으로 깨달음으로 나아감을 밝힌다. 중국 조사선에서는 단박 깨닫는다는 주장이 있지만, 이 또한 수행의 과정은 있다.

　초기대승불교 수행은 부파불교의 수행과는 달리 원칙적으로 승속의 구별이 없었다. 그러나 중기이후에는 '재가는 번뇌에 얽매이지만 출가는 그렇지 않으며, 재가는 나쁜 짓을 하는 곳이나 출가는 좋은 일을 하는 곳이다.'고 하여 출가보살을 재가보살보다 우위에 두었다.

대승불교의 사상은 모든 중생의 본래 마음은 청정하다는 여래장사상이나 불성사상이 근원이며, 따라서 모든 중생은 붓다의 성품을 가졌다고 했다. 그리고 모든 것은 빈 것이므로 승과 속, 선과 악, 너와 나 등의 분별은 있을 수 없다고 했다. 그러므로 수행에서도 다만 외형적인 승속의 차별이 문제가 될 수 없고 다만 얼마나 붓다의 가르침을 믿고 수행하느냐에 따라 깨달음에 이르는 단계가 있을 뿐이다.

1. 수행 단계

수행단계는 『화엄경』에서는 마흔 두 단계가 있고 『범망경』에서는 맨 처음에 십신十信을 두어 쉰 두 단계가 된다. 이에 불위佛位를 더하면 쉰 세 단계가 된다. 십지十地 이후는 성인聖人의 단계[성인위聖人位]가 되고 그 이전은 범부凡夫의 단계[범부위凡夫位]라 한다.

가. 십신十信

붓다의 가르침을 믿어 의심하지 않는 지위다.
① 붓다와 붓다의 가르침과 승가를 믿는 마음[신심信心]
② 붓다의 가르침대로 열심히 수행하는 마음[정진심精進心]
③ 항상 마음을 잘 챙기는 마음[염심念心]

④지혜로운 마음[혜심慧心]

⑤산란하지 않고 정신을 한곳에 집중하는 마음[정심定心]

⑥남에게 베푸는 마음[시심施心]

⑦계율을 잘 지키는 마음[계심戒心]

⑧진리를 잘 배우는 마음[법심法心]

⑨중생들을 구원하려는 원력을 가진 마음[원심願心]

⑩자신의 공덕을 이웃과 나누는 마음[회향심廻向心]

나. 십주十住

마음이 참다운 진리에 편안하게 머무는 지위다.

①참 마음을 깨닫고자 발심하는 지위[발심주發心住]

②잘못된 마음을 다스려 가는 지위[치지주治地住]

③열심히 닦고 익혀 가는 지위[수행주修行住]

④귀한 마음이 나는 지위[생귀주生貴住]

⑤수행에 편이한 여러 가지 방편을 이해하는 지위[구족방편주具足方便住]

⑥마음을 바르게 갖는 지위[정심주正心住]

⑦물러섬이 없는 마음을 갖는 지위[불퇴주不退住]

⑧천진난만해 애욕이 없는 마음을 얻는 지위[동진주童眞住]

⑨붓다의 가르침을 따라 지혜가 생겨나 다음 세상에 붓다의 지위를 이을 지위[법왕자주法王子住]

⑩붓다의 가르침을 감당할만하므로 붓다가 물로 이마를 씻어주는

지위[관정주灌頂住]

다. 십행十行

중생의 이익을 위해 노력하는 지위다.

① 삿된 견해에 흔들리지 않고 기쁜 마음으로 살아가는 행위[환희행歡喜行]

② 중생을 인도하여 이익 되게 하는 행위[요익행饒益行]

③ 항상 인내하여 성내고 한탄하지 않는 행위[무진한행無瞋恨行]

④ 중생들을 열반으로 이끌려는 끝없는 행위[무진행無盡行]

⑤ 어리석고 혼란함이 없는 행위[이치난행離痴亂行]

⑥ 하는 일마다 착한 행위[선현행善現行]

⑦ 공空하다거나 존재[유有]한다거나 하는 두 견해에 집착이 없는 행위[무착행無着行]

⑧ 누구든지 존중하며 살아가는 행위[존중행尊重行]

⑨ 진리를 가르쳐 주거나 착한 법을 실천하는 행위[선법행善法行]

⑩ 진실한 법을 실천하는 행위[진실행眞實行]

라. 십회향十廻向

지금까지 닦은 공덕을 모든 중생에게 돌리는 지위다.

① 중생을 구호하면서도 구호했다는 상을 내지 않는 지위[구호일체중생이중생상회향救護一切衆生離衆生相廻向]

② 베풀어준 것을 파괴하지 않는 지위[불괴회향不壞廻向]

③평등한 마음으로 회향하는 지위[등일체불회향等一切佛廻向]
④어느 곳에나 구분 없이 베푸는 지위[지일체처회향至一切處廻向]
⑤무진한 공덕을 베푸는 지위[무진공덕장회향無盡功德藏廻向]
⑥모든 이에게 평등하게 선근으로 회향하는 지위[입일체처평등선근회향入一切處平等善根廻向]
⑦중생을 평등하게 따라 주는 지위[등수순일체중생회향等隨順一切衆生廻向]
⑧참되고 한결같은 마음으로 따라 주는 지위[진여상회향眞如相廻向]
⑨대자유를 얻게 해 주는 지위[무전무착해탈회향無縛無着解脫廻向]
⑩한량없는 세계에 들어가는 지위[입법계무량회향入法界無量廻向]

마. 십지十地

붓다의 지혜를 일으키며, 지녀 흔들리지 아니하고, 모든 중생을 교화하고 이익 되도록 하는 지위다. 이러한 것들이 마치 땅과 같다.

①항상 기쁜 마음으로 사는 지위[환희지歡喜地]
②때 없이 청정한 마음으로 사는 지위[이구지離垢地]
③밝은 빛을 발하는 마음으로 사는 지위[발광지發光地]
④불꽃과 같은 지혜를 계발하는 지위[염혜지焰慧地]
⑤참기 어려운 일을 잘 참고 이겨내는 지위[난승지難勝地]
⑥붓다 마음을 항상 앞에 드러내는 지위[현전지現前地]
⑦끊임없이 정진하며 행동하는 지위[원행지遠行地]
⑧흔들림이 없는 마음을 얻는 지위[부동지不動地]

⑨모든 것을 잘 분별하는 지위[선혜지善慧地]
⑩진리의 구름을 일으켜 세상을 시원하게 하는 지위[법운지法雲地]

바. 등각等覺

지혜가 원만하여 붓다와 똑같은 지위를 말한다.

사. 묘각妙覺

마지막 1품의 무명을 끊고 붓다의 경계에 오르는 지위다. 이미 붓다가 되었으나 붓다와 보살의 지위는 다르므로 붓다의 지위를 하나 더 설정하기도 한다.

아. 불佛

마침내 깨달음을 얻어 지혜와 복덕을 갖춘 지위에 오르게 된다.

수행의 첫 단계는 믿음이다. 자신은 붓다의 성품을 본래 가지고 있음을 그리고 번뇌를 제거하면 자신도 붓다가 될 수 있음을 확실하게 믿는 것이 수행의 가장 첫 단계다. 이를 『화엄일승법계도華嚴一乘法界圖, 법성게法性偈』에서는 '처음 마음을 일으킬 때가 바로 깨달음을 얻는 때[초발심시변정각初發心時便正覺]'라 했다.

십신→ 십주→ 십행→ 십회향→ 십지→ 등각→ 묘각→ 불
범부(凡夫)의 단계　　　　　　　성인(聖人)의 단계

2. 수행의 다섯 요소

　천태학파에서는 수행할 때 다섯 가지를 실천해야 한다고 하며, 훗날 불교 수행의 모범이 되었다. 자신이 범한 잘못을 뉘우쳐 용서를 빌어야 하고, 지극한 마음으로 붓다님께서 법을 설해주시기를 권하고, 남의 좋은 일을 보고 자신의 일과 같이 함께 기뻐하고, 열심히 수행할 것과 중생을 구제하려는 서원을 세우고, 자신이 닦은 선근공덕을 다른 중생들과 함께 하는 일이다.

(1) 참회[懺悔, kṣama]
　산스끄리뜨인 끄샤마[kṣama]를 소리대로 번역하여 참마[懺摩]라 하고 이를 줄여 참이라 했으며, 뜻으로 번역하여 회[悔]라고 한다. 소리대로 번역한 참과 뜻으로 번역한 회를 합해 참회라 하며, 참회란 자신이 범한 잘못을 뉘우쳐 용서를 비는 일이다. 자신이 붓다의 성품을 가진 존재라는 사실을 잊고 저지른 지난날 잘못을 뉘우치고, 청정무구한 본래 자신으로 돌아가고자 하는 마음작용과 몸짓이다.
　참회는 일반적으로 이치로 참회하는 것[이참理懺]과 일정한 법식에 따라 참회하는 것[사참事懺]으로 나눈다. 이치로 참회한다 함은 죄란 본래 자성이 없는 것이며 자신이 가진 본래 청정한 마음은 어떤 번뇌에도 물들지 않는다는 사실을 관찰하는 것이다. 법식에 따라 참회한다 함은 예배나 절 등과 같이 몸으로 하는 것과 염불이나 경전을 읽는 것 등 입으로 하는 것이 있다. 올바른 참회는 이치로 참회하고 실천으로도 참회해야만 한다.

참이란 무엇인가? 참이란 지나간 허물을 뉘우침이니 지금까지 지은 모든 죄를 뉘우쳐서 영원히 다시 일어나지 않도록 하는 것입니다. 회란 무엇인가? 회란 이후에 짓기 쉬운 허물을 조심해 다시는 짓지 않도록 하는 것이니 이것을 합해 참회라 합니다. 범부는 어리석어서 지나간 허물을 뉘우칠 줄 모르고 앞으로 있을 허물은 조심할 줄 모르므로, 지나간 죄도 없어지지 않고 새로운 죄가 잇달아 일어나니 이러고서 어찌 참회라고 할 수 있겠습니까. -「육조단경」

(2) 권청勸請, upamantrita

지극한 마음으로 붓다님께서 법을 설해주시기를 권하는 일이다. 불교의식의 경우 불보살이 이 도량道場으로 내려와 주기를 바라는 절차나, 그러기 위해 읽는 글을 말한다.

(3) 수희隨喜, anumodanā

남의 좋은 일을 보고서 마치 자신의 좋은 일과 같이 함께 좋아하고 기뻐하는 일을 말한다.

(4) 발원發願, praṇidhānaṃ

발원이란 원력을 세운다는 의미로 대승불교에서 수행의 첫걸음으로 삼는다. 치열한 생존경쟁을 하며 살아가는 험난한 현실에서 불교신자들은 염세적이고 피동적이며 무기력하게 보일 지도 모른다. 이는 공空사상을 바로 이해하지 못하고 탐욕을 버리라는 가르침을 제대로 실천하지 못하기 때문이다. 불교에서는 자신의 욕망을 이루기 위해 상대를 짓밟는 그러한 욕망의 삶이 아니라 나와 남, 나아가 모든 중생이 더불어 살아가는 원력의 삶을 가르친다.

우리는 지난날에 지은 행위의 결과를 토대로 살아간다. 어디서 왔는지 어디로 가는지도 모르는 채 이끌려 가는 삶을 살아간다. 이제 지난날 잘못된 행위를 반복하지 않고 자신의 삶을 창조적이고 자유롭게 살아가기 위해 발원이 필요하다.

불교에서는 용지덕원勇智德願이라고 한다. 용맹스러운 자가 지혜로운 자를 이기지 못하고, 지혜로운 자도 덕이 있는 자를 이기지 못하고, 덕이 있는 자도 원력을 가진 자를 이기지 못한다는 의미다. 불자라면 원력을 세워야만 한다.

(5) 회향廻向, pariṇāmanā

행복의 원인이 되는 좋은 행위를 자기에게로만 아닌 다른 방향으로 돌리는 사상을 회향이라 한다. 이 회향에는 세 가지가 있다. 첫째는 좋은 행위를 자신의 행복이라는 방향에서 자신의 깨달음으로 방향을 전환하는 회향이다. 둘째는 좋은 행위를 자신의 행복이 아닌 타인의 깨달음과 행복으로 돌리는 회향이다. 셋째는 과거·현재·미래의 여러 붓다와 그 제자들의 좋은 행위를 상상하고 기뻐하며 그 마음을 깨달음으로 돌리는 회향이다.

3. 수행의 종류

(1) 염불念佛

염불은 글자 그대로 붓다를 마음속에 간직하여 항상 생각하는 일이다. 염불은 정토사상의 수행에서 살펴본 바와 같이 여러 가지가 있으나 가장 일반적인 방법은 불보살의 이름을 입으로 부르는 염불이다. 오늘날엔 관세음보살과 지장보살과 같은 보살의 이름을 부르기도 하므로 엄격히 말하자면 이는 염보살이 되나, 이를 그냥 염불이라고 한다. 염불은 산란한 마음을 평안하게 해 주며, 마침내 붓다와 내가 하나가 되어야 한다. 염불을 하여 삼매에 들 때까지 부지런히 쉬지 않고 수행 정진해야 한다.

(2) 주력呪力

진언을 외우는 수행을 말한다. 앞서 밀교 수행에서와 같이 진언을 외우는 일은 현실생활에서 재앙을 물리치고 복을 구하는 소원성취의 수단으로 삼기도 했으며, 깨달음으로 인도하는 방편으로 삼았다. 집중력을 키우고 산란한 마음을 다스리는 기초 수행으로 널리 수행한다. 불교신자들이 널리 외우는 주력으로는 천수대비주(신묘장구대다라니), 능엄주, 관세음보살육자대명왕진언, 광명진언 등이 있다.

(3) 간경看經

소리 내어 경전을 읽거나, 소리 없이 마음속으로 읽거나, 경전을 공부하고, 나아가 경전의 내용을 다른 사람에게 가르쳐주는 걸 말한다. 경전을 통해 자기 마음을 돌이켜보고, 붓다의 가르침을 실천할 때 경전의 가르침은 진실로 살아나게 된다. 경전의 가르침이 나와 하나가 되어야 언제 어디서나 붓다의 가르침대로 행동하게 된다. 경전은 깨달음으로 나아가는 이정표자 나침반이다. 그러므로 수행을 할 때 경전을 읽어 마음 속 깊이 담아두어야만 한다.

경전을 읽을 때는 먼저 몸을 단정하게 하고 마음을 고요하게 하여, 붓다가 지금 가르침을 주고 있고 내가 그 앞에서 듣는다는 마음가짐으로 한마디 한마디를 놓치지 않고 마음 깊이 새겨야 한다. 경전을 베껴 쓰는 사경寫經도 간경의 일종이라 할 수 있다.

(4) 참선參禪

앞서 선수행에서 배운 바와 같이 일상생활 속에서 아침저녁으로 정신을 한 곳에 집중해 산란한 마음을 가다듬고 관찰하는 수행이다. 전문적인 선 수행이 아니라할지라도 들뜨거나 어수선한 마음을 가라앉히고 맑고 밝은 정신으로 살아가도록 한다. 자신의 모습을 뒤돌아보며 반성하고, 오늘 하루를 차분히 생각하고, 나아가 자신의 미래를 열어보는 시간을 갖는다.

공空의 진정한 의미를 새겨 부질없는 것들에 대한 탐욕과 애착을 끊고, 있는 그대로 그렇게 받아들이는 삶을 살아가야 한다. 그리하여 아무런 두려움과 걸림이 없이 자유롭고 평화롭게 살아가도록 해야 한다.

(5) 절

절은 몸을 굽혀 상대를 존경하는 마음을 표현하는 예법의 하나다. 예로부터 붓다에게는 붓다를 중심으로 하여 오른쪽으로[시계방향으로] 세 번을 돌고[우요삼잡右繞三匝] 오른쪽 무릎을 땅에다 대고[우슬착지右膝着地] 오른쪽 어깨를 드러내고[편단우견偏担右肩] 합장하여 공경[합장공경合掌恭敬]하는 예를 나타냈다. 이후 불교에서는 두 무릎과 두 팔꿈치와 아미의 다섯 부분을 땅에 붙이고 두 손 바닥으로는 상대방의 발을 받들어 붓다를 예경한다[오체투지五體投地].

이렇게 절을 하는 것은 상대를 공경하고 자신을 최대한 낮추는 진실한 마음의 표현이다[하심下心]. 자신을 낮출 때 아상과 아집과 교만은 사라지게 되고, 성내고 화내고 어리석은 마음이 정화된다. 그리하여 본래 청정한 자신의 마음이 드러나 지혜가 생겨나고 세상의 모든 일들이 있는 그대로 보이게 된다. 영어 'under(아래에)+stand(서다)'처럼 아래에 서야 이해할 수 있다.

절 수행을 하게 되면 허리를 숙이고 무릎과 발바닥을 굽히게 되어 건강에도 매우 좋다. 머리의 열이 내리고 손발이 따뜻해지며, 마음에 평화를 가져오고 머리를 맑게 해 준다는 의학실험 결과도 있다. 108배, 1080배, 3천배, 1만배 등 목표를 정해 날마다 하는 절 수행은 마음이 편해지고 몸도 건강해지는 훌륭한 수행방법이다.

4. 기도祈禱

　종교인은 기도를 통해 성숙해지며 기도를 통해 고난을 극복하는 힘을 갖게 된다. 기도란 '빌 기祈'에 '빌 도禱'이니 무엇인가를 이룰 수 있도록 비는 일이다. 자신이 원하는 것을 이룰 수 있도록 자신이 믿고 의지하는 바에 간절히 바라는 행위가 바로 기도다. 이룰 수 있도록 해달라고 비는 대상은 자신이 믿는 종교에 따라 다르고 소원하는 바도 사람마다 다르다. 종교의 중요한 역할 가운데 하나가 바로 기도하는 자의 소원이 이루어지도록 도와주는 일이다. 진심으로 기도하는 자의 목소리를 외면한다면 그 종교는 존재할 수 없을 것이다.

　그런데 불교신자들의 기도가 기복祈福적이라며 비난하는 자들이 있다. 열심히 절을 하고 온종일 염불하며 간절히 기도하는 모습이 그들에게는 그렇게 보일지도 모른다. 그러나 그렇게 비난하는 자신들의 기도는 기복이 아니라고 떳떳하게 말할 자가 있는가? '자신이 지은 바대로 거둬들인다.'는 인과응보의 원리에 따라 '행복을 바라거든 행복할 수 있도록 행동하라.'고 가르치며, '모든 것은 내 탓'이라는 것이 붓다의 가르침이다. 이에 비하면 신에게 모든 것을 맡기고 신의 구원을 바라는 기도가 오히려 기복적인 신앙행위가 아니겠는가.

　모든 종교에서 신도들이 하는 기도는 행복을 바라는 기복의 형태라 할 수 있다. 오늘날 종교가 원시사회의 종교에서 벗어나 진보했다고는 하나 불행과 고통으로부터 벗어나 행복과 즐거움을 얻고자 바람은 여전히 모든 종교의 공통점이라고 할 수 있다. 다만 사람마다

바라는 바가 다르고, 기도하는 행위가 다르고, 이룰 수 있도록 비는 대상이 다를 뿐이다.

　자신과 기도의 내용이나 형식이나 대상이 다르다고 비난해서는 안 된다. 마하뜨마 간디는 "어떻게 기도할 것인가에는 마음 쓰지 마십시오. 어떤 식의 기도를 하든지 기도하는 동안 당신의 마음이 산란해지지 않게 하십시오."하고 말했다. 기도하는 방식보다 기도하는 마음과 기도하는 내용이 더 중요하다. 기도는 종교의 꽃이요 생명이다. 기도하는 사람의 모습보다 아름다운 모습은 없다. 기도하지 않는 사람은 종교인이라 할 수 없다.

　불교에서 올바른 기도는 먼저 참회가 있어야 하고 발원하고 정진해야 하고 기도를 마치면 회향이 있어야만 한다. 지난날 삶을 돌이켜 보고서 자기 허물을 진심으로 뉘우쳐 다시는 그러한 행위를 하지 않으리라 다짐하는 일이 참회고, 모든 중생이 함께 고통에서 벗어나 행복해지기를 바라는 것이 발원이며, 자신이 기도해 쌓은 공덕을 모든 중생들과 나누어 가지는 것이 회향이다.

　전등을 켜서 주변을 밝히기 위해서는 먼저 전선을 준비하고 전등을 닦아야 하고 전선과 전등을 전원에 연결하고 스위치를 올려야 불이 들어온다. 전선을 준비하고 전등을 깨끗이 닦는 일은 참회며, 전선과 전등을 전원에 연결하는 일은 발원이고 스위치를 올리는 일은 정진이며, 전등 뒷면에 반사판이 있어 전등불이 반사될 때 주위가 더욱 밝아지니 이는 회향廻向이라 할 수 있다. 불교에서 기도는 참회, 발원, 정진, 회향이 갖추어질 때 비로소 이루어진다.

세상살이가 어렵고 힘이 들수록 불자들은 기도를 생활화해야만 한다. 자기 삶에 허물이 없었는가를 돌이켜 보면서 자기 본마음을 챙기고, 매일 매일 더 맑고 깨끗한 삶을 살아가도록 노력하고, 역경과 고난에서 고통 받는 이웃을 살펴서 돕는 것이 참다운 기도다. 어두울수록 불빛은 더욱 밝아지고 추울수록 온기가 소중한 것처럼 어렵고 힘든 삶일수록 기도는 더욱 필요하다.

대승불교는 교리보다 실천을 더 중요하게 여긴다. 그리하여 대승불교도들은 자신의 깨달음만을 추구하는 부파불교를 비난하면서 중생을 교화하는 보살행을 한다고 주장한다. 그러나 실천이 없는 오늘날 대승불교는 마치 버스를 혼자서 타고 가는 거와 다를 바 없다. 큰 버스를 혼자 타고 가는 건 사치와 낭비다. 승용차라도 카풀을 하고 타고 가면 오히려 승용차가 더 많은 사람을 태우고 실용적이다. 오늘날 한국불교가 말로만 대승이라 외치면서 중생들의 고통과 고난을 외면하고 혼자 가고 있지 않는지 깊이 반성해야만 한다.

02 대승불교의 윤리관

1. 대승계의 내용
2. 대승계의 특징
3. 대승윤리관의 사상적 기초

　　　　　　　　대승불교도들을 보살이라고 부르고 있으므로 대승계를 일반적으로 보살계라고 부른다. 근본불교와 부파불교에서는 율장이 있어 비구와 비구니의 바라제목차가 있고 계율을 철저히 지킬 것을 강조했다. 그러나 대승불교에서는 따로 율장이 성립되지 않았으므로 대승경전에서 설해진 바를 중심으로 살펴보아야 한다.

　원래 계율이라 할 때의 계戒, sila는 '습관이 된 행위'라는 뜻으로 자발적으로 '나는 이러한 일은 하지 않겠습니다'고 하는 결심을 의미하고, 율律, vinaya은 '규정' '규칙'이라는 의미로 '이러한 일을 하지 말라'고 하는 타율적인 의미가 있다. 그러므로 율은 출가수행자에게만 해당하며 재가불자들은 계를 지키면 된다. 대승불교에서 율장이 없다는 것은 매우 의미 있는 일이라 하겠다.

대승불교는 본래 엄격한 계율을 지키며 자신의 깨달음을 위해 나아가는 부파불교를 비판하고, 자신의 깨달음과 함께 중생들을 구제하겠다는 바라밀행을 중요시했다. 보살로서 현실 속에서 중생들을 교화하기 위해서는 그들과 함께 웃고 슬퍼하면서 그들의 이해능력에 맞추어 행동해야만 한다. 그러기 위해서는 부파불교의 외형적이고 엄격한 계율에 얽매일 수 없는 게 현실이다. 그러나 율장이 없다고 아무렇게나 행동할 수는 없으며, 보살의 육바라밀 가운데 지계바라밀이 있고, 대승경전에서 말하는 청정한 자신의 마음에 따라 행동해야 한다. 중요한 것은 밖으로 드러난 모습이 아니라 안에 숨겨진 마음이다.

대승불교가 초기 재가보살에서 중기이후 출가보살로 중심이 옮겨가고 계에 대한 내용도 변했다. 초기대승경전에서 보살계는 재가보살을 중심으로 열 가지 좋은 행위[십선도十善道]를 실천하라 말하고, 중기대승경전에서 보살계는 출가보살을 중심으로 세 가지 청정한 계[삼취정계三聚淨戒]를 말한다.

계율의 조항보다 계율 정신을, 자신의 이익을 위해 계를 지키기보다 진실로 중생의 이익을 위해서라면 계를 범할 수도 있다는 게 대승불교의 계율정신이다. 이처럼 계를 탄력 있게 운용하는 일을 '지키기도 하고 범하기도 하고 열기도 하고 막기도 한다[지범개차持犯開遮].'고 한다.

1. 대승계의 내용

1) 초기대승경전에서 계

(1) 『소품반야경小品般若經』의 열 가지 좋은 행위[십선도十善道]
　초기 대승경전인 『소품반야경』에는 재가 보살이 가져야 할 실천덕목으로 열 가지 좋은 행위를 말한다.

> 아유월치보살은 스스로 살생하지 않으며, 또 남으로 하여금 살생하게 하지 않습니다. 스스로 도둑질하지 않고, 삿된 음행을 하지 않고, 거짓말을 하지 않고, 이간질을 하지 않고, 욕설을 하지 않으며, 유익하지 않는 말을 하지 않고, 탐욕과 질투를 하지 않고, 성내지 않으며, 삿된 견해를 갖지 않고 또 남으로 하여금 삿된 견해를 행하지 않도록 합니다. 이 열 가지 좋은 도를 늘 스스로 행하고 또 남이 행하도록 해야 합니다. -「소품반야경」

　열 가지 좋은 행위란 초기불교에서 말하는 열 가지 나쁜 행위[십악업十惡業]의 반대 표현으로 스스로 좋은 일을 하겠다는 의지를 나타낸다. 반야경전은 부파불교의 윤리사상을 그대로 이으면서 재가보살의 입장에서 열 가지 좋은 행위를 계로 내세운다.

(2) 『화엄경華嚴經』의 계戒
　「이세간품離世間品」에는 화엄 보살이 지켜야할 열 가지 계와 열 가지 청정한 계를 말하고 있으며, 「십무진장품十無盡藏品」에는 열 가지 계장戒藏을 밝힌다.

가. 열 가지 계[십종계十種戒]

①보리심을 버리지 않으며[불사보리심계不捨菩提心戒]

②성문聲聞·연각緣覺의 경지를 버리며[원리이승지계遠離二乘地戒]

③모든 중생을 요익饒益하게 관찰하며[관찰이익일체중생계觀察利益一切衆生戒]

④모든 중생을 교화하여 불법佛法에 머물게 하며[영일체중생주불법계令一切衆生住佛法戒]

⑤모든 보살의 계를 배우며[수일체보살소학계修一切菩薩所學戒]

⑥모든 것을 소유하지 않으며[어일체법무소득계於一切法無所得戒]

⑦모든 선근善根을 보리로 회향하며[일체선근회향보리계一切善根迴向菩提戒]

⑧모든 여래의 몸에 집착하지 않으며[불착일체여래신계不著一切如來身戒]

⑨모든 법을 깨닫고 취착取着하지 않으며[사유일체법이취착계思惟一切法離取著戒]

⑩모든 감각기능根을 잘 다스린다[제근율의계諸根律儀戒].

나. 열 가지 청정한 계[십종청정계十種淸淨戒]

①몸의 세 가지 악을 막아 보호하고[신청정계身淸淨戒]

②입의 네 가지 허물을 멀리 여의고[어청정계語淸淨戒]

③탐욕과 성냄과 삿된 견해를 영원히 여의고[심청정계心淸淨戒]

④온갖 배울 곳을 부수지 않고[불파일체학처청정계不破一切學處淸淨戒]

⑤보리심을 수호하고[수호보리심청정계守護菩提心淸淨戒]

⑥여래께서 제정하신 바를 수호하고[수호여래소제청정계守護如來所制淸淨戒]

⑦은밀하게 보호하고[은밀호지청정계隱密護持淸淨戒]

⑧모든 나쁜 짓을 하지 않고[부작일체악청정계不作一切惡淸淨戒]

⑨실체가 있다는 모든 생각을 멀리 벗어나고[원리일체유견청정계遠離一切有見淸淨戒]

⑩자비한 마음으로 모든 중생을 수호한다[수호일체중생청정계守護一切衆生淸淨戒].

다. 열 가지 계장戒藏

①중생을 유익하게 하고 안락하게 하며[요익계饒益戒],

②외도의 계를 받지 않고 삼세 모든 붓다의 평등하고 깨끗한 계를 잘 받들며[불수계不受戒],

③욕계·색계·무색계의 계에 집착하지 않으며[무착계無著戒],

④청정하여 후회하거나 의심하지 않고 편안히 머물며[안주계安住戒],

⑤계율로 말미암아 중생들을 괴롭히거나 서로 다투지 않으며[부쟁

계不淨戒],

⑥중생을 해치지 않고 잘 구호하며[불뇌해계不惱害戒],

⑦상견常見과 단견斷見을 떠나 잡다한 계를 갖지 않으며[부잡계不雜戒],

⑧깨끗한 계율을 지니는 체 하거나 진실한 덕이 있는 체 하지 않으며[이사명계離邪命戒],

⑨계를 잘 지킨다 자랑하지 않고 계를 범한 자를 경멸하거나 괴롭히지 않으며[이악계離惡戒],

⑩열 가지 악한 업을 버리고 열 가지 선한 업을 잘 지킨다[청정계淸淨戒].

화엄의 계를 살펴보면 보살은 성문승과 연각승의 계를 버린다 했으므로 성문의 구족계를 수지하지 않았다는 사실을 알 수 있으며, 십선계十善戒가 화엄의 기본 계임을 알 수 있다. 초기 대승보살은 금지를 주로 하는 성문의 구족계를 수지하지 않았다고 여겨진다.

2) 중기대승경전에서 계

대승불교의 윤리사상은 전래되어 오는 윤리사상을 받아 이어온 것으로 그치지 않고 이를 새로운 가치관으로 다시 세웠으니 세 가지 청정한 계와 보살계가 있다.

가. 세 가지 청정한 계[삼취정계三聚淨戒]

①계율을 지키는 계[섭율의계攝律儀戒]; 붓다가 제정한 계를 지키고 모든 악을 끊어버리고 방지하고자 함을 말한다.
②좋은 일을 따르는 계[섭선법계攝善法戒]; 좋은 일을 한 가지도 버리지 않고 몸과 입과 생각으로 실천함을 말한다. 모든 보살이 계율을 지키는 계를 받은 뒤 모든 것을 큰 깨달음을 위해 몸과 말과 생각으로 모든 좋은 일을 하므로 좋은 일을 따르는 계라고 한다.
③중생을 유익하게 하는 계[요익중생계饒益衆生戒]; 중생을 행복하게 하고 유익하게 하는 일은 어떤 일이라도 마다하지 않는다.

『지지경地持經』과 『유가사지론瑜伽師地論』에서는 7부대중이 받아 지녀야 할 계들을 계승해 악을 막아야 한다고 했으니 소승계를 포함한다 할 수 있다.

보살계에는 두 종류가 있습니다. 첫째는 재가자가 지켜야할 계[재가분계在家分戒]요 둘째는 출가자가 지켜야할 계[출가분계出家分戒]입니다. 이것을 모든 계라고 합니다. 또 이 재가와 출가의 두 가지 깨끗한 계에 따라서 간략히 세 가지로 말합니다. 첫째는 계율을 지키는 계[섭율의계攝律儀戒]요, 둘째는 좋은 일을 따르는 계[섭선법계攝善法戒]요, 셋째는 중생을 유익하게 하는 계[요익중생계饒益衆生戒]입니다. —『유가사지론』

『유가사지론』에서는 옳은 이익 사업에 도우미가 되며 질병 등의 고통이 있는 곳에서 도우미가 되며, 세간과 출세간의 여러 옳은 이익에 의해 먼저 방편과 이치를 말하고 뒤에 옳은 이익을 얻도록 하며, 은혜를 알고 은혜를 갚도록 하고, 사자나 호랑이나 귀신이나 재앙 등으로부터 중생을 구원해 두려움을 없애주고, 재물과 보물이나 친척을 잃은 중생들에게 헤어짐의 근심과 슬픔을 없애주고, 살기위한 여러 물건이 없는 중생에게 필요한 물품을 주고, 도리에 따라서 진리대로 중생들을 잘 이끌고, 세간에 따라서 말하고 일하고 위로하며, 은근히 진실한 공덕을 드러내어 중생들로 하여금 기뻐하면서 공부하도록 하며, 허물이 있는 중생들을 이익 되고 안락하게 하겠다는 마음으로 잘 다스려 좋은 곳으로 인도하고, 신통력으로 지옥을 보여주어 악을 벗어나게 하고 붓다의 가르침으로 이끌어 기뻐하며 즐거운 마음을 내어 바른 행을 힘써 하도록 하는 열한 가지를 말한다.

모든 보살은 계율을 지키는 계에 머물러 항상 자기 허물을 관찰하고 남의 잘못을 엿보지 않습니다. 흉악하여 계를 범하는 모든 중생들에게 무릇 손해를 끼치려는 마음이 없고, 성내는 마음도 없습니다. 보살은 그들에게 최고의 법인 대비심大悲心을 품기 때문에 그 앞에서 깊은 연민의 마음으로 널리 그들이 이익 되게 하려는 마음을 일으킵니다. ─「유가사지론」

결국 계율을 지키는 계를 통해 몸과 마음의 안정을 꾀하고, 좋은 일을 따르는 계를 통해 지혜의 성숙을 꾀하고, 중생을 유익하게 하는 계를 통해 자비의 실천을 꾀한다는 의미다.

여기에서 세 가지 청정한 계의 특징은 계율을 지키고 범하는 일은 결코 그것 자체만으로 판단할 수 없으며, 반드시 보리심을 내었는가 또는 중생제도를 위한 의도였는가로 판단해야 한다는 것이다. 계율을 지키는 것만으로 완성되는 게 아니라 보리심을 일으키는 것에 깊이 연결되어 있으며, 중생제도를 의도한다. 경우에 따라 산목숨을 죽이는 일이나 거짓말과 같은 중대한 파계행위조차 보리심을 드러내기 위한 행위나 중생제도를 위한 행위였으면 용인된다는 입장이 나타난다.

나. 보살계菩薩戒

『범망경梵網經』에는 불교도가 지켜야할 기본 계율인 열 가지 무거운 계[십중계十重戒]과 마흔 여덟 가지 가벼운 계[사십팔경계四十八輕戒]가 있으며 이를 일반적으로 보살계라고 한다. 열 가지 무거운 죄는 다음과 같으며 이를 범하는 자는 보살의 바라이죄에 해당된다고 했다.

① 죽이지 않으며[불살不殺],
② 도둑질하지 않으며[부도不盜],
③ 음행하지 않으며[불음不淫],
④ 거짓말을 하지 않으며[불망어不妄語],
⑤ 술을 팔지 않으며[불고주不酤酒],
⑥ 사부대중의 죄과를 말하지 않으며[불설죄과不說罪過],
⑦ 자신을 칭찬하고 남을 헐뜯지 않으며[부자찬훼타不自讚毁他],
⑧ 인색하지 않으며[불간不慳],

⑨사람이 아니더라도 성내지 않으며[부진不瞋],
⑩삼보를 비방하지 않는다[불방삼보不謗三寶].

마흔여덟 가지 가벼운 계 가운데는 '고기를 먹지 않겠습니다.'와 '오신채五辛菜, 마늘·파·부추·달래·흥거를 먹지 않겠습니다.'하는 조항이 있다. 그리하여 북방불교에서는 출가자들은 고기와 오신채를 먹지 않는다. 그러나 남방 상좌부 율장에는 이러한 조항이 없으므로 남방불교 승려들은 공양 올린 고기는 먹을 수 있다.

2. 대승계의 특징

대승불교가 일어나면서 보살에 대한 새로운 해석이 일어나고 중생을 이익되게 하는 자비심이 강조되었고, 비구계보다 보살계를 더욱 중요하게 여기는 경향마저 생겨나게 되었다. 대승계율의 특징을 상좌부불교의 율장과 비교해 살펴보면 다음과 같다.

첫째 비구계는 자신의 수행을 청정히 가지기 위해 엄격히 규제하는 것이므로 자리自利라면, 대승계는 보살도를 실천하는 이타利他의 정신으로까지 그 영역이 넓어진다.

둘째 비구계를 받을 때는 마음으로 일생동안 받아 지닐 것을 서약하나, 대승계는 과거·현재·미래 삼세에 걸쳐서 서약을 한다.

셋째 비구계는 3명의 스승과 7명의 증명법사[삼사칠증三師七證]가 필요하나, 대승계는 시방삼세 모든 붓다로부터 받는다. 그러므로 비구계는 타인으로부터 받으며, 대승계는 스스로 서원을 해 받는다.

넷째 비구계는 죄를 범한 경우 바라제목차의 내용에 따라 정해진 승가의 처분에 따르나, 대승계는 객관적인 처분에 의하지 않고 자율적인 참회에 따른다.

다섯째 비구계는 구체적으로 몸과 입으로 지은 업을 범죄의 기준으로 하나, 대승계는 정신적인 엄격함을 강조한다.

여섯째 비구계는 수도의 과정으로 보아 몸과 입으로 짓는 업을 규제하나, 대승계는 몸과 입으로 짓는 업보다 생각으로 짓는 업을 중하게 여긴다.

일곱째 비구계는 소극적으로 나쁜 짓을 짓지 않도록 하지만, 대승계는 적극적으로 좋은 일을 하라고 한다.

3. 대승윤리관의 사상적 기초

1) 공사상

대승불교의 근본은 공사상이며, 윤리관 또한 공사상이 기본이 된다. 죄의 본성도 없고, 죄를 짓거나 죄를 짓지 않음 또한 얻을 수 없다는 생각에서 자연스럽고 자율적인 윤리생활을 해야 한다. 계율을 지켜야 한다는 부담감을 갖거나 계율을 잘 지킨다는 자만심을 가져서는 안 된다.

> 죄는 본래 성품이 없어 마음으로부터 일어나며,
> 마음이 사라지면 죄 또한 없어집니다.
> 죄가 없어지고 마음이 사라져서 둘 다 비게 되면,
> 이것을 진실한 참회라고 합니다.
> 죄무자성종심기罪無自性從心起
> 심약멸시죄역망心若滅時罪亦亡
> 죄망심멸양구공罪亡心滅兩俱空
> 시즉명위진참회是卽名爲眞懺悔
>
> – 『천수경千手經』

2) 보은報恩 사상

초기불교이래 중요한 사상으로 인식되어온 은혜에 대해, 은혜를 알고 은혜에 보답한다는 사상이 대승불교에 이르러 더욱 확대되어 사회적 실천윤리로 정착했다. 『대보적경大寶積經』에서는 '은혜를 앎과 은혜를 갚음은 곧 보살행이다'고 하여 은혜를 알고 은혜를 갚는 실천이 깨달음을 향해 나아가는 기본임을 강조했다.

> 보살마하살은 친구를 버리지 아니하며, 은혜를 알고 은혜를 갚아 모든 중생을 가엾이 여깁니다. – 『대방등대집경大方等大集經』

재가자는 부모가 낳아서 길러 준 은혜를 깊이 알아야 하며, 출가자는 스승의 은혜가 큰 것을 알아야 합니다. - 「사리불문경舍利弗問經」

불교에서는 네 가지 은혜[사은四恩]라 하여 부모의 은혜·중생의 은혜·국왕의 은혜·삼보의 은혜를 말한다.

세간과 출세간의 은혜에 네 가지가 있으니 부모의 은혜, 중생의 은혜, 국왕의 은혜, 삼보의 은혜입니다. - 「대승본생심지관경大乘本生心地觀經」

3) 보살사상

대승불교의 특징은 보살사상에 있다. 대승불교가 바로 보살불교라고 해도 지나친 말이 아니다. 그리고 보살의 실천 가운데에 계를 지킴으로써 저 언덕에 이를 수 있다는 지계바라밀이 있다.

『화엄경』에는 보살이 지녀야 할 계로 대자비계大慈悲戒, 바라밀계波羅蜜戒, 대승에 머무는 계[주대승계住大乘戒], 보살도를 떠나지 않는 계[불리보살도계不離菩薩道戒], 모든 법에 집착하지 않는 계[불착일체법계不著一切法戒], 보리심을 버리지 않는 계[불사보리심계不捨菩提心戒], 성문승·연각승의 이승에 떨어지지 않는 계[불타이승지계不墮二乘地戒] 등을 말한다. 대자비를 가지고, 바라밀을 실천하고, 보살도를 행하며, 보리심을 버리지 않고, 보살승의 지위를 잘 지키도록 노력하는 일이므로 대승계의 정신이라 할 수 있다.

4) 유심唯心사상

　대승교단에서 율장이 별도로 제정되지 않았다는 사실은 대승불교의 윤리관이 오로지 수행자의 마음에 달려있음을 강조한다고 볼 수 있다. 형식적인 율이 아니라 본인이 스스로 지키고 실천해야할 계의 정신을 중요하게 여긴다.

　　마음에 죄의 연을 없애기만 하면
　　각자 자기 성품에 진실한 참회이니
　　홀연히 대승을 깨달아 진실한 참회를 하고
　　삿됨을 없애고 바르게 행하면 곧 죄가 없습니다.
　　단향심중제죄연但向心中除罪緣
　　각자성중진참회各自性中眞懺悔
　　홀오대승진참회忽悟大乘眞懺悔
　　제사행정즉무죄除邪行正卽無罪

　　－『육조단경』

덧붙임

1. 신년참회기도입제발원문
2. 신년참회기도회향발원문
3. 주요 참고문헌

찾아보기

> 항상 어디에 어떤 이와 있더라도
> 나 자신을 누구보다 겸허히 낮추고
> 꾸밈없고 진실한 마음으로
> 타인을 귀한 존재로 여겨 사랑하게 하소서.
>
> 랑리탕빠의 기도문 가운데

신년참회기도입제 발원문

자비하신 부처님,
을미년 새해를 지난날 잘못과 허물을
참회함으로부터 시작하고자
오늘부터 7일간 3,000배 참회기도를 입제합니다.

저희들이 무릎을 꿇고 머리를 숙이는 것은
좌절과 포기가 아니라
희망과 정진을 위한 것입니다.
낙타가 먼 길을 가기 전에 무릎을 꿇어 갈 길을 바라보듯
저희도 올바른 길을 가기 위해 무릎을 꿇어 마음을 다잡는 것입니다.

무릎을 꿇고 두 손을 땅에 내리며
지난날 저지른 수많은 잘못을 참회하고
머리를 숙이고 두 손을 들어 올리며
아상과 교만으로 가득 찬 자신을 낮추고
땅을 딛고 두 발로 일어서며
보살의 길을 가리라 굳게 다짐하겠습니다.

저희들이 참회하며 기도하는 것은
참회와 기도가
우리 일상에서
평화와 행복을 가져다주는 유일한 수단이며
유혹과 방황에서 벗어날 수 있도록 하고
고통과 번뇌를 극복할 수 있도록 하고
희망과 용기를 갖도록 하고
진정한 내 모습을 볼 수 있기 때문입니다.

기도는 종교의 본질이자 생명이므로
기도로 시작하는 하루는
두려움을 없애고 적극적 의지를 갖게 하며
기도로 마무리 하는 하루는
행복과 평화를 누릴 수 있게 될 것입니다.

자비하신 부처님,
저희들이 참회 기도하는 도중에
그만두고자 하는 유혹과 갈등이 찾아들 때면
자비로운 손길로 인도하여
7일간 무사히 3,000배 참회기도를 마칠 수 있도록 해 주십시오.
힘들고 고통스러울 때는
함께 참회기도를 하는 불자들이

서로 격려하고 용기를 북돋아
모두 무사히 회향할 수 있도록 해 주십시오.

나무석가모니불
나무석가모니불
나무시아본사석가모니불

불기 2559(2015)년 1월 1일

을미년 참회기도 발원자 대표

02 신년참회기도회향 발원문

자비하신 부처님

저희들이 을미년 초하루부터 시작한 7일간 3,000배 참회기도를
오늘로 회향합니다.
불과 7일간이었지만 기도하는 7일은
너무나 길고 힘들었습니다.

하루하루가 갈수록 다리가 아파오고
염주 한 알 한 알 돌아가는 것이 더디게 느껴졌습니다.
여기저기 할 일도 많았으며
마음 저 밑에서 '그만 둬라'는 유혹도 일어났습니다.
그러나 함께 기도하는 도반들이 있었기에
유혹과 갈등을 물리치고
무사히 3,000배 참회기도를 회향할 수 있었습니다.
오늘 회향에 이르기까지 저희들을 보살펴주신 부처님과
함께 기도한 도반들에게 진심으로 감사드립니다.

7일간 참회기도를 하면서 많은 것을 깨달았습니다.
무릎을 꿇을 때마다 고통을 느끼면서

나 때문에 고통을 받았던 부모형제와 이웃을 생각했습니다.
몸을 최대한 낮추고 머리를 땅에 대면서
오만하고 교만했던 지난날을 참회했습니다.
두 발에 힘주어 일어나면서
고난을 딛고 일어서리라고 다짐했습니다.

영하의 추위에도 온몸에 흐르는 땀을 보면서
역경과 고난은 기도로 극복할 수 있음을 알았고
3,000배의 마지막 절을 하고 일어서면서
고통의 끝은 즐거움임을 알았습니다.
그동안 고통과 유혹을 참아왔기에
오늘 회향의 기쁨이 있음을 깨달아
앞으로 닥쳐올 아픔과 슬픔을 거부하지 않고
성장과 발전의 밑거름이라 생각하며 받아들이겠습니다.

오늘 회향은 한 단락을 매듭짓는 것일 뿐
끝나는 게 아님을 알기에
언제나 참회하고 기도하며 살겠습니다.
고난과 역경이 찾아올 때면
자신의 허물을 뒤돌아보며 참회하고
앞을 보며 정진하겠습니다.
오늘의 평화와 행복에 감사하며 열심히 기도하겠습니다.

자비하신 부처님

오늘의 이 참회 발원이 이생이 다하는 그날까지 계속될 수 있도록

저희들을 돌보아 주시고

모든 번뇌를 여의고 깨달음을 얻어

영원히 고통에서 벗어나는 그날까지

나태하고 방일하지 않도록 지켜봐 주십시오.

나무석가모니불

나무석가모니불

나무시아본사석가모니불

주요 참고문헌

『계율강요』, 석일타 감수, 법흥 편역, 송광사 방우산방

『공의 논리』, 梶山雄一 외 저, 정호영 역, 민족사

『금강경 역해』, 각묵 스님, 불광출판부

『대승불교』, 시즈타니 마사오/스구로 신죠 지음, 문을식 옮김, 여래

『대승불교개설』, 쯔川彰 외 지음, 정승석 역

『대승불교의 사상』, 우에다 요시부미 지음, 박태원 옮김

『대승불교총설』, 金岡秀友 편저, 안중철 옮김

『바웃드하 불교』, 中村 元·三枝充悳 저, 혜원 옮김, 김영사

『밀교사상사개론』, 서윤길 편저, 불교총지종 법장원

『밀교의 철학』, 金岡秀友 저, 원의범 역, 진언종교학부

『반야심경 연구』, 고익진 편, 동국대학교 불교대학

『불교개설』, 무진장 편, 홍법원

『불교란 무엇인가』, 김용정 편역, 성균관대학교출판부

『불교란 무엇인가』, 최봉수, 구차제정실수도량

『불교미술』, 디트리히 제켈 지음, 이주형 옮김, 예경

『불교사상사』, 양훼이난 지음, 원필성 옮김, 정우서적

『불교사상의 이해』, 불교교재편찬위원회, 동국대학교불교문화대학

『불교사전』, 운허, 동국역경원

『불교속의 밀교』, 허일범 편저, 진각종 종학연구실

『불교어대사전』, 中村 元 저, 동경서적

『佛敎における 戒の 問題』, 日本佛敎學會

『불교와 사회』, 김무생 엮음, 위덕대학교 출판부

『불교와의 만남』, 강건기 지음, 불지사

『불교와 인간』, 교양교재편찬위원회 편, 동국대학교 출판부

『불교와 인간』, 나라 야스아키 지음, 석오진 옮김, 경서원

『불교용어 기초지식』 水野弘元 저, 석원연 옮김, 들꽃누리

『불교윤리의 현대적 이해』, 안옥선, 불교시대사

『불교의 이해』, 금강대 불교문화연구소 편, 무우수

『불교의 이해와 신행』, 대한불교조계종 포교원 엮음, 조계종출판사

『불교 이웃 종교로 읽다』, 오강남 지음, 현암사

『불교입문』, 대한불교조계종 포교원 엮음, 조계종출판사

『불교입문』, 高崎直道 원저, 홍사성 편역, 우리출판사

『불교철학개론』, 方立天 저, 유영희 옮김, 민족사

『불교철학의 전개』, 한자경, 예문서원

『서양학자가 본 대승불교』, 풀 윌리엄스 지음, 조환기 옮김, 시공사

『선과 자아』, 교양교재편찬위원회, 동국대학교 출판부

『선불교의 이해』, 정성본 지음, 동국대 경주캠퍼스 정각원

『선사상사』, 정성본 저, 선문화연구소

『선의 생활』, 정성본 지음, 동국대 경주캠퍼스 정각원

『소승대승』, 히로사치야, 강기희 옮김, 민족사

『여래장사상』, 平川彰 외 편, 종호 역, 경서원

『유식사상』, 高崎直道 외, 이만 역, 경서원

『유식의 구조』, 다케무라 마키오 저, 정승석 옮김, 민족사

『유식학 입문』, 오형근 지음, 불광출판부

『인도철학과 불교』, 권오민 지음, 민족사

『인도불교사 1, 2』, 에띠엔 라모뜨, 호진 역, 시공사

『인도불교의 역사』상·하, 히라카와 아키라 저, 이호근 옮김, 민족사

『인도의 선, 중국의 선』, 아베 쵸이치 외, 최현각 옮김

『정토교개론』, 坪井俊映 저, 한보광 역, 홍법원

『정토불교의 세계』, 장휘옥 저, 불교시대사

『좌선수행법』, 정성본 지음, 동국대 경주캠퍼스 정각원

『좌선으로의 초대』, 정성본 지음, 동국대 경주캠퍼스 정각원

『중관사상』, 김성철 지음, 민족사

『중관철학』, 楊惠南 지음, 김철수 옮김, 경서원

『중국불교사상사』, 키무라 키요타카 지음, 장휘옥 옮김, 민족사
『중국 선종의 성립사 연구』, 정성본 저, 민족사
『참선수행』, 정성본 지음, 동국대 경주캠퍼스 정각원
『천태불교학』, 이영자 지음, 불지사
『천태사상』, 이병욱 저, 태학사
『초기대승불교의 종교생활』, 히라가와 아키라 저, 심법제 옮김, 민족사
『한국불교사』, 김영태 씀, 경서원
『화엄사상』, 平川彰 외 편, 정순일 역, 경서원
『화엄철학』, 까르마C·C·츠앙 지음, 이찬수 옮김, 경서원

찾아보기

ㄱ

가르바garbha 133
가행위加行位 183
간경看經 370
간다라불상 56
간다라지방 55
간화선看話禪 320
갈마만다라羯磨曼多羅 201
감산덕청憨山德淸 317
감인堪忍세계 74
개권현실開權顯實 228
개삼현일開三顯一 228
객진번뇌客塵煩惱 134
갸나가르바Jñānagarbha 110
갸나 요가jñāna yoga 307
견분見分 163
결가부좌結跏趺坐 336
결인結印 207
결정심決定心 162
계戒 376
계인契印 207
계탁분별計度分別 159, 166
고락중도苦樂中道 115
고승高僧보살 63

공空 88, 93
공병공병空病 120, 127
공양供養 80
공작명왕경孔雀明王經 194
과보식果報識 171
관觀 75, 235, 308
관무량수경觀無量壽經 47
관상염불觀想念佛 298
관상염불觀像念佛 298
관세음보살觀世音菩薩 27
교상판석敎相判釋 34
교판敎判 34
구경위究竟位 185
구나바드라Guṇabhadra 140
구나발다라求那跋陀羅 140
구마라집鳩摩羅什 47
구산선문九山禪門 318
구아마띠Guamati 152
권청勸請 368
귀류논증파歸謬論證派 110
규봉종밀圭峯宗密 251
규봉종밀圭峰宗密 319
극락極樂 289
근본식根本識 170

금강계金剛界 만다라 196
금강계 만다라金剛界曼茶羅 204
금강반야바라밀경金剛般若波羅蜜經 45, 96
금강승金剛乘 186
금강정경金剛頂經 32, 53, 191, 196
금강지金剛智 191
금광명경金光明經 53, 194
기도祈禱 373
길장吉藏 111
까니쉬까Kaniṣka왕 33
까르마 요가karma yoga 307
꼬살라Kosala 140
꾸마라지와Kumārajīva 47
꾸샤나kuṣāna 18
끄샤마kṣama 367

나가르주나Nāgārjuna 28, 63, 107
난승지難乘地 82
난행도難行道 284
남근男根 35
남악혜사慧思 220
남악혜사南嶽慧思 217, 218
능가경楞伽經 31, 52, 311
닐라네뜨라Nīlanetra 111, 113

다라니dhāraṇi 32

다라니陀羅尼 208
다라니집경多羅尼集經 194
다르마끼르띠Dharmakirti 152
다르마바나까Dharma-bhāṇaka 41
다르마빨라Dharmapāla 152
단나檀那 71
단월檀越 71
달라이 라마Dalai Lama 187
담란曇鸞 282
담무참曇無讖 141
대만다라大曼多羅 201
대반야경大般若經 50, 95
대반열반경大般涅槃經 50, 141
대방광불화엄경大方廣佛華嚴經 45, 255
대방등여래장경大方等如來藏經 138
대보적경大寶積經』 50
대분심大憤心 330
대사大士 61
대승기신론大乘起信論 52, 137
대승기신론大乘起信論』 31
대승불교大乘佛敎 17
대승비불설大乘非佛說 38
대승아비달마경大乘阿毘達磨經 52, 155
대승아비달마집론大乘阿毘達磨集論 52, 155
대승장엄경론大乘莊嚴經論 52, 181
대승중관석론大乘中觀釋論 114
대신심大信心 330
대원경지大圓鏡智 180
대의정大疑情 331

대일경大日經 32, 53, 191, 195
대일여래大日如來 32, 46, 193
대자대비大慈大悲 67
대중부大衆部 16
대지도론大智度論 30, 49, 127
대질경帶質境 165
대집경大集經 50
대품반야경大品般若經 95
대혜종고大慧宗杲 317, 322
대화엄경大華嚴經 50
덕혜德慧 152
도미나가 나카모토富永仲基 38
도사경兜沙經 18, 45
도신道信 312
도작道綽 282
도피안到彼岸 70
도행반야경道行般若經 18
독두의식獨頭意識 161
독영경獨影境 165
돈교頓敎 222, 285
돈오돈수頓悟頓修 314
동진童眞 81
동체자비同體慈悲 67, 98
두순杜順 249
드야나dhyāna 305
등각等覺 366
등류심等流心 162
디그나가Dignāga 152
디야나dhyāna 306
딴뜨릭 부디즘Tantric Buddhism 186

라마야나Rāmayāna 19
라자 요가Rāja yoga 308
리챠드 데이비드슨Richard Davidson 340

마나스manas 169
마명馬鳴 21
마이뜨레야Maitreya 31, 151
마조도일馬祖道一 315
마츠모또松本 145
마투라Mathurā 56
마투라불상 56
마하바라따Mahābhārata 19
마하쁘라갸 빠라미따흐리다야 수뜨라 mahaprajñā-pāramitāhṛdaya-sūtra 100
마하살摩訶薩 61
마하야나mahāyāna 17, 18
마하연摩訶衍 17, 18
마하와스뚜 83
마하와스뚜Mahāvastu 22
마하와스뚜 Mahāvastu, 대사大事 46
마하와이로짜나Mahāvairocana 32
마하지관摩訶止觀 238
만다라曼多羅 198
만다라maṇḍala 32, 201
만뜨라mantra 32, 208
만법유식萬法唯識 296
만선동귀집萬善同歸集 283, 296

말나식manas 169
말리까Mallikā 140
말법末法 293
명구론明句論 109, 113
명랑明朗 192
명지明地 82
묘각妙覺 366
묘관찰지妙觀察智 179
묘법연화경妙法蓮華經 47, 225
무드라mudrā 32, 207
무량수경無量壽經 47
무불상시대無佛像時代 55
무상유가밀교無上瑜伽密教 192
무생법인無生法忍 81
무소득공無所得空 98
무아無我 91, 93
무여의열반無餘依涅槃 50
무위법無爲法 93, 177
무주상보시無住相布施 72
무착無着 31, 151
묵조선默照禪 320
문두루비법文豆婁秘法 192
문수보살文殊菩薩 27
미국 MBSRMindfulness Based Stress Reduction 340
미륵彌勒 27, 31, 151
미트라Mithra 34
밀교密教 32
밀본密本 192

ㅂ

바가와드 기따 308
바가와드 기따Bhāgavad gītā 19
바나까Bhāṇaka 24
바르후뜨Bharhut 24
바르후트탑 55
바와위웨까Bhāvaviveka 109
박띠bhakti 19
박띠 요가bhakti yoga 307
반가부좌半跏趺坐 336
반야般若 76
반야prajñā 100
반야등론般若燈論 114
반야등론석般若燈論釋 109
반야시般若時 221
반야심경般若心經 95
반주삼매경般舟三昧經 18, 44, 311
반행반좌삼매半行半坐三昧 246
발원發願 368
방등시方等時 221
배화교拜火教 34
백론百論 50, 109, 113
백장청규百丈淸規 315
백장회해百丈懷海 315
번뇌심소법煩惱心所法 175
범망경梵網經 384
범부凡夫보살 62
법계연기사상法界緣起思想 264
법계정인法界定印 337

법등명 법귀의法燈明 法歸依 15
법만다라法曼多羅 201
법사法師 41
법상종法相宗 153
법성게法性偈 252, 366
법신불法身佛 20, 27
법신불사상法身佛思想 257
법안종法眼宗 316
법운지法雲地 83
법칭法稱 152
법화열반시法華涅槃時 222
벤슨Benson 340
변계소집성遍計所執性 167
변행심소법遍行心所法 173
별경심소법別境心所法 174
별교別教 223
별원別願 64
보디사뜨와bodhisattva 60
보디사뜨와Bodhisattva 259
보리달마菩提達摩 304
보리살타菩提薩埵 60
보살계菩薩戒 384
보살본업경菩薩本業經 46
보살승菩薩乘 28, 227
보성론寶性論 31
보시布施 71
보신불報身佛 27
보현보살普賢菩薩 27
보현행원普賢行願 274
본생本生보살 61

본생경本生經 21
본생담本生譚 59
뵌교Bőn 192
부동연의식 161
부동지 82
부정교 223
부정심소법 175
부정지관 236
부증불감경 140
분별식分別識 169
불가득공不可得空 98
불가사의해탈경계보현행원품不可思議解脫境界普賢行願品 273
불공不空 191
불공견삭신변진언경不空羂索神變眞言經 194
불구의식不俱意識 161
불국토佛國土 289
불설관무량수경佛說觀無量壽經 286
불설무량수경佛說無量壽經 286
불설아미타경佛說阿彌陀經 287
불성佛性 133
불성론佛性論 52
불소행찬佛所行讚 21
불전佛傳문학 19
불전佛傳보살 61
불전문학佛傳文學 21
불타발다라佛馱跋陀羅 139, 256
불탑佛塔신앙 19, 22
불퇴전不退轉 81

덧붙임 407

불호佛護 109
불환과不還果 81
붓다바다라Buddhabhadara 139, 256
붓다빨리따Buddhapālita 109
붓다왕사Buddhavaṃsa 79
붓다짜리따Buddhacarita 21
비량比量 166
비량非量 166
비로자나불毘盧遮那佛 255, 257
비밀교秘密敎 223
비밀불교秘密佛敎 186
비행비좌삼매非行非坐三昧 247
빠드마 삼바와Padma Saṃbhava 192
빠딴잘리Patañjali 307
빠라미따pāramitā 70
쁘라갸prajñā 76
쁘라갸빠라미따prajñāpāramitā 94
쁘라산나빠다prasannapadā 113
쁘라산나빠다Prasannapadā 109
쁘라상기까 110
쁘라세나지뜨Prasenajit 140

사념처관四念處觀 309
사량식思量識 169
사리舍利 22
사마디samādhi 209, 306
사마타śamatha 181
사만四曼 201

사명지례四明知禮 219
사무량심四無量心 67
사바娑婆 74
사백론四百論 50
사법계事法界 265
사법계四法界 265
사분설四分說 163
사사무애법계事事無碍法界 265
사섭법四攝法 69
사유수思惟修 305
사종삼매四種三昧 245
산치대탑 55
삼량三量 165
삼론학三論學 111
삼류경설三類境說 164
삼륜청정三輪淸淨 72
삼마지三摩地 209
삼매三昧 75, 306
삼매야만다라三昧耶曼多羅 201
삼무자성설三無自性說 169
삼밀三密 193, 202
삼밀수행三密修行 33, 206
삼복三福 297
삼분별三分別 166
삼심三心 297
삼제원융三諦圓融 229
삼종세간三種世間 234
삼취정계三聚淨戒 381
삽십이길상三十二吉相 56
상구보리上求菩提 64

408 대승불교의 가르침

상무자성설相無自性說 169
상법像法 293
상분相分 163
상좌부上座部 16
상좌삼매常坐三昧 245
상행삼매常行三昧 246
색법色法 176
생무자성설生無自性說 169
산따라끄시따Śāntarakṣita 110
산따락쉬따Śāntarakṣita 192
석마하연론釋摩訶衍論 93
석선바라밀차제선문釋禪波羅蜜次第禪門 236
선나禪那 305
선도善導 282
선무외善無畏 191
선심소법善心所法 175
선원청규禪院淸規 333
선정禪定 75
선정인禪定印 207, 337
선종오가禪宗五家 316
선혜지善慧地 82
설일체유부說一切有部 92
섭대승론攝大乘論 155
섭론종攝論宗 153
섭선법계攝善法戒 382
섭율의계攝律儀戒 382
섭진실론攝眞實論 110
성경性境 165
성구설性具說 232

성기性起 270
성문승聲聞乘 28, 227
성소작지成所作智 179
성유식론成唯識論 156
세이죠 고쿠靜谷 44
세친世親 31, 151
소승 17
소품반야경小品般若經 95
속제俗諦 120
솔이심率爾心 162
수념분별隨念分別 159, 166
수능엄삼매경首楞嚴三昧經 44
수번뇌심소법首煩惱心所法 175
수습위修習位 184
수식관數息觀 338
수인手印 32, 207
수카와띠sukhāvatī 289
수현기搜玄記 250
수희隨喜 368
순밀純密 32, 192
순야śūnya 88, 94
쉬리말라데위Śrīmālādevī 140
스뚜빠stūpa 22
스와딴뜨리까Svātantrika 110
스와하Svāha 188
스와하svāhā 106
스티라마띠Sthiramati 114, 152
습기習氣 170
승랑僧朗 111
승만勝鬘 51, 140

승만경勝鬘經 31, 51, 139
승의무자성설勝義無自性說 169
승조僧肇 111
승찬僧璨 312
시끄샤난다Śikṣānanda 256
시무외인施無畏印 207
시와Śiva 19
신수神秀 312
신화엄경론新華嚴經論 250
실상염불實相念佛 298
실차난다實叉難陀 256
심구심尋求心 162
심불상응행법心不相應行法 176
심소법心所法 172
심왕법心王法 158
심우도尋牛圖 345
심우송尋牛頌 345
심체별설心體別說 160
심체일설心體一說 159
십경十境 241
십계호구설十界互具說 231
십바라밀十波羅蜜 79
십바라밀도十波羅蜜道 77
십선도十善道 378
십승관법十乘觀法 243
십신十信 362
십여시十如是 233
십우도十牛圖 345
십육관법十六觀法 299
십이문론十二門論 49, 112

십종十宗 253
십종계十種戒 379
십종청정계十種淸淨戒 379
십주十住 363
십주비바사론十住毘婆沙論 49
십주비바사론十住毘婆沙論』 30
십지十地 365
십지경十地經 82
십행十行 364
십현연기十玄緣起 266
십회향十廻向 364

아공법공我空法空 98
아뜨만ātman 91
아뜨만Ātman 87, 145
아랴데와Āryadeva 50, 109
아뢰야식阿賴耶識 170
아뢰야식연기론阿賴耶識緣起論 171
아마라식阿摩羅識 153
아마라식Amala-vijñāna 180
아미따바Amitābha 289
아미따유스Amitāyus 289
아미타경阿彌陀經 47
아비다르마Abhidharma 16
아비달마阿毘達磨 16
아상가Asaṅga 31
아상가Asaṅga 63, 151
아쇼까Aśoka 33

아슈와고샤Aśvaghoṣa 21, 63
아자관阿字觀 209
아촉불국경阿閦佛國經 44
아함시阿含時 221
안혜安慧 114, 152
앙산혜적仰山慧寂 315
에서테릭 부디즘Esoteric Buddhism 186
여래장如來藏 133
여래장경如來藏經 31, 51, 139
여래장사상如來藏思想 31
여원인與願印 207
연각승緣覺乘 28, 227
연등불燃燈佛 21
연화생 192
연화장세계 271
염불 370
염불선 320
염정심染淨心 162
염지焰地 82
영국 MBCTMindfulness Based Cognitive Therapy 340
영명연수永明延壽 283, 317
예류과預流果 81
오가칠종五家七宗 316, 321
오교五敎 252
오구의식五俱意識 160
오념문五念門 301
오대五大 50
오동연의식五同緣意識 160
오륜탑五輪塔 198, 211

오법성신관五法成身觀 212
오상성신관五相成身觀 212
오시五時 221, 294
오시팔교五時八敎 221
오심五心 162
오역죄五逆罪 291
오온가화합五蘊假和合 87
오자엄신관五字嚴身觀 210
오정심관五停心觀 309
오탁악세五濁惡世 288, 293, 294
오후의식五後意識 161
옴Oṃ 188
와수반두Vasubandhu 31, 63, 151
와이데히Vaidehī 287
와이로짜나Vairocana 255, 257
요가yoga 35, 307
요가수뜨라yoga-sutra 307
요세 220
요익중생계饒益衆生戒 382
용수 28, 107
운문종雲門宗 316
운서주굉雲棲袾宏 317
원교圓敎 224
원돈지관圓頓止觀 237
원력願力 64
원생願生보살 63
원성실성圓成實性 167
원융삼관圓融三觀 230
원행지遠行地 82
원효元曉 137, 251

월등삼매경月燈三昧經 331
월륜관月輪觀 210
월지국月支國 18
월칭月稱 109
위디야vidya 208
위말라끼르띠Vimalakīrti 96
위빠사나vipaśyanā 181, 310
위산영우潙山靈祐 315
위쉬뉴Viṣṇu신 19
위앙종潙仰宗 315
위제희韋提希 287
유가사지론瑜伽師地論 155
유가학파瑜伽學派 31
유마경維摩經 96
유식삼십송唯識三十頌 156
유심정토唯心淨土 283
육대 199
육묘법문 236
육바라밀 70
육상 313
육상원융 268
육조단경 314
율 376
의상義湘 251
의식意識 160
의천義天 220
의타기성依他起性 167
의통義通 220
이구지 82
이법계 265

이사무애법계 265
이숙식異熟識 171
이심전심以心傳心 321
이십오방편二十五方便 238
이찬띠까icchantika 50, 136
이통현 250
이행도 284
인욕忍辱 74
일념삼천一念三千 231
일래과一來果 81
일불승一佛乘 48, 227
일생보처一生補處 82
일심삼관一心三觀 229, 230
일자불정륜왕경一字佛頂輪王經 194
일천제一闡提 50, 136
일체유심조一切唯心造 296
일행一行 192
임제의현 315
임제종 315
입법계품入法界品 46, 256, 272

자등명 자귀의自燈明 自歸依 15
자따까Jātaka 21, 59
자량위資糧位 182
자력신앙自力信仰 285
자리이타自利利他 25
자립논증파自立論證派 110
자비慈悲 66

자성미타自性彌陀 296
자성분별自性分別 159, 166
자성청정심自性淸淨心 135
자증분自證分 164
잡밀雜密 32, 192
장교藏敎 223
장안관정章安灌頂 219
저장식貯藏識 170
적호寂護 110, 192
전법륜인轉法輪印 207
전생담前生譚 21
전식득지轉識得智 179
점교漸敎 223, 285
점차지관漸次止觀 236
정광불定光佛 21
정려靜慮 305
정법正法 293
정보리심관淨菩提心觀 210
정진精進 75
정토삼부경淨土三部經 286
제관諦觀 219, 220
제바提婆 50, 109
제법실상諸法實相 228
조동종曹洞宗 316, 320
조로아스트교Zoroastrianism 34
조론肇論 111
종자種子 171
좌선의坐禪儀 333
주력呪力 370
중관中觀 107

중관장엄론中觀莊嚴論 110
중관학파中觀學派 30
중기대승불교 30
중론中論 30, 113
중론中論」 49
중론송中論頌 112
증자증분證自證分 164
지止 75, 235, 308
지계持戒 73
지관법止觀法 235
지눌知訥 137
지론종地論宗 153
지루가참支婁迦讖 18, 33
지모신地母神 35
지상지엄至相智嚴 250
지엄智嚴 249
지장智藏 110
지장보살地藏菩薩 27
진공묘유眞空妙有 99
진나陳那 152
진언眞言 32, 208
진제眞諦 120
짠드라끼르띠Candrakīrti 109

찬드라빨라Chandrapāla 164
참선參禪 371
참회懺悔 367
천태 3대부 217

천태사교의天台四敎儀 219, 220
천태지의天台智顗 217, 218
청량징관淸凉澄觀 251
청목靑目 111, 113
청목소靑目疏 111, 113
청변淸辯 109
초기대승불교 28
총원總願 64
총지摠持 208
출정후어出定後語 38
칭명염불稱名念佛 298

카밧 진Kabat Zin 340

타력신앙他力信仰 285
탐현기探玄記 250
태장계胎藏界만다라 196
태장계만다라胎藏界曼茶羅 203
통교通敎 223
통달위通達位 184
티손데첸왕 192

파사현정破邪顯正 115
팔교八敎 222
팔불중도八不中道 49, 112, 117

팔십종호八十種好 56
평등성지平等性智 180

하택신회荷澤神會 314
하화중생下化衆生 64
항마촉지인 207
해심밀경解深密經 31, 52, 154
현량現量 165
현수법장賢首法藏 249, 250
현전지現前地 82
형계담연荊溪湛然 219
혜가慧可 312
혜능慧能 312, 313
혜원慧遠 219, 282
혜통惠通 192
호법護法 152, 156
호월護月 164
홍인弘忍 312
화법사교化法四敎 223
화신불化身佛 27
화엄시華嚴時 221
화엄오교장華嚴五敎章 250
화엄일승법계도華嚴一乘法界圖 252, 366
화의사교化儀四敎 222
화택火宅 227
환희지歡喜地 82
회삼귀일會三歸一 227, 228
회쟁론廻諍論 30, 49, 113

회향廻向 369
후기대승불교 32
훈습熏習 170
히라가와 아키라平川彰 44
힌두교 35

5종선五種禪 319

불교대학 강의노트 Ⅱ

대승불교의 가르침

초 판   1쇄 발행   2008년 3월 10일
초 판   2쇄 발행   2009년 3월 10일
개정판   3쇄 발행   2011년 12월 5일
개정판   4쇄 발행   2013년 12월 10일
재개정판 1쇄 발행   2015년 4월 10일
재개정판 2쇄 발행   2016년 4월 29일
재개정판 3쇄 발행   2017년 9월 12일
재개정판 4쇄 발행   2022년 8월 31일

저 자   이철헌
발행인   윤영실
발행처   도서출판 아름원
등록번호 제301-2011-215호

주 소   서울시 중구 필동로 42-1 상원빌딩 2층
전 화   02-2264-3334
이메일   areumy1@naver.com
인 쇄   아름원

ISBN 978-89-953924-6-1(03220)
값 16,000원